SCHRIFTEN DER UNIVERSITÄTSBIBLIOTHEK
HEIDELBERG

Band 14

SCHRIFTEN DER UNIVERSITÄTSBIBLIOTHEK
HEIDELBERG

Band 14

Abb. 1
Marie Luise Gothein, um 1910 (Kat.Nr. II.5f)

Universitätsbibliothek
Heidelberg

»*Es ist schon eine wunderbare Zeit, die ich jetzt lebe*«

Die Heidelberger Gelehrte
Marie Luise Gothein
(1863–1931)

Eine Ausstellung
der Universitätsbibliothek Heidelberg

Herausgegeben von
Maria Effinger
in Zusammenarbeit mit
Karin Seeber

Universitätsverlag
WINTER
Heidelberg

Bibliografische Information der Deutschen Nationalbibliothek

Die Deutsche Nationalbibliothek verzeichnet diese Publikation
in der Deutschen Nationalbibliografie;
detaillierte bibliografische Daten sind im Internet
über *http://dnb.d-nb.de* abrufbar.

Katalog zur Ausstellung
vom 29. April bis 31. August 2014
Universitätsbibliothek Heidelberg

Virtuelle Ausstellung: http://gothein2014.uni-hd.de

UMSCHLAGBILDER

vorne: siehe Abb. 1, hinten: siehe Abb. 11

KATALOGAUTOREN

Nicole Merkel, Universität Heidelberg
Wolfgang Metzger, Württembergische Landesbibliothek Stuttgart
Ina Mittelstädt, Universität Koblenz-Landau
Verena Schneider, Universität Düsseldorf
Stefan Schweizer, Universität Düsseldorf, Stiftung Schloss und Park Benrath, Düsseldorf
Karin Seeber, Universität Freiburg
Henrike von Werder, Universität Düsseldorf

ISBN 978-3-8253-6307-9

© 2014 Universitätsverlag Winter GmbH Heidelberg
Imprimé en Allemagne · Printed in Germany
Gesamtherstellung: Memminger MedienCentrum, 87700 Memmingen

Gedruckt auf umweltfreundlichem, chlorfrei gebleichtem
und alterungsbeständigem Papier

Den Verlag erreichen Sie im Internet unter:
www.winter-verlag.de

Geleitwort

Die Universitätsbibliothek Heidelberg widmet ihre Jahresausstellung 2014 Marie Luise Gothein (1863–1931), deren herausragende Persönlichkeit und wissenschaftliches Hauptwerk schon längst eine angemessene Würdigung hätten erfahren müssen. Anlass ist das hundertjährige Publikationsjubiläum ihrer 1914 erschienenen, seitdem in Neuauflagen, Nachdrucken und Übersetzungen kanonisierten „Geschichte der Gartenkunst".

Als Marie Luise Gotheins Mann, der Kulturhistoriker Eberhard Gothein, 1904 als Nachfolger Max Webers auf seinen Lehrstuhl berufen wurde, galt die Heidelberger Universität neben der Humboldt Universität Berlin als führende deutsche Hochschule und eminentes Zentrum deutscher Gelehrsamkeit und Wissenschaft. Und dies betraf nicht nur die engere universitäre Welt des Forschens und Lehrens. Das gesellschaftliche Leben Heidelbergs organisierte sich vor dem 1. Weltkrieg in verschiedenen Gesprächszirkeln, von denen der sogenannte Eranos-Kreis im Hause Max Webers der wirkungsmächtigste war. Dort trafen sich regelmäßig die bedeutendsten Professoren der Universität wie der Staatsrechtler Georg Jellinek, der Philosoph Wilhelm Windelband, die Theologen Adolf Deißmann und Ernst Troeltsch, der Philologe Albrecht Dieterich oder die Historiker Erich Marcks und Eberhard Gothein. Charakteristisch für den „Heidelberger Geist" dieser Jahre war, dass intellektuell interessierte Frauen wie Marianne Weber oder promovierte Akademikerinnen wie Marie Baum und Else Jaffé eine eigenständige Rolle in der Heidelberger Gesellschaft zu spielen vermochten. Die überlieferten Briefwechsel der handelnden Personen bilden eine unmittelbare und facettenreiche Quelle für das gesellschaftliche Miteinander des Bildungsbürgertums in seiner Blütezeit. Neuankömmlinge hatten sich zunächst zu bewähren. Über die hinzugekommene Marie Luise Gothein schreibt Marianne Weber 1907 an die Mutter ihres Mannes Max: „Denke Dir, daß Frau Gothein sozusagen alles tut, was man sich denken kann: wissenschaft-

lich arbeiten, Musik, Radeln, Ski, Tennis, Tanz, viele Freunde … von denen täglich jemand bei ihr ist (lauter Männer, denn die Frauen sind ihr zu langweilig). … Dazu ein wunderschönes Haus und 4 Kinder, die von selbst aufwachsen. Es ist märchenhaft."

Äußerungen wie diese sowie ihre eigenen Briefe führten Joachim Radkau in seiner vor wenigen Jahren erschienenen grundlegenden Max-Weber-Biographie zu folgendem Porträt von Marie Luise Gothein: „Die Gattin des Wirtschafts- und Kulturhistorikers Eberhard Gothein – hochgebildet, attraktiv und robust – erregte unter den Heidelberger Professorenfrauen allgemeines Staunen: Sie brachte vier Söhne zur Welt, trieb Sport, hatte neben ihrer glücklichen Ehe und im Einverständnis mit ihrem Ehemann noch einen Liebhaber, arbeitete zugleich über die sieben Todsünden in der Kunst und veröffentlichte 1913 [korrekt 1914], obwohl sie nicht einmal ein Gymnasium besucht hatte, ihre bis heute berühmte „Geschichte der Gartenkunst", die sich zu einer Kulturgeschichte der Mensch-Natur-Beziehung weitet und vermutlich mehr gelesen wurde als die meisten Bücher der Heidelberger Professoren. Dabei mied sie jedoch mit unverhohlener Verachtung die Frauengesellligkeit mitsamt dem Klatsch und den Kindergesprächen ebenso wie die bei den Frauen in Mariannes Umkreis beliebten sozialen Aktivitäten. ‚Langweilen tut man sich bei ihr nie', fand Mina Tobler."

Zweier Voraussetzungen bedurfte unsere Ausstellung. Zunächst einmal profitiert sie von den umfassenden Beständen der Universitätsbibliothek Heidelberg. Selbstverständlich sind in unseren Magazinen neben den zahlreichen Publikationen von Marie Luise Gothein auch die Quellenwerke für ihre Schriften vorhanden, meist sogar diejenigen, die sie selbst damals in der UB genutzt hatte. Hinzu kommen die Publikationen aller wichtigen weiteren Personen, mit denen sie in ihren 27 Heidelberger Jahren in Kontakt stand. Eine unverzichtbare Grundlage waren jedoch die über zweitausend Briefe, die aus der Korrespondenz der Eheleute Gothein unter den Nachlässen der UB erhalten sind. Diese Briefe lassen detaillierte Einblicke in den jeweiligen Entstehungsprozess ihrer Werke, vor allem der „Geschichte der Gartenkunst" zu, denen regelmäßige Forschungsreisen ins In- und Ausland vorausgingen. Dass eine verheiratete Mutter von vier Kindern wochenlang z.B. in der britischen Nationalbibliothek recherchierte oder die italienische Campagna durchwanderte, um die Ruinen von Renaissancevillen zu studieren, dürfte vor 100 Jahren ein Unikum gewesen sein. Die Korrespondenz gibt darüber hinaus aber auch Einblick in die thematische Entwicklung ihrer geistigen Interessen oder die Diskussion methodischer Probleme. Insgesamt sind die Briefe ein ganz wunderbarer Resonanzkörper, in dem sich die stete geistige Entwicklung und Emanzipation von Marie Luise Gothein über Jahrzehnte hinweg offenbart.

Um zur zweiten Voraussetzung zu kommen: Sicherlich hat nicht nur die Bedeutung ihres Hauptwerkes, sondern auch Gotheins außergewöhnliche Persönlichkeit die Freiburger Kunsthistorikerin Karin Seeber zur Wahl ihres Dissertationsthemas veranlasst, das unsere Ausstellung auf breiterer Grundlage fortführen wird. Wir haben Frau Seebers Vorschlag einer gemeinsamen Ausstellung gerne aufgegriffen. Ihr verdanken wir denn auch Themenstellung, Konzeption und einen Großteil der Texte. Wir sind Karin Seeber sehr dankbar, dass sie mit ihrer Expertise und Kreativität unsere Quellen in einer so glänzenden Form zum Sprechen gebracht hat. Mit der Initiierung dieser Ausstellung hat sich Frau Seeber um die Heidelberger Geistesgeschichte verdient gemacht.

Herausragend war einmal mehr der Beitrag von Maria Effinger, die binnen sechs Jahren nun bereits den siebten Ausstellungskatalog in unserer Schriftenreihe als Herausgeberin verantwortet. Ohne ihre große Kompetenz in der Strukturierung von Ausstellungen und beim „Büchermachen" hätten wir nicht diesen wunderbaren Katalog, der in wieder perfekter Zusammenarbeit mit dem Universitätsverlag Winter erschienen ist.

Zu danken ist außerdem den weiteren Katalogautoren Nicole Merkel (Heidelberg), Wolfgang Metzger (Stuttgart), Ina Mittelstädt (Koblenz/ Landau), Verena Schneider (Düsseldorf), Stefan

Schweizer (Düsseldorf) und Henrike von Werder (Düsseldorf) sowie, für seine Korrekturarbeit, Stefan Seeber (Freiburg). Von Seiten der UB Heidelberg durften wir auf die Expertise folgender Kolleginnen und Kollegen vertrauen: Karin Zimmermann (Organisation von Leihgaben, Lektorat), Margit Krenn (Lektorat), Anna Voellner und Verena Hecke (Gestaltung von Vitrinen und Virtueller Ausstellung) sowie Sabine Palmer-Keßler (Einrichtung der Vitrinen).

Besonders danken möchte ich schließlich der Familie Gothein, die mit ihren Leihgaben aus dem Erbe der Groß- und Urgroßmutter dieser Ausstellung viele Inhalte und vor allem ihre Bildersprache gegeben hat. Dr. Dietrich Gothein aus Überlingen konnte sich als Enkel nur noch schemenhaft an den Besuch der Großmutter in seinem Geburtsland Indonesien erinnern. Er war damals drei Jahre alt. Mit großem Engagement nahm er an den Vorbereitungen für die Ausstellung Anteil und stellte viel Material aus Gotheins Nachlass zusammen. Ich bedaure es sehr, dass Dr. Gothein an dem Ergebnis dieser Vorbereitungen nicht mehr teilnehmen kann. Er starb vergangenes Jahr im September. Umso dankbarer sind wir, dass das Interesse seiner Witwe, Herta Gothein, und seiner Töchter Eva und Erica Gothein unserem Projekt weiterhin Unterstützung sicherte. Aus einem anderen Zweig der Familie, repräsentiert von Simon Winker, kam die Leihgabe der kulturhistorisch höchst interessanten Reisetagebücher Gotheins, die diese während ihrer Fernostreise verfasste. Auch dafür spreche ich den Nachfahren Gotheins meinen herzlichen Dank aus.

Als Leiter des Hauses bin ich froh und stolz, dass wir, die Bibliothekarinnen und Bibliothekare der Universitätsbibliothek Heidelberg, neben unseren so vielfältigen Tagesaufgaben in der Informationsversorgung unserer Universität und der Region immer wieder solch große Ausstellungen zu kuratieren in der Lage sind. Damit schaffen wir jenseits unserer bibliothekarischen Versorgungsleistungen den Nachweis, dass unsere Bibliothek eine große eigenständige Kultureinrichtung mit ihrem ganz eigenen Bildungsauftrag ist. Dieser ergibt sich schon aus einer inzwischen über sechshundertjährigen Tradition.

Veit Probst, Direktor

Inhaltsverzeichnis

Abb. 2
Ein lebenslang wiederkehrendes Motiv: Marie Luise Gothein am Schreibtisch, hier in ihrem Arbeitszimmer in der Weberstraße in Heidelberg, erstes Jahrzehnt des 19. Jahrhunderts

„Den Welträtseln näher kommen" –
Leben und Werk Marie Luise Gotheins

Abb. 3
Zeitgenössische Photographie der Villa Lante in der „Geschichte der Gartenkunst" (Bd. 1, Abb. 201; Kat.Nr. I.1a)

Am 21. Mai 1905 schrieb Marie Luise Gothein nach dem Besuch der Villa Lante im italienischen Bagnaia an ihren Mann:

> „es war gerade zu köstlich, die Einsamkeit und grüne Stille, der wunderbare Gegensatz von dem heiteren Wasser durch schönsten Garten zum Park die tausend Vogelstimmen, die Nachtigallen – und wieder all die Geister der Vergangenheit, es ist schon eine wunderbare Zeit die ich jetzt lebe, ein Leben der Unwirklichkeit mit allen Reizen die Kunst und Natur geben."[1]

Gothein war 42 Jahre alt und auf dem Höhepunkt ihres Schaffens. Das Studium der italienischen Renaissancegärten stellte Vorarbeiten für ihr zweibändiges Werk „Geschichte der Gartenkunst" dar, das sie 1914, kurz vor Ausbruch des ersten Weltkrieges, veröffentlichte.[2] Das Buch hat seither eine Neuauflage, fünf Nachdrucke

und zwei Übersetzungen, ins Englische und Italienische, erfahren. Es feiert 2014 sein 100-jähriges Publikationsjubiläum. Der Fleiß, mit dem seine Autorin das „ungeheure Material",[3] die Geschichte der Gärten von ihren Anfängen in Ägypten über herausragende Gartenstile in allen Weltteilen wie China und Persien bis zu den Reformbestrebungen der Gartenarchitekten ihrer eigenen Zeit, bewältigte, erregt bis heute Bewunderung.[4] Gothein investierte mehr als zehn Jahre in dieses Projekt, sie unternahm Reisen durch ganz Europa, forschte in Bibliotheken und in den Gärten vor Ort, um es zu realisieren. Wie kam es dazu, dass sie als Frau ihrer Zeit ein Standardwerk über Gartenkunst verfassen konnte?

Die akademische Arbeit war Marie Schröter nicht in die Wiege gelegt worden. Als Tochter eines Amtsrichters wurde sie am 12. September 1863 in Passenheim, im ostpreußischen Masuren, geboren. Ihre Erziehung entsprach dem Horizont ihrer Zeit: Sie besuchte eine private höhere Töchterschule in Breslau, wohin der Vater nach mehreren Umzügen schließlich versetzt wurde. Diese Schule war ihrer Zeit insofern voraus, als man den Mädchen auch Mathematikunterricht angedeihen ließ.[5] Daneben war es aber vor allem der Mutter wichtig, dass die älteste Tochter in Haushaltsdingen ausgebildet wurde. Noch als ältere Frau thematisierte Gothein in ihren unveröffentlichten „Kindheitserinnerungen" von 1931 (**II.1c**) rückblickend ihre Abneigung gegen diese Konvention: *„tief hat sich mir der Zwang der täglichen häuslichen Handarbeit eingeprägt, ein Mädchen muss stricken lernen daran hielt auch die Mutter fest."*[6] Mit fünfzehneinhalb Jahren war sie mit der Schule fertig und sollte zuhause *„allerlei Haushaltsdinge"*[7] lernen, bevor sie mit 16 Jahren dann in ein Lehrerinnenseminar gehen sollte. Allerdings beugte sich die Mutter der Abneigung und dem Unwillen der Tochter gegen diese Lektionen in Kochen und Haushaltsführung und schickte sie zurück in die alte Schule, wo das Mädchen *„selig"* war, sich wieder mit *„Lektüre"* und *„geistiger Speise"*[8] befassen zu dürfen und wo es ihr auch nichts ausmachte, mit jüngeren Schülerinnen zusammen zu lernen. Eine andere Möglichkeit stand Gothein gar nicht offen, erst 1896 durften in Berlin die ersten Mädchen ihr Abitur machen.[9]

Schröter sollte den üblichen Bildungsweg für Frauen ihrer Zeit einschlagen: eine Ausbildung zur Lehrerin; diesen Beruf übte sie dann auch bis zu ihrer Hochzeit aus. Ihre jüngere Schwester Eveline, die unverheiratet blieb, verdiente sich auf diese Weise ihren Lebensunterhalt und war recht erfolgreich in ihrer Profession: Sie unterrichtete in den 1890er Jahren an Mädchenschulen in England[10] und wurde später Direktorin einer Mädchenschule in Berlin-Dahlem.[11] Eine ähnliche Karriere wäre für ihre ältere Schwester auch möglich gewesen, sicherlich hätte sie sich in dieser Laufbahn ebenfalls weit über ihre Lehrtätigkeit hinaus akademisch gebildet. Ob sie allerdings ohne die Kontakte ihres Mannes so umfänglich hätte publizieren können, wie sie es letztlich tat, muss stark bezweifelt werden. Auf jeden Fall blieb der außerordentlich engagierten Schülerin ein Studium verwehrt, wie sie

später, in ihren „Erinnerungen an den Sommer 1914" bedauert.[12] Dennoch ist die Aussage, dass Gothein *„weder ein Gymnasium noch die Universität besucht"*[13] hat, nicht ganz richtig. Aus ihrer Korrespondenz geht hervor, dass sie regelmäßig Lehrveranstaltungen an der Universität Bonn und Heidelberg hörte, etwa bei dem Kunsthistoriker Paul Clemen,[14] dem Germanisten Friedrich Gundolf[15] und dem Nationalökonom Alfred Weber[16] – um nur einige zu nennen. Trotzdem wird sie bisweilen als *„Dilettantin"* bezeichnet, eben weil ihr der offizielle Abschluss fehlte.[17]

Es war Eberhard Gothein, an dessen Adresse seine Frau 1909 ihre Dankbarkeit richtete:

> *„Und eins noch glaube mir, dass ich keinen Augenblick vergesse, nie vergessen habe, dass ich dir meines Lebens Freiheit und den weiten Standpunkt verdanke."*[18]

Der geistige Austausch, die Auseinandersetzung über unterschiedliche Weltanschauungen des Ehepartners, Teilhabe an Erlebtem, Lektüre und Kunstgenüssen, aber auch die Organisation des Alltags werden eindrucksvoll durch den Briefwechsel des Ehepaars, der sich in 606 Briefen von Gothein an ihren Mann und 1435 Briefen von ihrem Mann an sie im Heidelberger Nachlass erhalten hat, dokumentiert. Sie bilden die Grundlage für diese Ausstellung und den vorliegenden Katalog.[19] Den zehn Jahre älteren Privatdozenten lernte Marie Schröter als 14-Jährige an eben jener Breslauer Mädchenschule kennen, die Eberhard Gothein als außerordentlichen Mathematiklehrer verpflichtet hatte. In mehreren Zeugnissen ist ihre Liebesgeschichte dargestellt: In der Biographie über ihren Mann (siehe III.6) berichtet Gothein 1931 davon, wie sich der junge Privatdozent in seine Schülerin verliebte und betont die Fähigkeit des Lehrers, bei seinen Schülerinnen *„große Begeisterung zu erwecken, da er sie durch sein ganzes Wesen zur Mitarbeit zwang [...], vor allem aber [...] zum Sehen anleitete"*.[20] In ihren unveröffentlichten „Kindheitserinnerungen" erzählt sie die Umstände des Kennenlernens noch einmal genauer und betont, wie sie sich vor allem von den Lehrerqualitäten Gotheins angezogen fühlte und lange Zeit kein

Interesse für dessen romantische Avancen hatte: *„denn ausser im Lernen, war ich eigentlich ein spät und langsam reifender Mensch".*[21]
Erst nach der Rückkehr von seiner italienischen Studienreise im Winter 1882 verlobte sich Gothein mit Schröter – fünf Jahre nach dem ersten Kennenlernen. Die Briefe der Verlobungszeit stellen ein aufschlussreiches Zeugnis für die Prägung Marie Luise Gotheins durch ihren Mann dar (siehe II.2). Der bereits Habilitierte übernahm weiterhin die Rolle des Lehrers, empfahl und zensierte Lektüre,[22] leitete sie zum Sehen von Kunstwerken an, arbeitete aber auch von Anfang an darauf hin, seine zukünftige Frau auf seine Bildungsstufe zu heben, indem er ihr vollumfänglich von seinen akademischen Projekten berichtete. Es vergingen noch einmal gut zwei Jahre bis die beiden am 14. März 1885 heiraten konnten, da Schröters Mutter als Heiratsgrundlage eine Professur des Bräutigams forderte. Diese Forderung prägte Eberhard Gotheins Karriere nachhaltig. Als Historiker hatte er sich in seiner Dissertation qualifiziert, als Kulturhistoriker in seiner Habilitation spezialisiert. Seine Suche nach einer Professur gestaltete sich schwierig, weil ihm wegen eines kontroversen Vortrags über Luther die Professoren der Breslauer Universität ihre Unterstützung entzogen hatten.[23] Eine Umhabilitierung nach Straßburg sicherte ihm die Aufmerksamkeit der neu gegründeten Badischen Historischen Kommission.[24] Durch den Wunsch, zu heiraten und eine Familie zu gründen, angetrieben, nahm er die angebotene Professur für Nationalökonomie an der Universität Karlsruhe an, obwohl er es bedauerte, dass er die Kulturgeschichte damit zunächst einmal aufgeben musste.[25]
Mit der Hochzeit begann für Marie Luise Gothein die Familienphase: Ein Jahr danach, im März 1886, wurde Sohn Wolfgang geboren, zwei Jahre später Wilhelm, wieder zwei Jahre später, im März 1890, Werner. Aus dieser Zeit haben sich wenige Briefe Gotheins erhalten, doch auch diese wenigen bezeugen ihren ungebrochenen Bildungseifer (siehe II.3). Als Werner nur wenige Wochen alt war, folgte Eberhard Gothein und mit ihm die ganze Familie einem Ruf an die Universität Bonn, wobei er sich darüber freute, dass mit der Professur für Nationalökonomie ein Lehrauftrag für Kulturgeschichte verbunden war.[26]

Abb. 4
Gotheins Söhne Wilhelm und Wolfgang am Bonner Haus, um 1893

Zwei Jahre später machte sich seine Frau zu ihrer ersten Forschungsreise in die British Library nach London auf. Sie vervollständigte dort ihre Studien über den romantischen Dichter William Wordsworth, über den sie 1893 ihr erstes Buch veröffentlichte (**III.1a**). Die philologische Methode, die sie sich mit ihren ersten wissenschaftlichen Schritten erarbeitete, begleitete ihr Werk lebenslang. Auch im Vorwort ihrer „Geschichte der Gartenkunst" stellt sie den historischen Garten einem *„verderbten Text"* gleich, den man *„immer erst durch Vergleich mit alten Abbildungen und Nachrichten in seinem ursprünglichen Zustande wiederher*[stellen]*"* muss.[27]
Innerhalb von sieben Jahren entwickelte sich Gothein also von der abhängigen Schülerin ihres Mannes zu einer selbstständig forschenden wissenschaftlichen Persönlichkeit mit einer Spezialisierung in Anglistik. Für sie war zu dieser Zeit die Familienplanung abgeschlossen, über den Nachzögling Percy, der 1896 geboren wurde, entfremdeten sich die Partner am Anfang der Schwangerschaft.[28] Gothein machte die Er-

11

ziehung ihrer Söhne bisweilen schwer zu schaffen, sie investierte viel Energie und Zeit in deren Unterricht, den sie phasenweise selbst übernahm. Sie stellte hohe und ehrgeizige Erwartungen und war mitunter doch von der Erfolglosigkeit ihrer Söhne überzeugt.[29] Es war ihr Mann, der sie immer wieder ermahnte, nicht zu streng zu urteilen:[30] In einem Brief aus dem Jahr 1906 schrieb Eberhard Gothein sogar: *„Mein Liebling, wenn Du so das Loos einer kinderlosen Familie beneidest, so mußt Du doch auch immer bedenken, wie viel Glück Du an den Kindern genossen hast; jetzt sind wir ja in einem wenig erfreulichen Übergangsstadium […] Frage nur die kinderlosen Leute selber, ob sie ihr Loos vorziehen, und schließlich ist und bleibt es doch der nächste Zweck der Ehe, mit dem man sofort beginnt, Kinder zu haben. Ja, – wirst Du sagen: eins. – ".*[31] Umgekehrt beneidete die kinderlose Marianne Weber die scheinbare Mühelosigkeit, mit der Gothein ihre Kinder großzog.[32]

Erst in späteren Jahren, als die Söhne erste Schritte in Richtung erfolgversprechender Karrieren machten, entspannte sich Gotheins Haltung[33] – zu Recht. Der älteste Sohn Wolfgang wurde ein erfolgreicher Tropenarzt, Wilhelm hatte vor seinem Tod im Ersten Weltkrieg gerade eine vielversprechende Karriere als Architekt in Köln begonnen, Werner wurde nach einer Phase des Suchens Künstler und Schüler von Ernst Ludwig Kirchner. Einzig Percy, von beiden Eltern sehr umsorgt, war immer ein wenig Sorgenkind und eckte mit seiner Lebensgestaltung an. Als Wissenschaftler wurde ihm die institutionelle Anerkennung versagt – seine Doktorarbeit wurde erst im zweiten Anlauf angenommen, seine Habilitation scheiterte vollständig.[34] Auch im Kreis um den Dichter Stefan George, zu dem er seit seinem 14. Lebensjahr Kontakt hatte (siehe II.7), konnte er sich nicht voll entfalten und verspielte die Gunst des ‚Meisters'.[35] Es waren vor allem die widerstreitenden Einflüsse von Elternhaus und George-Kreis, die seinen Lebensweg prägten.[36] In den 30er Jahren wurde gegen ihn wegen Homosexualität ermittelt, er flüchtete nach Holland, wo er aber im Juli 1944 von der Gestapo festgenommen wurde. Percy Gothein starb im Dezember 1944 im Konzentrationslager Neuengamme.[37]

Als ihre Kinder noch klein waren, mied Gothein Frauengespräche, die nur um dieses Thema kreisten, wie sie später in einem Brief betonte.[38] Vor dem Hintergrund der Rollenvorstellungen ihrer Zeit ist dieses Verhalten nur zu verständlich. Immerhin war die Freiheit, die sich Gothein herausnahm, durchaus ungewöhnlich. Als Mutter von drei, später vier, noch kleinen Kindern ging sie während der Bonner Zeit alle zwei Jahre wochenlang auf Studienreise nach England, während ihr Mann sich, mithilfe der Hausangestellten, um Kinder- und Hausangelegenheiten kümmerte (siehe II.3). In den Akademikerkreisen wurde dies mit Staunen wahrgenommen.[39] Auch an ihren Studienorten, etwa der Bibliothek in Bristol, war sie eine Ausnahmeerscheinung.[40] Diese Studienreisen wären ohne die finanzielle und ideelle Unterstützung Eberhard Gotheins nicht möglich gewesen, der in den Reisen seiner Frau ein verspätetes Studentenleben verwirklicht sah.[41] Gothein selbst rechtfertigte ihre ‚Berufswahl' nicht, zumindest können keine Hinweise darauf in den wenigen erhaltenen Briefen von ihr aus den ersten Ehejahrzehnten – aus den Jahren 1889 bis 1902 ist keiner im Heidelberger Nachlass überliefert – gefunden werden. Ihre Motivation zum Forschen war vermutlich zu Anfang ihrer Karriere die gleiche wie im Jahr 1909, als sie an ihren Mann schrieb:

„Anerkennung nein an die denke ich nie und dass sie mir fehlt hat mich noch niemals sehr beunruhigt, aber dies arbeiten selbst ist etwas so beglückendes […]."[42]

In den ersten Jahren in Bonn setzte sich Gothein aktiv für die Frauenemanzipation ein. Aus den Briefen ihres Mannes geht hervor, dass sie sich mit den Zielen und Projekten Helene Langes beschäftigte.[43] Sie studierte während einer englischen Studienreise die Werke der feministischen Autorin Mary Wollstonecraft[44] und in einem Brief von 1895 schrieb Eberhard Gothein von einer Diskussion über Emanzipation, bei der er ihre Argumente vertreten habe.[45] Vor allem aber setzte sich Gothein für Frauenbildung ein (siehe II.4). In Bonn gab sie Seminare für Oberlehrerinnen, wie sie im „Lebensbild" ihres Mannes berichtet.[46] Sie unterrichtete auch die Töchter des befreundeten Juristen Ernst Zitelmann.[47] So schrieb Eberhard Gothein über die Abiturfeier Margot Zitelmanns an seine Frau, die auf Studienreise in England weilte: *„Übrigens hob Frau Zitelmann immer wieder hervor, was Margot Dir verdankt, und wie sie wohl ohne Deinen Unterricht überhaupt nicht auf den Gedanken an Examen und Studium gekommen wären."*[48]

Gotheins Arbeit erschöpfte sich jedoch nicht in diesem Engagement, der Untersuchung über Wordsworth folgte 1897 ein ähnlich geartetes Buch, eine Lebensbeschreibung John Keats', verbunden mit der Übersetzung wichtiger Werke (**III.1c**). Von der Beschäftigung mit den englischen Romantikern aus arbeitete sich Gothein zur Literatur der englischen Renaissance, namentlich Shakespeare, vor (siehe III.2). Zudem befasste sie sich mit dem englischen Kunstkritiker John Ruskin, über den sie auch einen Aufsatz veröffentlichte und der auf ihre eigene Auseinandersetzung mit Ästhetik großen Einfluss hatte.[49] Auf ihrer englischen Studienreise 1903 beschäftigte sie sich erstmals dezidiert mit dem englischen Landschaftsgarten[50] und hielt über die Verknüpfung von Literatur und Gartenkunst einen Vortrag auf dem Neuphilologentag in Köln 1904.[51]

Ab diesem Zeitpunkt standen ihre Studienreisen ganz im Dienste der Erforschung von Gärten. Die Kontinuität von Gotheins wissenschaftlicher Entwicklung wurde durch den Umzug der Familie im September 1904 nach Heidelberg unterbrochen, wohin Eberhard Gothein einen Ruf erhielt (siehe II.5). Schon im Frühjahr 1905 stand für Gothein die nächste Studienreise an, die sie dieses Mal nicht nach England, sondern nach Italien führte. Die 41 überlieferten Briefe von dieser Reise von April bis Juni zeugen von ihrer intensiven und glückvollen Beschäftigung mit der Gartenkunst. Gothein hatte ihre Besichtigungen akribisch vorbereitet, sie hatte eine genaue Vorstellung von dem, was sie erwartete. Umso enttäuschter war sie oft von dem verfallenen Zustand vieler Gärten. Ihre philologische Methode der Rekonstruktion des Gartens als *„verderbtem Text"*[52] war gerade hier aufs Höchste gefordert. Dass sie den italienischen Renaissancegarten dennoch als Ideal ansah, lag am Geschmack ihrer Zeit (siehe IV.1 und IV.3), vor allem aber an

Abb. 5
Gothein im Liegestuhl auf dem Balkon ihres Bonner Hauses, undatiert (Kat.Nr. II.4b)

ihren kunsthistorischen Vordenkern. Geschult an Jacob Burckhardts Blick auf Italien – als dessen Schüler sich Eberhard Gothein betrachtete[53] – behandelte sie die Gärten, die auch der Kulturhistoriker in seinem „Cicerone. Anleitung zum Genuss der Kunstwerke Italiens" erwähnt hatte.[54] Burckhardts Generalurteil lautet: *„Das Wesentliche des italienischen Gartens ist vor Allem die grosse, übersichtliche, symmetrische Abtheilung in Räume mit bestimmtem Charakter".*[55] In ihren Gartenbeschreibungen vollzieht Gothein diesen Grundsatz nach; es gelingt ihr, ein Gesamtbild der einzelnen Villen zu entwerfen, das bis heute eine genaue Vorstellung der historischen Anlagen bietet.

Als Beispiel einer kurzen Analyse sei Gotheins Behandlung der Villa Lante herangezogen. In der „Geschichte der Gartenkunst" beginnt Gothein mit der Baugeschichte, wobei sie auf die Zeit abzielt, die sie als Blüte der Villa betrachtet und beschreiben will: die Bauzeit unter Kardinal Gambara von 1560 bis 1580. Sie hinterfragt – ganz im Sinne von Leon Battista Albertis Prinzipien – die Bauaufgabe der Villa als Landsitz, die sie als kongenial gelöst bewertet wegen des Baus von zwei

Casini statt eines größeren Wohnhauses, „*die, wenn auch an bedeutendster Stelle des Gartens errichtet, diesem doch den Vorzug ließen, sich in ununterbrochener Linie zu entfalten*".[56]

Diesem generellen Urteil lässt sie einen ersten Überblick über die Teile des Gartens folgen, dem untersten „*geschmückten Parterre*" bis zu den „*oberen Terrassen*" und, in unmittelbarer Nähe zu dieser beschreibenden Passage, einen Stich, der den Grundriss der Villa zeigt.[57] Eine weitere Beschreibung fügt sie durch das Zitat eines Besuchers des 16. Jahrhunderts, Michel Montaigne, bei und gibt eine Einordnung des frühesten Stiches, den sie auf der folgenden Seite abbildet. Damit ist der historische Rahmen gespannt und der Idealzustand des Villengartens in seiner Zeit verortet. Mit diesen vorausgeschickten Informationen macht sich Gothein an die räumliche Beschreibung der Anlage, die den Leser auf einen klar nachvollziehbaren Weg entlang der Hauptachse des Gartens führt:

> „*Das Parterre der untersten Terrasse ist sehr prunkvoll gebildet. Von der Stadt ist es durch eine hohe Mauer mit Torhaus abgeschlossen, ein großes schmiedeeisernes Gitter gestattet den Einblick. Die Mitte des Parterres nimmt beherrschend ein Brunnen ein, vier balustradenumsäumte, quadratische Wasserbassins umschließen mit ihren abgerundeten Ecken ein kreisförmiges Becken [...].*"[58]

Der Betrachterstandpunkt ist der Eingang des Gartens, von dem aus das unterste Parterre gemustert wird. Nach einigen Bemerkungen zu historischen Veränderungen des Brunnenschmucks und der Pflanzen, setzt Gothein mit dem Leser die Begehung fort:

> „*Von diesem Parterre steigt der Garten in nicht sehr steilen Terrassen empor. [...] Auf der Terrasse hinter den Häusern, die hier einstöckig sind, fängt der Schatten an, der dem Parterre ganz fehlt. Zwei brunnengeschmückte Kastanienwäldchen liegen zu beiden Seiten. Die Futtermauer, die die nächste Erdstufe stützt, ist je mit zweistöckigen Säulenreihen geschmückt, die oberen wurden als Vogelhäuser benutzt. Die Mitte aber ist für einen Brunnen freigehalten, der in einer Fülle von*

Strahlen, Fällen und Stufen das Wasser herabsendet. Die höhere Terrasse durchschneidet in der Mitte ein schmales langes Wasserbekken, am Ende in der Futtermauer halten zwei mächtige Flußgötter neben einem halbrunden Bassin Wacht, in das ein Krebs (gambara) aus seinen Scheren das Wasser laufen läßt, sein Leib, als ein langer Wasserkanal gebildet, bildet die Achse der nächst höheren Terrasse [...]. Den Abschluß der obersten Terrasse macht ein liebliches Nymphäum, eine Grottenanlage, zwischen zwei offenen, dem Garten zu gerichteten Loggien, die als Brunnenhaus für den Bergquell dient."[59]

Die Bewegung geht vom Eingangstor über die ansteigenden Parterres hinauf umgekehrt zur Fließrichtung des Wassers, das dem Leser bei seinem ‚Anstieg' entgegenläuft. Dieses Motiv wiederholt Gothein noch einmal, wenn sie sich der Bepflanzung zuwendet: „*Je höher hinauf wir von den niederen lichten Blumenbeeten des Parterres kommen [...], desto mehr nimmt der Schatten und die dunkle Bepflanzung zu.*"[60]

Dieses Durchschreiten der Gartenräume ist eine Spezialität Gotheins und ihr Erfolgsrezept: Auf diese Weise werden die Gärten dem Leser anschaulich vor Augen geführt, ihre Anlage wird begreiflich, der historische Garten in seiner Einzigartigkeit fassbar. Gothein agiert hier im Unterschied zu anderen Gartenhistoriographen ihrer Zeit, denen es eher auf eine Typisierung der Gartenstile ankam.[61] Die Behandlung der Villa Lante steht exemplarisch für das Konzept, das Gothein in der Darstellung der historischen Gärten verfolgt: Zunächst gibt sie dem Leser die wichtigsten Fakten zur Erbauungs- und Rezeptionsgeschichte eines bestimmten Gartens an die Hand, durch die Anreicherung mit historischen und zeitgenössischen Bildern werden der Aufbau der Anlage und charakteristische Eindrücke verdeutlicht. Schließlich vermittelt sie dem Leser mit ihrer ‚räumlichen Semantik' einen dreidimensionalen Eindruck der Gärten, der in seiner Auswahl der Bewegungsrichtung gleichzeitig eine Interpretation der Anlage liefert. Höchst aufschlussreich sind daher die historischen Gärten, die sie nicht in dieser Art und Weise beschreibt. Hier können Rückschlüsse auf zeitgenössische

Rezeptionsmuster und auf Gotheins persönliche Geschmacksurteile – geprägt durch ihre Zeit – gezogen werden. Diese kontextualisieren die „Geschichte der Gartenkunst" in ihrer Zeit.

Dem euphorischen Glückszustand der Forscherin, die Neuland eroberte, folgte eine ernüchternde Zeit im neuen Zuhause in Heidelberg (siehe II.5). Gothein lebte sich schwer ein, aus den Briefen ihres Mannes lässt sich viel über ihre Sorgen mit der Haushaltung und den pubertierenden Söhnen folgern. Ihre eigenen Briefe aus den Jahren 1906 bis 1908 sind nicht im Heidelberger Nachlass erhalten. Noch 1907 schrieb der Ehemann aus Tübingen: *„man kann doch nicht leugnen, daß sie [die Universität Tübingen] für das deutsche Geisteswesen viel mehr als z.B. Bonn bedeutet hat, das wir beide wohl doch stark überschätzen. Du wirst freilich sagen, Liebling, ,was kümmert mich das deutsche Geistesleben, wenn ich Bonn liebe und solche Nester hasse'".*[62] 1906 besuchte Gothein die Gärten in Würzburg und Veitshöchheim, 1907 publizierte sie einen Artikel über die sieben Todsünden, was belegt, dass sie trotz ihrer Gartenstudien vielseitig interessiert blieb (siehe III.3). Im Jahr 1908 schlich sich in die Korrespondenz des Ehemannes Misstrauen ein, weil seine Frau viel und mit ihm unpassend erscheinender Gesellschaft auf Reisen war.[63] Das Ende des Jahres verlebten die Ehepartner getrennt und Eberhard Gothein räsonierte in einem Brief über die großen Unterschiede in ihren jeweiligen Ansichten, die sich immer mehr vergrößerten.[64] Gothein wandte sich in diesen Jahren verstärkt einer durch Nietzsche geprägten Weltanschauung zu, ihre ästhetischen Überlegungen fanden bald durch den Kontakt zum George-Kreis (siehe II.6) einen entsprechenden Ausdruck.

Aus dem Jahr 1909 sind wieder Briefe von Marie Luise Gothein erhalten, in diesem Jahr bewältigte sie auf Reisen die wichtigsten historischen Gärten in Deutschland, Frankreich und befasste sich mit dem aktuellen Gartenstil in England. In der ersten Jahreshälfte arbeitete sie emsig an den Kapiteln der „Geschichte der Gartenkunst". Parallel dazu kam es zu einer schweren Krise der Eheleute, ausgelöst durch die enge Nähe Gotheins zu dem Germanisten Philipp Witkop (siehe II.5). Sie glaubte, nur mit einer räumlichen Trennung wieder Ord-

nung in ihr Gefühls- und Seelenleben bringen zu können und wohnte mehrere Wochen in Bonn. Nach einem kurzen Aufenthalt in Heidelberg machte sie sich nach Frankreich auf, wo ihre Forschungen jedoch stark von ihrem psychisch labilen Zustand beeinträchtigt wurden: Für die Besichtigung einiger Gärten fehlte ihr die Kraft (siehe IV.3). Diese Korrelation von Leben und Werk rückt die ‚Gemachtheit' der „Geschichte der Gartenkunst" in den Fokus, sie zeigt die Bedingungen, unter denen das Werk entstand.

Die Ehepartner näherten sich wieder an, der oben zitierte Dank an ihren Mann für ihres *„Lebens weiten Standpunkt"* steht in direktem Zusammenhang mit ihrer Bitte, ihre intellektuelle Freundschaft mit Männern weiterhin als Bereicherung statt als Bedrohung anzusehen.[65] Zunächst blieb jedoch ein Rest Misstrauen bestehen, der bald durch eine neue Freundschaft Gotheins, die mit dem Religionstheoretiker Otfried Eberz, befeuert wurde.[66] In späteren Jahren ist von diesen Differenzen in der Korrespondenz nichts mehr zu spüren. In Tagebuchaufzeichnungen, die Gothein nach dem Tod ihres Mannes, 1923, verfasste, wird deutlich, wie sehr ihr der Gesprächspartner in allen Lebenslagen fehlte.[67] Seit 1892 fanden Gotheins Studienreisen im Zweijahresrhythmus statt und so ist es nach dem Krisenjahr 1909 das Jahr 1911, in dem Gothein nach Griechenland reiste und von ihren Eindrücken euphorisch-genussvolle Briefe nach Hause schrieb (siehe IV.5). Das Jahr 1913 stand dann ganz im Zeichen der Fertigstellung der „Geschichte der Gartenkunst", für die sie vor allem mit dem Abbildungsmaterial viel Arbeit hatte. Eine kurze Reise nach Rom wurde zur Vergewisserung ihrer Eindrücke, die sie auf ihrer großen Italienreise gesammelt hatte, und zu einer letzten Tour der Freizügigkeit, die durch den Krieg zunichte gemacht wurde.[68] Gothein schildert in der Biographie über ihren Mann das Gefühl der Teilhabe an einem untergehenden Zeitalter – dem ‚langen 19. Jahrhundert'.[69]

Schon während der Schlussredaktion an ihrem Gartenbuch hatte sich Gothein dem indischen Kulturkreis mit der Übersetzung des indischen Autors Rabindranath Tagore zugewandt (**III.2c**). Das exotische Arbeitsfeld sollte sich allerdings erst einige Jahre später zum Anker für Gothein

Abb. 6
Das Ehepaar Gothein im Garten, undatiert, wahrscheinlich Anfang der 20er Jahre (Kat.Nr. II.7h)

entwickeln. Zunächst plante sie, ein größeres Projekt über den englischen Mystiker William Blake in Angriff zu nehmen – doch auch dieser Plan wurde durch den Krieg zerstört.[70] Im August 1914 fiel ihr zweitältester Sohn Wilhelm. Die Ungewissheit über sein Schicksal, die die Gotheins wochenlang aushalten mussten, ebenso wie eine Kriegsverletzung Percys und die Einschränkungen des Krieges, forderten ihren Tribut (siehe II.7). Trotz – oder gerade wegen – dieser von außen verursachten persönlichen Krise hielt Gothein eisern an ihren Forschungen fest. Sie publizierte weiter über Gartenthemen, wandte sich aber auch verstärkt wieder der Anglistik und dort Shakespeare zu, wobei sie beide Themenfelder auch verknüpfte (siehe III.3).

Ihre Suche nach einem größeren Projekt, mit dem sie die äußere und innere Destabilisierung in den Griff bekommen wollte, führte sie zu ihrem intensiven Studium des Sanskrit, für das sie den Indologen Bruno Liebich, später dann Heinrich Zimmer als Lehrer an sich binden konnte.[71] Dieses Studium entwickelte sich mit einer solchen Dynamik, dass Eberhard Gothein bereits Anfang der 20er Jahre seine Frau zu überzeugen versuchte, eine Fernostreise in Angriff zu nehmen. Diese sollte den Zweck einer Studienreise mit dem Besuch bei der Familie des ältesten Sohnes Wolfgang auf Java verknüpfen. Gothein reagierte auf diese Vorschläge skeptisch.[72] Der Historiker Jürgen Kuczynski schreibt in seinen „Memoiren" aus der Heidelberger Zeit: *„Gotheins Frau arbeitete über Gartenkunst, speziell in Indien, und da sie Geld für eine Reise nach dort sparte, musste der alte Gothein in der Mensa Mittag essen, wo er natürlich ebenso wenig satt wurde wie wir. Als er sich am Endes des Sommersemesters 1924 emeritieren ließ, um eine ganze Reihe angefangener Arbeiten fertigzustellen, bekam er bald die Grippe, die er infolge allgemeiner Entkräftung nicht überstand. Seine Frau fuhr einige Zeit später nach Indien und schrieb ihr Buch über den dortigen Gartenbau."*[73] Diese Anekdote ist von Joachim Radkau aufgegriffen worden und trägt zu dem ungünstigen Bild, das er von Gothein entwirft, bei. Generell muss Maurer zugestimmt werden, wenn er das Heidelberger Milieu als *„missgünstig"* beschreibt.[74]

Abb. 7
Gothein mit ihren Enkeln Ursula und Dietrich beim Besuch auf Java, Juni 1926

Eberhard Gothein starb im November 1923, durch die Entbehrungen der Nachkriegszeit entkräftet, in Berlin an der Grippe.[75] Seine Frau bezeichnete später diese Zeit als *„Zusammenbruch ihres alten Lebens"*.[76] Sie begab sich auf Reisen, sie flüchtete, bis 1927 war sie nicht mehr in Heidelberg gemeldet.[77] 1924 schrieb sie auf einer Romreise in ihr Tagebuch, dass sie das Schreiben darin ungewohnt finde, da ihre Reflexionen doch immer in den Briefen an den Ehemann ihren Rahmen gefunden hatten.[78] In dem Eintrag „Florenz, 24.3.24." zieht sie Vergleiche zu ihrer früheren Rezeption der Gärten:

„Am Nachmittag war ich im Giardino Boboli. Ich habe ihn durchträumt, mir so ganz vertraut und doch selbst dort ein mir fremdes Aussen. Ich kenne die Gefahr, die in dieser Einstellung der Aussenwelt gegenüber liegt – ich weiss, dass ich damit gefährlich vereinsamen könnte. Jetzt erst weiss ich, wie sehr ich mich den Dingen hingegeben habe, wie sehr sie in Wechselwirkung mich beeinflusst hatten. Ich muss das wiederfinden – es war das, was mir das Leben so reich machte. Aber erzwingen lässt es sich nicht, und mein Inneres ist ja nicht leer, es ist bis zum Rande erfüllt."[79]

17

Abb. 8
„Einfahrt in Hongkong vom Schiff aus 19.9.26", eigenhändige Photographie Marie Luise Gotheins

Im Mai 1925 brach sie von Italien aus nach Indonesien auf. Sie besuchte nicht nur ihren Sohn und die Enkelkinder, sondern betrieb umfangreiche Studien zu Architektur, Kultur und Drama, die sich in mehreren Veröffentlichungen niederschlugen (siehe III.5). Von Indonesien aus reiste sie nach China und Japan und hielt in ihren Reisetagebüchern alle Eindrücke – auch von gesellschaftlichen Ereignissen wie der Einladung bei chinesischen Würdenträgern – fest. Eigenhändige Fotografien von dieser Reise vermitteln einen unmittelbaren Eindruck. Die Bücher, die sich in Privatbesitz befinden, von Familie Gothein jedoch dankenswerterweise für die Dauer der Ausstellung zur Verfügung gestellt wurden, können als kulturwissenschaftlicher Fundus betrachtet werden. Unmittelbar nach ihrer Rückkehr erschien als Appendix zur „Geschichte der Gartenkunst" das Buch über „Indische Gärten", was oft zu der Überzeugung führte, Gothein habe selbst die Gärten der Moguln auf dem Subkontinent besucht. Tatsächlich führte sie ihre Reise jedoch nicht nach Indien. Dennoch vermitteln ihre Gartenbeschreibungen wieder ein dreidimensionales Bild der Gärten (siehe II.8 und III.4).

Im Februar des Jahres 1927 kehrte Gothein nach Heidelberg zurück und lebte bis zu ihrem Tod im Haus „Im Gabelacker" in Neuenheim, einem Gebäude im Bauhausstil, das ein befreundeter Architekt ihres Künstlersohnes Werner gebaut und ihr Sohn Wolfgang finanziert hatte. Für sie gab es keine Alternative zu dieser Rückkehr, wie sie in der Dankrede anlässlich ihrer Ehrenpromotion 1931 formulierte: „[ich bin] *hier in Heidelberg unausrottbar festgewurzelt, und nicht zum wenigsten, weil ich hier die tiefsten Schmerzen erduldet.*"[80] Im Frühjahr des Jahres 1931 wurde sie mit der Ehrenpromotion der Universität Heidelberg geehrt, am 24. Dezember desselben Jahres starb Gothein. Percy Gothein schreibt in seinem Erinnerungsbuch, dass die Mutter an einem vergrößerten Herzen gestorben sei.[81] Ihr Grab ist auf dem Bergfriedhof in Heidelberg.

Eine wissenschaftliche Beschäftigung mit Gotheins Person und Rolle in ihrer Zeit setzte erst in den 90er Jahren ein. In einem Aufsatz von Christine Göttler von 1994 ist eine kurze Skizze ihres Lebens gezeichnet mit Schlaglichtern auf ihre Haltung zur Emanzipationsbewegung und ihre Rolle als Frau in der Wissenschaft.[82] Der Kultur-

Abb. 9
Die Kontrahentin Marianne Weber, um 1920

Abb. 10
Die bewunderte Freundin: Else Jaffé, geborene von Richthofen, 1902

wissenschaftler Michael Maurer nahm als Biograph von Eberhard Gothein auch dessen Frau in den Blick. Das erste Ergebnis dieser Beschäftigung war ein Aufsatz von 1999 über die Briefe aus der Verlobungszeit des Paars vor dem Hintergrund der bürgerlichen Kultur des Briefeschreibens.[83] 2006 veröffentlichte Maurer eine umfangreiche Auswahl, 330 Nummern, des Briefwechsel der Gotheins,[84] auch mit dem Ziel, im Gegensatz zu Gotheins „Lebensbild", in dem sie selbst schon viele wichtige Briefe ihres Mannes zitiert, ihren Part in der Korrespondenz und in der gesamten Partnerschaft auf eine Stufe mit ihrem Mann zu heben.[85] Nach seiner Biographie über Eberhard Gothein, in der auch die Rolle der Frau immer wieder zur Sprache kommt,[86] konzentrierte sich Maurer ausschließlich auf Gothein in einem Aufsatz über ihre Rolle im George-Kreis.[87]
Trotz dieser Untersuchungen ist Marie Luise Gotheins Werk bisher nicht in seiner Gesamtheit betrachtet worden, auch eine differenzierte Darstellung ihrer persönlichen Entwicklung ist nicht in ausreichendem Maße berücksichtigt. Noch viel erstaunlicher ist die Tatsache, dass die „Geschichte der Gartenkunst", ihr einflussreiches Hauptwerk, keine grundsätzliche Kontextuali-

sierung und Analyse erfahren hat. Letzteres liegt sicherlich an der erst in den letzten Jahrzehnten einsetzenden Professionalisierung der Gartenkunstgeschichte.[88]
Für die wissenschaftliche Unschärfe in Bezug auf Gothein als Person gibt es mehrere Gründe, die sich vor allem im Vergleich mit anderen Frauen ihrer Zeit und aus ihrem Umkreis erhellen. Marianne Weber (siehe II.4) setzte sich lebenslang theoretisch und praktisch für die Emanzipationsbewegung ein und hat daher einen festen Platz als Vorkämpferin der Gleichberechtigung.[89] Zudem steht ihre Rolle als Partnerin des wissenschaftlichen Schwergewichts Max Weber im Fokus, dessen Aufarbeitung sie selbst entscheidend durch ihre Biographie (siehe III.6) und die Herausgeberschaft seiner Werke prägte.[90] Ähnliches trifft auf Else Jaffé zu, die zum einen durch ihren Intellekt – sie promovierte bei Max Weber – und zum anderen ihre voreheliche Berufstätigkeit als erste Industrieinspektorin in Baden die Forschung fasziniert,[91] vor allem aber als Stereotyp der sexuell befreiten Muse und Geliebten Max Webers das Interesse hauptsächlich männlicher Forscher erregt.[92]
Gothein hatte ihr Eintreten für die Emanzipationsbewegung in der Heidelberger Zeit ganz

eingestellt. Für diese Entscheidung sprach neben ihrer elitären Bildungsüberzeugung vor allem der äußere Druck: Ihre Leistungen wurden immer gegen ihr Geschlecht abgewogen. Dafür können exemplarisch verschiedene Rezensionen zur „Geschichte der Gartenkunst" herangezogen werden. Der Gartenarchitekt Leberecht Migge etwa spricht in seiner Rezension von ihrem Buch als „*der Große Gothein*".[93] Die männliche Form irritierte die Autorin (siehe I.3). Konkreter in Bezug auf den Gender-Aspekt wird Carl Neumann, der schreibt: „*Im Einzelfall ist anzumerken, daß von einer wissenschaftlich arbeitenden Frau doppelt zu verstehen ist, wenn sie Lyrismen aus dem Weg geht. Ihr Stil ist von einer nicht ungesuchten Sachlichkeit*".[94] Die doppelte Negation verschleiert die Kritik: Weil Gothein ihre weibliche Identität in ihrem Text nicht habe preisgeben wollen, habe sie gesucht sachlich geschrieben. In einen ähnlichen Tenor stimmt Edgar Salin ein, der als langjähriger Freund der Familie Gothein einen Gedenkaufsatz zu Gotheins 100. Geburtstag schrieb. Salin beschreibt seine erste Empfindung beim Lesen der „Geschichte der Gartenkunst" als eine gewisse Enttäuschung über deren Sachlichkeit: Die Briefform hätte Gotheins Wesen eher entsprochen. Dabei liefert er die – chauvinistische – Begründung, warum dies für Gothein nie in Frage gekommen wäre, gleich mit: „*Da von allen Seiten die wissenschaftliche Leistungsfähigkeit der Frau bezweifelt wurde, hielt sie es für erforderlich, ihr Bestes zu verschweigen und ihr reicheres Wissen nur so weit zu eröffnen, als es in strenger Akribie und harter Systematik möglich und nötig war*".[95]

Es stellt sich die Frage, was dieses „*Beste*" gewesen wäre, hätte Gothein einen dezidiert weiblichen Stil gesucht. Sehr wahrscheinlich wäre es in ihrem akademischen Umfeld nicht als wissenschaftliche Arbeit wahrgenommen worden und hätte keine Anerkennung in der männlich dominierten Wissenschaftswelt gefunden, das machen Aussagen derselben Wissenschaftler deutlich. Friedrich Gundolf betont in seiner Laudatio zur Ehrenpromotion Gotheins (siehe II.9): „*Frau Gothein hat gleich den besten Trägern solchen Strebens sich gemüht um die Erforschung des Erforschlichen, aus einer weiblichen Lust – ja Neugier – am ‚schönen Überfluss*

der Welt' und mit mannhafter Helle, Tatkraft, Werkfreude".[96]

„*Weibliche Neugier*" muss also von „*mannhafter Werkfreude*" gebändigt werden, um produktiv zu werden. Der Archäologe Ludwig Curtius berichtet in seinen Lebenserinnerungen über die Heidelberger Zeit und seinen Kontakt zum Hause Gothein. Während er Eberhard Gothein als „*ganz in sich selbst Ruhenden und ganz in sich selbst glücklichen Mann*" beschreibt, empfindet er dessen Frau als defizitär, denn: „*in ihrem etwas spröden westpreußischen Naturell* [schien] *das eigentlich Weibliche ganz von einem forschenden Intellekt zum Schweigen gebracht.*"[97] In einer Atmosphäre, in der selbst enge Freunde und Gäste ihre Weiblichkeit im Verhältnis zu ihrer Wissenschaftlichkeit analysieren und bewerten, schien es für Gothein offensichtlich ratsam, über ihre Rolle als Frau in der Wissenschaft überhaupt nicht öffentlich zu reflektieren.

Zum zweiten fehlte Gothein ein Partner vom Format Max Webers, um das Interesse der Forschung zu rechtfertigen. Eberhard Gothein war zu sehr einer humanistischen Universalbildung verpflichtet, als dass er eine einflussreiche Schule hätte gründen können.[98] Im Unterschied zu Weber, der 1903 frühzeitig seinen Lehrstuhl aufgab und damit den Platz für Gothein freimachte, hatte er aber auch Zeit seines Berufslebens den Aufwand der Lehre zu tragen, in die er aus Überzeugung viel Energie fließen ließ.[99] Gothein betätigte sich zudem politisch in der Weimarer Republik, wobei ihm seine Frau die Ausfüllung des Amtes des Kultusministers ausredete,[100] weil sie die gesamte Politik der Weimarer Republik ablehnte (siehe II.7). Zwar wird Gothein gerne als Teilhaberin an der sexuellen Freizügigkeit der Heidelberger Jahre vor dem Krieg in Anspruch genommen,[101] dagegen sprechen jedoch ihre eigenen Aussagen in Briefen und anderen Zeugnissen.[102] Diese zeigen deutlich, dass sie an anderen Menschen hauptsächlich ein intellektuelles Interesse hatte und den geistigen Austausch suchte. In einem Brief aus dem Jahr 1917 formulierte sie ihr Credo:

> „*mein ganzes Wesen* [ist] *doch nur ein Streben nach Erkenntnis nach Vertiefen und jeder neue Standpunkt, den ich antreffe mir immer nur dazu dienen soll den Welträtseln näher zu kommen.*".[103]

Gotheins Intellektualismus brachte ihr jedoch mitunter den Spott und die Ablehnung ihrer Mitmenschen ein. Marianne Weber urteilte in einem Brief über sie: „*lediglich Intellekt und Schöngeist, ohne jede Spur von allgemein menschlicher Herzenswärme*".[104] Alfred Weber, den Gothein zu ihren Freunden zählte, schrieb in einem Brief von einem Treffen mit ihr: „*Heute Abend soll ich nun zu Frau Gothein – weiß Gott – ich habe etwas Angst – nicht die des Josefs – nein, nein – auch nicht die des Simsons – aber die des ganz kleinen Davids, der den Goliath der Gelehrsamkeit erschlagen soll – ob's geht?*".[105] Als gelehrte Frau schien sie bei ihren männlichen Gesprächspartnern durchaus Urängste geweckt zu haben.

Auch sie selbst litt bisweilen unter ihrem Wesen, das auf andere verbissen wirkte. In den krisengeschüttelten Kriegs- und Nachkriegsjahren, schrieb sie in einem Brief vom 12. März 1917:„*Wie einsam ist es doch geworden ich sehne mich so danach wieder einen nahen Menschen zu haben, dem man sich doch einmal aussprechen kann. […] na man ist immer seines Lebens eigner Schmied – und ich war neulich ganz betroffen, als mir Frau Oboussier sagte ‚Sie sprechen eben niemals von sich selber' […]*".[106] Gothein bewunderte vor allem gegen Ende ihres Lebens Frauen, die mehr im Einklang mit dem traditionellen Bild von Weiblichkeit standen wie Else Jaffé und die Frau des Juristen Fritz Fleiner.[107] Weil sie selbst jedoch als wissenschaftlich arbeitende Frau anerkannt werden wollte, konnte Gothein sich zu ihrer Zeit keinen Aspekt einer weiblichen Rolle zu eigen machen. Sie verfolgte ein hohes Bildungsideal – unabhängig von Geschlechterfragen. Einen frühen Aufsatz von 1903 über John Ruskin leitet sie mit den Worten ein:

> „‚*Der Schriftsteller*', sagt Carlyle […], ‚*ist der Held unserer Zeit, seine Aufgabe ist die gleiche wie die aller Führer der Menschheit, er soll sie lehren, das Göttliche in ihrer Natur zu begreifen und ihr Leben als ein Stück des ewigen Herzens der Natur zu erfassen.' Die Macht, die in früheren Zeiten Götterheroen, Propheten, Priestern und Dichtern zugefallen, gehört heute dem Schriftsteller […].*"[108]

Gotheins Ansporn bestand in der Durchführung eines hoch gesteckten Bildungsanspruches, der phasenweise zum Selbstzweck wurde (siehe II.7) – sie sah sich selbst in dieser verantwortungsvollen Rolle des „*Schriftstellers*".

Insgesamt zeigt sich, dass Gothein in der Forschung oft auf ihre Rolle während der Heidelberger Zeit eingegrenzt wird. Dabei verdienen es ihr Werk und Leben in ihrer Gesamtheit und unter mannigfaltigen Gesichtspunkten untersucht zu werden. Dieser Katalog macht damit den Anfang. Zunächst werden die historischen Hintergründe von Gotheins wichtigster Publikation, der „Geschichte der Gartenkunst" in Sektion I erhellt. Ihr Leben in seiner ganzen Entwicklung stellt Sektion II dar. Ebenso wird in Sektion III ihr Gesamtwerk und – in Ansätzen – seine Wirkung dargestellt. Eine vierte Abteilung befasst sich mit Gotheins Blick auf Gärten bestimmter Regionen oder Zeiten und stößt so eine lang überfällige Kontextualisierung der „Geschichte der Gartenkunst" an.

Die Exponate der Ausstellung sind in Themenfeldern zusammengefasst, so dass die Katalognummern einen größeren Sachverhalt schildern und die Exponate verorten. Beim Widerstreit zwischen flüssig lesbarem Katalogtext und wissenschaftlicher Abhandlung tauchte die Frage nach Belegen auf, die im vorliegenden Katalog so beantwortet wurde, dass alle Zitate mit Seitenzahlen angegeben werden und die entsprechende Literatur in den Angaben am Ende des Katalogtextes zu finden ist. Lediglich bei den Briefen gilt die Ausnahme, dass diese der Wiederauffindbarkeit halber direkt beim Zitat belegt werden. Da alle zitierten oder ausgestellten Briefe digitalisiert sind – ebenso wie die meisten Werke Gotheins und ihrer hier behandelten Zeitgenossen[109] – wurde zur besseren Lesbarkeit auf die Angabe von Seitenzahlen bei den Briefangaben verzichtet. Gotheins Briefstil zeichnet sich durch eine saloppe Grammatik aus. Kleinere Auslassungen wie fehlende Schlusszeichen, die häufig vorkommen, sind der besseren Lesbarkeit halber stillschweigend ergänzt. Gotheins sparsame Kommasetzung und teils fehlerhafte, weil flüchtige grammatikalische Konstruktionen sind aber beibehalten worden.

Dieser Katalog ein Anfang, kein abschließendes Ergebnis. Und so kann Gothein selbst zugestimmt werden, wenn sie in ihrer Dankesrede anlässlich ihrer Ehrenpromotion (siehe II.9) über die Arbeit an der Biographie ihres verstorbenen Mannes sagte:

„Es gab da nur einen schmerzlichen Moment, und das war der des Fertigseins; das ging weit darüber hinaus, was wir alle, die wir Bücher schreiben, nur zu wohl als die Melancholie des Fertigseins kennen, die dem Gefühl entspringt, dass wir doch nur Stückwerk gegeben haben, weit entfernt von dem, was wir innerlich als Ganzes geschaut und gewollt haben […]."

Dieser Katalog möchte zu einer umfassenden Beschäftigung mit Marie Luise Gothein und ihrem Werk anregen. Er geht somit einer Dissertation der Autorin dieser Einleitung voraus, die sich vor allem mit Gotheins Auseinandersetzung mit Ästhetik und einer umfassenden kontextualisierenden Analyse der „Geschichte der Gartenkunst" beschäftigen wird. Da der Schwerpunkt dieser Arbeit auf der Kunstgeschichte liegen wird, werden kulturwissenschaftliche Aspekte, etwa die Bearbeitung ihrer Tagebücher der Fernostreise oder ihre religionswissenschaftlichen Überlegungen, nur am Rand eine Rolle spielen. Die Wissenschaft ist mit Marie Luise Gothein noch lange nicht fertig.   Karin Seeber

1 Brief Marie Luise Gothein an Eberhard Gothein: „d. 21.5.5." (Heid. Hs. 3487,209). Im Folgenden werden in den Briefangaben die Namen wie folgt abgekürzt: MLG = Marie Luise Gothein, EG = Eberhard Gothein

2 Marie Luise GOTHEIN: Geschichte der Gartenkunst, München u.a.: Diederichs, 1914; im Folgenden – auch im Katalogteil – abgekürzt: GdG I (Band 1) und GdG II (Band 2).

3 MIGGE 1914, S. 93.

4 Zum Beispiel CLUNAS 1997, S. 30.

5 Marie Luise GOTHEIN: Manuskript „Kindheitserinnerungen", 1931, Privatbesitz; im folgenden: GOTHEIN, Kindheitserinnerungen. Das Manuskript ist – wie zahlreiche andere in der Ausstellung gezeigten Dokumente – als Digitalisat online unter http://gothein2014.uni-hd zu finden. Im Katalogteil verweist das Symbol ⌂ neben der Signatur auf seine Online-Existenz.

6 Ibid., Bl. 4v.

7 Ibid., Bl. 14v.

8 Ibid., Bl. 15r.

9 HEINSOHN 1996, S. 151.

10 Brief EG an MLG: „London 20.5.93" (Heid. Hs. 3484,411).

11 Eva (Eveline) Schröter war von 1909–1924 Direktorin der staatlichen Gertraudenschule in Berlin-Dahlem wie aus einer Broschüre zur Schulgeschichte der heutigen „Gail S. Halvorsen Schule/9. Integrierte Sekundarschule" hervorgeht.

12 GOTHEIN, Erinnerungen, S. 223.

13 GÖTTLER 1994, S. 46.

14 Brief MLG an EG: „Bonn d. 14.5.4" (Privatbesitz).

15 „ich kämpfe immer noch mit etwas Müdigkeit, darauf auch schiebe ich es, wenn heute beide Vorlesungen – Gundolf hat auch angefangen mir nicht sehr viel geboten haben. Lask redete heute eine ganze Stunde über den Individualitätsbegriff […]", Brief MLG an EG: undatiert (Heid. Hs. 3487,362).

16 „Heute Nachmittag war Alfred Webers Colleg – doch seine Heilmittel waren für die Wunden die er vorher geschlagen hatte, ein Wenig zu mager, wenigstens mir sicher nicht genug – schliesslich kam es auf eine Synthese von Individualismus und Socialismus heraus […]", Brief MLG an EG: undatiert (Heid. Hs. 3487,343).

17 SCHNEIDER 2012, S. 28.

18 Brief MLG an EG: „Bonn d. 17.6.9" (Heid. Hs. 3487,246).

19 Briefe EG: Heid. Hs. 3484,1–1435; Briefe MLG: Heid. Hs. 3487,1–606. Eine Auswahl der Korrespondenz hat Michael MAURER 2006 veröffentlicht. Maurers Vorarbeiten (s.u.), vor allem seine großzügige Überlassung der Brieftranskripte, die er zusammen mit Johanna Sänger und Editha Ulrich mit Mitteln der Fritz Thyssen Stiftung erstellt hat, waren unschätzbare Hilfen für die Realisierung dieses Katalogs. Dafür gebührt ihm der größte Dank.

20 GOTHEIN, 1931, S. 28.

21 GOTHEIN, Kindheitserinnerungen, Bl. 13r.

22 „Wenn Du fragst, ob sie [seine Arbeit am Boethius] so schwer ist als David Strauss, thust Du ihr zu viel Ehre an; sie ist meine ganz einfache und verständliche historische Darstellung. Aber auch Strauss ist nicht schwer; ich wünsche nur nicht besonders, daß Du Dich mit Fragen, wie er sie behandelt, schon jetzt beschäftigst. Es giebt ja so viel andres Interessantes, was Dir näher liegt […].", Brief EG an MLG: „Berlin W. Derfflingerstrasse 19a d. 12/1 83" (Heid. Hs. 3484,6).

23 MAURER 2007, S. 55.

24 Ibid., S. 57.

25 Ibid., S. 94f.

26 Ibid., S. 131.

27 GdG I, S. VI; Göttler 1994, S. 49.

28 *„Die kleine unruhige Mahnung an Deinen Mann und die Heimath, die Du leider mit Dir tragen mußt, hoffentlich macht sie Dir nicht allzuviel zu schaffen.",* Brief EG an MLG: „17.1.96" (Heid. Hs. 3484,480); *„Grüße die Jungen Liebling und schreib mir nur recht viel vom baby. Der liebe Schelm, ich denke immer: nachdem er bei seiner ersten Ankündigung Monate lang eine Entfremdung zwischen uns bedeutete, macht er das Unverschuldete jetzt doppelt und dreifach gut und ist ein immer neues und herzliches Band.",* Brief EG an MLG: „23.9.98" (Heid. Hs. 3484,551).

29 *„wenn du allerdings nicht mehr von ihm* [Werner] *erwartest als einen ganz dutzendmässigen Museumsdirektor einer kleinen Provinzstadt – dann aber von einem jungen Menschen und meinem Sohne verlange ich allerdings mehr und er verlangt ja am meisten von sich selbst.",* Brief MLG an EG: „d. 31.5.12." (Heid. Hs. 3487,366).

30 *„Ob er* [Willi] *ein bedeutender Baumeister werden wird, das wissen wir natürlich nicht, aber ein Dilettant wird er sicherlich nicht, wie Du meinst. Warum setzest Du, die Du Deinen Freunden mit so unsagbarem Vertrauen entgegenkommst, so wenig Vertrauen in die Deinigen?",* Brief EG an MLG: „Breslau 3/4 08" (Heid. Hs. 3484,887).

31 EG an MLG: „Wiesbaden 19/3 062 (Heid. Hs. 4384,815).

32 Marianne Weber an Helene Weber: o. D. (1907): *„Denke Dir, daß Frau Gothein sozusagen alles tut, was man sich denken kann: wissenschaftlich arbeiten, Musik, Radeln, Ski, Tennis, Tanz, viele Freunde* [...] *von denen* täglich *jemand bei ihr ist (lauter Männer, denn die Frauen sind ihr zu langweilig) etc. etc. Dazu ein wunderschönes Haus und 4 Kinder, die ,von selbst' aufwachsen. Es ist märchenhaft!",* zitiert nach Radkau 2013, S. 861.

33 *„nun wollen wir den Jungen* [Wolfgang] *mit all unseren besten Wünschen in die Welt lassen und uns freuen, dass er ein tüchtiger Mensch zu werden verspricht.",* Brief MLG an EG: „23. Feb 1911" (Heid. Hs 3487,319); *„Ebenso abgehetzt wie Wolf ist aber auch Willi, er arbeitet wie ein Pferd* [...], *aber es schadet nichts, er lernt ausgezeichnet disponieren und hat wirklich einen guten Farbensinn, alles was er macht ragt über das andere Zeug dort sehr hinaus.",* Brief MLG an EG: „d. 23.2.11." (Heid. Hs. 3487,320).

34 Aurnhammer 2012, S. 1387; Kluncker 1986, S. 68.

35 Ibid., S. 6.

36 Kluncker 1986, S. 36–39.

37 Aurnhammer 2012, S. 1388.

38 *„In Bonn ist es jetzt wirklich wie in einem Hühnerstall in dem die Küchelchen ausgekrochen sind, nur kleine Kinder und daher auch gestern, wo die Männer fehlten eine Unterhaltung die wenig darüber hinaus geht.* [...] *es ist wirklich allen Humor herausfordernd und wenn ich mir den nicht dabei bewahrte, so würde es doch auf die Dauer etwas hart für mich gewesen sein, da* [ich] *nun doch an eine solche Unterhaltung nicht gewöhnt bin und sie schon auf's Äusserste gemieden habe, als ich noch selbst solch kleines Gekrabbel hatte.",* Brief MLG an EG: „Godesberg d. 3.6.12."(Heid. Hs. 3487,368).

39 *„Er und Frau Zitelmann erkundigten sich natürlich eingehend nach Deinem Ergehen und zu meinem Amüsement erstaunt er nochmals: ,Da arbeitet nun Ihre Frau ganz wie ein Gelehrter? Es ist doch seltsam!' Ich glaube Schatz, ganz kapirt es doch nur Dein Mann, daß Du ganz eine Frau sein kannst (und was für eine!) (Das steht nur für mich da!) und ein Gelehrter zugleich!",* Brief EG an MLG: „Bonn 30/4 94" (Heid. Hs. 4384,438).

40 *„Mittlerweile bist Du nun auch in London* [...] *angelangt; da wird das Leben wohl etwas stiller als in Bristol sein, und ich nehme auch an, daß Dein Erscheinen auf der Bibliothek nicht so viel Aufsehen dort erregen wird.",* Brief EG an MLG: „Bonn 30/4 98 Sonnabend" (Heid. Hs. 3484,520).

41 *„Sei froh lieber Liebling, daß Du auch diesmal wieder Dein verspätetes Studentensemester so frei und froh genießen kannst – dann kommt wieder das große Bleigewicht an Deine Flügel: Mann, Kind, Haus genannt, und das Beste, was Du thun kannst, ist dann immer noch es lieb zu haben!",* Brief EG an MLG: „Bonn 25/4 94" (Heid. Hs. 3484,434).

42 Brief MLG an EG: „d. 14ten [August 1909]" (Heid. Hs. 3487,273).

43 Briefe EG an MLG: „Bonn 7/5 92" (Heid. Hs. 3484,400); „Sonntag d. 1/5 98" (Heid. Hs. 3484,521).

44 *„Was Du mir über Mary Wolstoncraft schreibst, interessirt mich doppelt, weil ich fühle, welchen Eindruck eine solche Natur auf Dich macht.",* Brief EG an MLG: „Bonn 26/4 94" (Heid. Hs. 3484,435).

45 Brief EG an MLG: „Breslau 25/3 95." (Heid. Hs. 3484,456).

46 Gothein 1931, S. 121.

47 *„*[Ich] *denke daran, daß Du grade um diese Zeit die Büchertaschen revidirst, die Anzüge musterst und dann herauf an Deine Arbeit gehst, wo Du ja wohl heute den Tacitus mit den Zitelmädeln vornimmst.",* Brief EG an MLG: „Breslau 14/3 1901" (Heid. Hs. 3484,591).

48 „Bonn 20/9 03 Sonntag" (Heid. Hs. 3484,608).

49 Gothein 1903b: *„England begann damals unter Ruskins segensreichem Einfluss schon seine Augen aufzumachen und Deutschland ist England noch früher gefolgt",* Brief MLG an EG: „d. 9.9.14" (Heid. Hs. 3487,421).

50 *„Deine Gartenstudien habe ich heut in meinem Kaffeestündchen gleich mitgemacht, indem ich die beiden Essais im Spectator №114 u. № 177 gelesen habe, morgen will ich mir auch den Bacon ansehen."*, Brief EG an MLG: „Bonn 13/10 03 Dienstag" (Heid. Hs. 3484,627).

51 GOTHEIN 1904.

52 GdG 1, S. VI.

53 Obwohl Eberhard Gothein nicht bei Jacob Burckhardt gehört hatte, bestand ein loser persönlicher Kontakt und Gothein bezeichnete sich als Burckhardts Schüler: MAURER 2007, S. 177.

54 BURCKHARDT 2001.

55 Ibid., S. 324.

56 GdG I, S. 286.

57 Ibid., Abb. 200.

58 Ibid., S. 288.

59 Ibid., S. 288f.

60 Ibid., S. 290.

61 Zum Beispiel FALKE 1884.

62 Brief EG an MLG: „Tübingen 11/4 07" (Heid. Hs. 3484,846).

63 *„Du wirst immer mehr zu der Ansicht kommen, daß im Haus und in der Ehe lauter Hemmungen und Belastungen und in der Fremde und bei den Freunden lauter Freiheit und Glück sei."*, Brief EG an MLG: „Heidelberg 17/3 08" (Heid. Hs. 3484,875).

64 *„Daß unsre Ansichten in vielen Gebieten des geistigen Lebens weit mehr als früher auseinandergehen, liegt wohl freilich daran, daß wir gegenseitig unsrer individuellen Entwicklung nie Hindernisse in den Weg gelegt haben [...]."*, Brief EG an MLG: „Heidelberg 31/12 08"(Heid. Hs. 3484,918).

65 *„Und auch eines noch weiss ich für die Zukunft, dass dich diese traurige Erfahrung bei mir nicht jetzt ängstlich gemacht hat und du auch in Zukunft meine Freundschaft mit Männern als einen geistigen Reichtum ansehen willst."*, Brief MLG an EG:„Bonn d. 17.6.9" (Heid. Hs 3487,963).

66 Für das Umfeld in Heidelberg waren die Kontakte Gotheins zu gebildeten Männern ein Anlass zu Klatsch, wie etwa ein Brief Max Webers vom 8. Mai 1910 zeigt: *„Marie Gothein hüpfte, je 3 Stufen auf einmal nehmend, zu einem Tête-à Tête. Ihr ‚Mann' ist jetzt also* Eberz. *Er schreibt ihr anscheinend ziemlich täglich ‚Stimmungsbilder', z.Z. aus Paris."*, WEBER 1994, S. 499; Aus dem Geflecht überlieferter Zeugnisse entstanden solche falschen Urteile wie das Radkaus: „[Sie] *hatte neben ihrer glücklichen Ehe und mit Wissen ihres Ehemanns über drei Jahre einen Liebhaber (worüber sie hernach anscheinend eine Art von Reue bekundete) [...]."*, RADKAU 2013, S. 433.

67 GOTHEIN, Briefe und Tagebücher, S. 158.

68 GOTHEIN, Erinnerungen, S. 224–227.

69 GOTHEIN 1931, S. 253.

70 *„Nein wenn ich wieder etwas englisches arbeiten könnte, dann würde ich doch zuerst wieder [William]* Blake *vornehmen – aber England! Und der Orient, ich weiss nicht ob ich da etwas wirklich Befriedigendes arbeiten könnte ohne wiederum selbst hinzugehen – und wieder heisst es jetzt, aber England!*, Brief MLG an EG: „d. 12.6.19" (Heid. Hs. 3487,531).

71 Über ihr Studium bei Liebich schrieb sie in einem Brief MLG an EG: „Heidelberg d. 27.10.20." (Heid. Hs. 3487,579); Heinrich Zimmer schreibt über seine Schülerin einen Text in GOTHEIN, Briefe und Tagebücher, S. 323–326.

72 *„Ich glaube auch ein deutscher Mann könnte Indien heute, um es kennen zu lernen, zu Studienzwecken nicht bereisen. Ich schreibe dir das einmal ganz ausführlich, damit du diesen Gedanken mir nicht immer auflegst, weil er mir das Herz schwer macht und doch zu keinem Ziele führen kann. Aber selbst eine Reise zu den Kindern scheint mir unten den Umständen, dem Schicksal dem Deutschland entgegen geht ganz undenkbar."* Im folgenden schrieb Gothein, dass sie auch ihren Mann nicht so lange allein lassen wollte, Brief MLG an EG: „d. 3ten [Oktober 1923]" (Heid. Hs. 3487,605).

73 KUCZYNSKI 1972, S. 68.

74 RADKAU 2013, S. 433. MAURER 1999, S. 141; Ein Jahr nach dem Tod des Sohnes Willi im Ersten Weltkrieg schrieb Max Weber nach einem Besuch an seine Frau: *„Vorgestern Abend war ich bei Gotheins. Er ganz wie immer, unendlich ‚sachlich'. Sie gealtert, das ist doch jetzt sehr zu sehen, aber äußerst lebhaft."*, „4. September [1915]", WEBER 2008, S. 117; Else Jaffé, die Gothein als enge Freundin betrachtete, schrieb in Briefen an Alfred und Marianne Weber, wie sehr sie der *„Logierbesuch"* Gotheins anstrengte und schrieb Schlechtes über die Söhne Werner und Percy, die zeitweise in Irschenhausen zu Besuch waren: „[...] *besinn Dich, wo sind ‚Grosse', die Professorensöhne wären???"*, zitiert nach DEMM 2014, dem hier herzlich für die Vorauswahl der in Bezug auf Gothein wichtigen Zitate aus seinem Buch gedankt werden soll.

75 MAURER 2006, S. 7.

76 Marie Luise GOTHEIN, Dankrede [anlässlich der Ehrenpromotion 1931] in: GOTHEIN: Briefe und Tagebücher, S. 16–19, S. 17.

77 Meldekarte der Familie Gothein der Stadt Heidelberg, 1904–1931 Heidelberg, Stadtarchiv.

78 GOTHEIN, Briefe und Tagebücher, S. 158.

79 Ibid.

80 Vgl. Anmerkung 76, hier S. 17.

81 GOTHEIN 1952, S. 15.

82 GÖTTLER 1994.

83 MAURER 1999.

84 MAURER 2006.

85 Ibid., S. 2f., S. 8; REICHERT 2007, S. 477.

86 MAURER 2007, bes. S. 186–188.

87 MAURER 2010.

88 Max DVOŘÁK machte mit seiner 1913 erschienenen Rezension der „Geschichte der Gartenkunst" zwar den Anfang, die von HAJÓS 1986 aufgegriffen wurde, sonst aber keine weitere Beschäftigung mit dem Gesamtkonzept des Buches evozierte.

89 RADKAU 2013, S. 446f. Vgl. Marianne Webers Bücher: Ehefrau und Mutter in der Rechtsentwicklung: eine Einführung, Tübingen: Mohr, 1907; Die Bedeutung des Frauenstimmrechts und das Wesen der politischen Parteien, Mannheim [u.a.]: Bensheimer, 1918.

90 WEBER 1926.

91 GILCHER-HOLTEY 1992.

92 GREEN 1976; ROTH 2012; DEMM 2014.

93 MIGGE 1914, S. 93.

94 NEUMANN 1915, Sp. 1263.

95 SALIN 1963, S. 83.

96 Laudatio anlässlich der Ehrenpromotion von Marie Luise Gothein von Friedrich Gundolf, UB Heidelberg, Heid. Hs. 3494,12, Bl. 1r.

97 CURTIUS 1950, S. 363.

98 MAURER 2007, S. 336–356.

99 Ibid., S. 336–356.

100 Ibid., S. 311.

101 RADKAU 2013, S. 432f., DEMM 2014.

102 *„Wenn dich das beruhigen kann, so sage ich dir von vorne herein, dass es sich nicht um einen gewöhnlichen Ehebruch handelt, da habe ich ihn immer noch in Zügel gehalten, mir aber hilft das wenig, denn wahnsinnig war die Leidenschaft, in die ich verstrickt war […].",* Brief MLG an EG: „7/6.9." (Heid. Hs. 3487,242). In ihren „Erinnerungen an den Sommer 1914" beschreibt sie eine durchgefeierte Nacht, die sie mit Studenten auf dem Königsstuhl verlebte und betont: *„doppelt freute ich mich des guten Tones der Männlein und Weiblein, die sich so kameradschaftlich mit herzlicher Zärtlichkeit und dabei doch im Gefühl unverletzbarer Grenzen zusammenfanden. Ein ‚lass das, dummer Bub' zur rechten Zeit – und nichts, was auch nur ein Rohheit oder Ungezo-*

genheit erinnern könnte, geschah in jener Nacht, und so hab ich's in dem Kreise, den ich kannte, immer gefunden.", GOTHEIN, Briefe und Tagebücher, S. 223. Man könnte argumentieren, dass der Brief an den Ehemann nicht die volle Wahrheit enthalten könnte und die „Erinnerungen" als halb-öffentliches Dokument auch ein inszeniertes Bild zeichnet. Etwas unmittelbarer könnte jedoch ein Brief als Beleg für Gotheins naiv wirkende Unbekümmertheit auf der Jagd nach geistiger Anregung herangezogen werden, in dem sie von der Lektüre eines Buches von D. H. Lawrence berichtet und wie sie sich vor Else Jaffé über dessen schlechten Stil echauffierte und diese ihr dann gestand, dass es sich bei dem Autor um ihren Schwager handle: *„Es stellt sich nun heraus, dass dieser Lawrence ein in England sehr gefeierter Dichter ist, der von sich und seiner Schule das jüngste England erwartet und glaubt seinem Volke eine ganz neue Kunst zu schaffen."* Darüber hinaus enthält der Brief keinerlei Hinweise auf das pikante Liebesleben der Schwester Jaffés, Frieda Weekley-von Richthofen, die als Vorbild etwa für „Lady Chatterley" diente, Brief MLG an EG: „d. 23.1.15" (Heid. Hs. 3487,423).

103 Brief MLG an EG: „d. 6 III 17." (Heid. Hs. 3487,483).

104 Zitiert nach RADKAU 2013, S. 433.

105 Zitiert nach DEMM 2014.

106 Brief MLG an EG: „Montag d. 12.3.17." (Heid. Hs. 3487,489).

107 *„Oft frappiert es mich wie Frau Fleiner doch so manches Ähnliche hat, wie ich bei aller grossen Verschiedenheit der Lebensentwicklung, sie ist so viel stärker durch Neigung und Umstände in der eigentlichen Frauensphäre geblieben hat aber diese auch zu einer Tiefe und Schönheit entwikkelt, die eine Atmosphäre von Wärme und Liebe um sie entwickelt, die sehr wohltuend und erfreulich wirkt.",* Brief MLG an EG: „Dienstag d. 31.8.9."(Heid. Hs. 3487,281).

108 GOTHEIN 1903b, S. 8.

109 http://gothein2014.uni-hd.de.

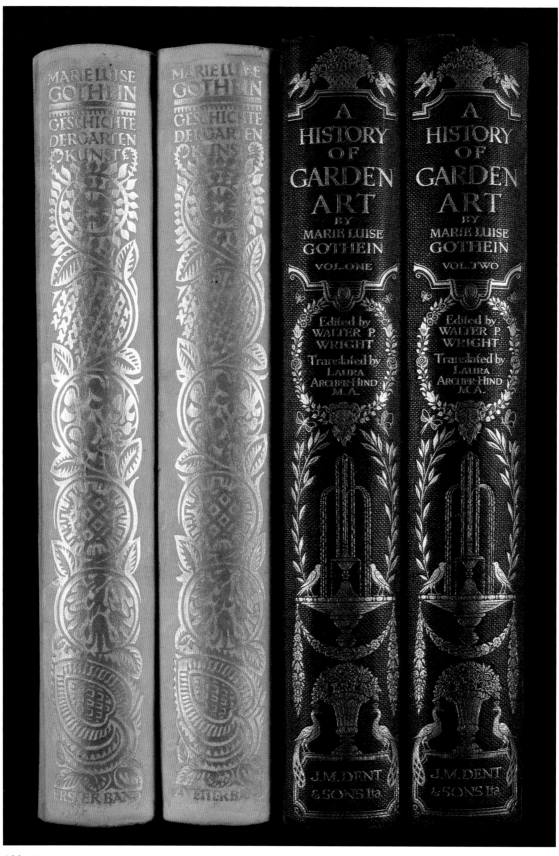

Abb. 11
Blindgeprägte und vergoldete Schmuckelemente zieren die Buchrücken der deutschen Ausgabe von 1914 und der englischen Ausgabe von 1928 der „Geschichte der Gartenkunst" (Kat.Nr. I.1a, I.4a)

I. Die „Geschichte der Gartenkunst" – ein Standardwerk seit 100 Jahren

I.1

(Abb. 11, 12, 14, 52)

Geschichte der Gartenkunst

a) Marie Luise Gothein: Geschichte der Gartenkunst, Bd. 1: Von Ägypten bis zur Renaissance in Italien, Spanien und Portugal, Bd. 2: Von der Renaissance in Frankreich bis zur Gegenwart, Jena: Diederichs, 1914
UB Heidelberg, 2013 D 1809 RES (🖰)
b) Marie Luise Gothein: Geschichte der Gartenkunst, Bd. 1: Von Ägypten bis zur Renaissance in Italien, Spanien und Portugal, Bd. 2: Von der Renaissance in Frankreich bis zur Gegenwart, Nachdruck der 2. Aufl. Jena: Diederichs, 1926, München: Diederichs, 1988 (4. Auflage 1997)
UB Heidelberg, 88 B 1746

Gleich zu Beginn des Jahres 1914 erschien im Eugen Diederichs-Verlag in Jena die erste Auflage von Marie Luise Gotheins „Geschichte der Gartenkunst". Das zweibändige Werk behandelt in sechzehn Kapiteln die Weltgeschichte der Gärten, angefangen vom altägyptischen Garten über den babylonischen, griechischen, römischen, byzantinischen, mittelalterlichen bis hin zu den Renaissancegärten Italiens, Spaniens und Portugals. Im zweiten Band werden England, Frankreich, Deutschland und die Niederlande während der Renaissance ebenso bearbeitet wie die Blütezeit des französischen Gartens; auch die chinesische und japanische Gartenkunst kommen zur Sprache. Ein Kapitel über den englischen Landschaftsgarten und die *„Hauptströmungen der Gartengestaltung im 19. Jahrhundert bis zur Gegenwart"* runde den Band ab. Mit 637 Abbildungen sind die Bücher mit Plänen, Grundrissen, Photographien und Bildern der besprochenen Gärten reich bebildert. Die „Geschichte der Gartenkunst" enthält statt Fußnoten Endnoten, die jedoch nur in sehr knapper Form hauptsächlich Literaturhinweise geben.
In ihrem Schlusssatz prophezeit Gothein hoffnungsfroh:

„Ein freudiges Bewußtsein darf heute jeden Gartenliebhaber und Künstler erfüllen, daß

dieser Kunst in unserer Zeit eine fruchtbare und bedeutende Entwicklung zugefallen ist. Im großen und kleinen liegen bedeutende Aufgaben vor ihr, wohl ihr, daß sie daran erstarken darf." (S. 462)

Im Sommer 1914 brach der Erste Weltkrieg aus und die Gartenkunst lag auf Jahre hin brach. In einem Aufsatz über „Die Gartenkunst moderner Gemeinden und ihre soziale Bedeutung" (siehe III.3), der in den Kriegsjahren 1916/17 erschien, erwähnt Gothein wie die *„großen fertigen und geplanten Spielwiesen zu Kartoffeläcker*[n] *oder Getreidefelder*[n] *umgebrochen worden sind."* (S. 886). Dennoch zeigt sie sich optimistisch, dass zu den ersten Aufgaben der Friedensarbeit auch die *„öffentliche Gartenkunst"* (S. 886) gehören werde.
Sie behielt insofern Recht, als das theoretische Interesse an dem Thema sich in einem regen Absatz ihres Buches äußerte. In ihrem Vorwort zur zweiten Auflage von 1926 schreibt sie, dass die erste Auflage *„seit mehreren Jahren"* vergriffen sei und weiter:

„Eine Neuauflage mußte natürlich warten, bis wieder einigermaßen geordnete wirtschaftliche Zustände in Deutschland dies möglich machten, und ich danke dem Herrn Verleger, daß er die erste Gelegenheit benutzt hat, um diese zweite Auflage herzustellen." (S. VI)

So erschien zwölf Jahre nach der ersten Auflage, im instabilen Frieden der 20er Jahre und im selben Jahr, in dem Deutschland in den Völkerbund aufgenommen wurde und Gustav Stresemann als Außenminister den Friedensnobelpreis erhielt, die zweite Auflage der „Geschichte der Gartenkunst".
Zu dieser Zeit befand sich Gothein bereits seit einem Jahr auf ihrer Fernostreise, so dass sie das Vorwort mit *„Banjoemas, Java (Niederländisch-Indien), im Juni 1925"* unterzeichnete. Diese Reise (siehe II.8 und III.5) und Gotheins

MARIE LUISE GOTHEIN
GESCHICHTE DER GARTENKUNST

ZWEITER BAND
VON DER RENAISSANCE IN FRANKREICH
BIS ZUR GEGENWART
MIT 326 TAFELN UND ILLUSTRATIONEN

HERAUSGEG. MIT UNTERSTÜTZUNG DER KÖNIG-
LICHEN AKADEMIE DES BAUWESENS IN BERLIN

VERLEGT BEI EUGEN DIEDERICHS IN JENA 1914

Abb. 12
Titelblatt der Erstausgabe der „Geschichte der Gartenkunst" von 1914, 2. Bd. (Kat.Nr. I.1a)

Fokussierung auf Kunst und Kultur der bereisten Länder Indonesien, China und Japan mögen
der Hauptgrund dafür sein, warum Gothein
diese zweite Auflage nicht grundlegend revidier-
te. In einem Brief aus Neapel kurz vor der Ein-
schiffung schrieb Gothein an Edgar Salin, den
ehemaligen Assistenten ihres Mannes, über die
Korrekturen am ersten Band, die sie noch vor
der Abreise machen konnte. Für die Revision
dieser Korrekturen hatte sie für das ägyptische
Kapitel Hermann Ranke, Gründer des Instituts
für Ägyptologie in Heidelberg, verpflichtet. Georg Karo, Archäologe und langjähriger Freund,
übernahm das „Römische Reich", und Salin
selbst dankt sie in ihrem Vorwort für die Korrekturen des gesamten zweiten Bandes. In dem
erwähnten Brief schrieb sie etwas nachlässig an
ihre Helfer: *„Sie haben ja alle drei mein Buch,
so daß Sie danach die Korrektur machen können."* Schon nach der Veröffentlichung der ersten Auflage hatte sich Gothein dezidiert anderen
Themen als der Gartenkunst zugewandt, und so

ist es wenig verwunderlich, dass sie im Vorwort
von 1925 schreibt:

*„Nach reiflicher Überlegung habe ich mich
entschlossen, den Text der ersten Auflage ohne
wesentliche Veränderung abdrucken zu lassen.
Es war meine Absicht gewesen, ein Stück Geschichte zu schreiben, nicht ein Handbuch zu
geben."* (S. VI)

Zudem, so schreibt sie weiter, habe die Durchsicht
der neu erschienenen Literatur zu der Überzeugung geführt, dass *„eine wirklich durchgreifen-
de Änderung des Textes nicht nötig ist"*. Wegen
der Nachkriegszeit habe sie auch wichtige neue
Literatur, vor allem aus Frankreich und England
nicht *„an Ort und Stelle in den Bibliotheken dieser Länder"* durchsehen können. So begnügt sich
die zweite Auflage damit, in erweiterten Anmerkungen auf neue Literatur hinzuweisen und neue
Erkenntnisse der Forschung kurz zu erwähnen.
Der Erfolgsgeschichte der „Geschichte der
Gartenkunst" tat dies jedoch keinen Abbruch.
1928 wurde das Buch ins Englische übersetzt
und 1966, 1972 und 1979 in New York nach-
gedruckt (siehe I.4). In Deutschland erschien
1977 ein Nachdruck der 2. Auflage von 1926,
der 1988, 1994, 1997 und zuletzt 2010 nachge-
druckt wurde. 2006 wurde die „Geschichte der
Gartenkunst" ins Italienische übersetzt.
Ein *„Stück Geschichte"* (S. VI) wollte Gothein
schreiben, ein Handbuch ist die „Geschichte der
Gartenkunst" bis heute geblieben; die Zeit ist
nach 100 Jahren reif, das Buch und seine Autorin
stärker in ihren geschichtlichen Kontext einzu-
ordnen.   Karin Seeber

Lit.: Marie Luise GOTHEIN: Brief an Edgar Salin, „d.
8. 5. 25", in: Nachlass Salin, Fa 3282.

I.2 (Abb. 13, 14)

„Die Arbeit wächst eigentlich immerfort" –
Publikation der „Geschichte der Gartenkunst"
a) Marie Luise Gothein: Manuskript, „Persische
Gartenausarbeitung", undatiert
UB Heidelberg, Heid. Hs. 3492,26 (🖱)
b) Marie Luise Gothein: Brief an Eberhard Go-
thein, [Berlin 2. März 1911] „Donnerstag"
UB Heidelberg, Heid. Hs. 3487,324 (🖱)

c) Marie Luise Gothein: Brief an Eberhard Gothein, [Berlin, wohl 6. Februar 1913] „Donnerstag 1912" UB Heidelberg, Heid. Hs. 3487,385 (🔍)

d) Friedrich Sarre: Denkmäler persischer Baukunst. Geschichtliche Untersuchung und Aufnahme muhammedanischer Backsteinbauten in Vorderasien und Persien, 2 Bde., Berlin: Wasmuth, 1901
UB Heidelberg, C 3051-4 Gross SK (🔍)

e) Joseph Furttenbach: Mannhaffter Kunst-Spiegel: Welche in hernach folgende 16. unterschidliche Acten abgetheilt […] Arithmetica. Geometria. Planimetria. Geographia. Astronomia. Navigatione. Prospectiva. Mechanica. Grottenwerck. Wasserlaitungen. Feurwerck. Büchsenmeisterey. Architectura Militari. Architectura Civili. Architectura Navali. Architectura Insulata, Augsburg: Schultes, 1663
UB Heidelberg, K 7120 Folio RES (🔍)

f) Marie Luise Gothein: Geschichte der Gartenkunst. Bd.1: Von Ägypten bis zur Renaissance in Italien, Spanien und Portugal, Bd. 2: Von der Renaissance in Frankreich bis zur Gegenwart, Jena: Eugen Diederichs Verlag, ²1926
UB Heidelberg, 2013 D 2159 RES

In ihrem Vorwort zur „Geschichte der Gartenkunst" schreibt Marie Luise Gothein, dass sie auf dem Neuphilologentag in Köln 1904 *„die ersten Früchte der Studien, aus denen dieses Buch entstanden ist, niedergelegt"* (S. V) habe. Nachdem Gothein über die Beschäftigung mit den englischen Dichtern der Romantik zur Gartenkunst gekommen war (siehe III.1), arbeitete sie systematisch auf dem neu erschlossenen Feld. 1905 reiste sie nach Italien, um in Florenz und Rom Gärten zu studieren (siehe IV.1), vier Jahre später tourte sie für ihre Gartenstudien durch Deutschland, Frankreich und England (siehe IV.2 und IV.3), 1911 fuhr sie schließlich nach Griechenland (siehe IV.4).

Schon auf ihrer Italienreise kam ihr das Material schier unbezwingbar vor und sie fragte sich: *„ob ich je mit gutem Gewissen ein Buch daraus machen kann"* (Heid. Hs. 3487,221). Im März 1909 berichtete sie ihrem Mann, dass sie das *„italienische Capitel fertig durchgesehen"* habe (Heid. Hs. 3487,224). Doch auch zu diesem Zeitpunkt hatte sie ihr groß angelegtes Projekt

noch nicht im Griff: *„Die Arbeit wächst eigentlich immerfort"*, schrieb sie einen Tag später (Heid. Hs. 3487,225).

Dabei hatte sie mit den typischen Ärgernissen und Problemen eines Buchautors zu kämpfen. Weil sie ihre Notizen zur Isola Bella, einer Insel im Lago Maggiore, verlegt hatte, beschäftigte sie sich zunächst einmal mit den byzantinischen Gärten und Konstantinopel und berichtete im gleichen Brief: *„mir graut hier etwas vor der Quellenarbeit, die sehr viel Zeit mit geringem Ergebnis nötig macht"*. Ihre Notizen zur Isola Bella tauchten wenige Tage später wieder auf (Heid. Hs. 3487,380A), heute jedoch sind ihre Aufzeichnungen für das ganze Gartenbuch verloren. Auch das Manuskript hat sich nicht in ihrem Nachlass erhalten. So können als Beispiel für ihre Art zu arbeiten lediglich einige Blätter mit der Bezeichnung „Persische Gartenausarbeitung" dienen, die in vielen Passagen denen der „Geschichte der Gartenkunst" ähneln, jedoch nicht völlig mit diesen übereinstimmen (I.2a). Eventuell sind sie in Auseinandersetzung mit Carl Heinrich Becker entstanden. Mit dem Orientalisten und preußischen Kultusminister setzte sich Gothein 1912 über den persischen Garten auseinander, was ein Briefwechsel in seinem Nachlass belegt.

Manchmal ging ihr die Arbeit schneller von der Hand; das Kapitel über das „späte Mittelalter" beispielsweise hatte sie vor, an einem Tag ganz zu schreiben, wie sie im Juni 1909 (Heid. Hs. 3487,241) berichtete. So wunderte sie sich bisweilen selbst über die *„Geheimnisse der Produktion hinter die man selbst nicht schauen kann"* (Heid. Hs. 3487,364).

Die Verlegersuche für das Buch gestaltete sich schwierig. Schon 1907 ließ ihr Paul Clemen, Kunsthistoriker und lebenslanger Freund und Berater, durch einen Brief Eberhard Gotheins ausrichten, sie solle sich bald *„nach einem Verleger umsehen, weil schon die Beschaffung des Bildermaterials viel Zeit beanspruche"* (Heid. Hs. 3484,844). Zunächst schien sie mit dem neu gegründeten Verlagshaus Klinkhardt und Biermann in Leipzig eine Absprache getroffen zu haben, denn in einem Brief vom April 1909 schrieb sie über ein Buch aus dem Verlag, aus dem dieser *„Clichets in mein Buch übernehmen*

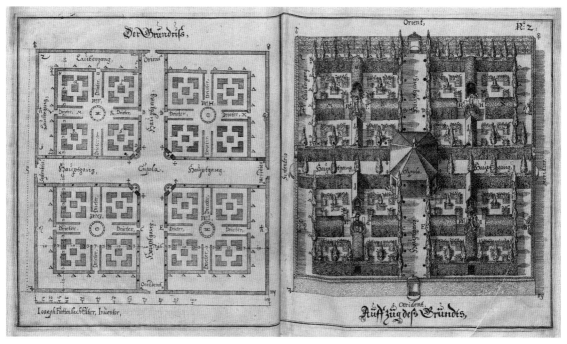

Abb. 13
Joseph Furttenbach wandelt auf den Spuren antiker Erziehungsideale mit seinem „Paradiesgärtlein, Entwurf zu einem Schulgarten" von 1663 (S. 46; Kat.Nr. I.2e)

kann, das ist natürlich recht günstig" (Heid. Hs. 3487,227).
Zwei Jahre später jedoch berichtete sie empört von Verhandlungen mit der Grote'schen Verlagsbuchhandlung in Berlin:

> *„Die Unterhandlung mit Grote war heute kurz genug, ich ging zu ihm und fragte ihn ob er mir denn nun Vorschläge zu machen hätte, was er unter einer populären Publikation sich dächte, da kam es heraus, dass er meinte [ich] sollte einen populären Text schreiben, da empfahl ich mich aber etwas grob und fragte ihn ob er wohl glaubte dass man eine acht jährige Arbeit so einfach ,umschreiben' könne, weist du das ist doch frech, daß ein Verleger so etwas zu sagen wagt, frech oder hanebüchen dumm und offen gestanden sah er mir nach dem letzteren mehr aus."* (I.2b)

Ende des Jahres 1911, während Gothein durch Griechenland reiste, verhandelte ihr Mann schon ganz konkret mit dem Verleger Hoffmann (Heid. Hs. 3484,1109), doch auch diese Vereinbarung kam nicht zustande. Und auch der Verleger Eugen Diederichs, der schließlich

die „Geschichte der Gartenkunst" druckte, ließ sich Zeit mit seiner Autorin. Im Frühling 1912 schrieb Gothein am Ende eines Briefes *„Von Diederichs immer noch nichts"* (Heid. Hs. 3487,362), im Sommer: *„Diederichs schreibt nicht, kurz alles stockt einmal wieder"* (Heid. Hs. 3487,372).
Umso erleichterter war sie dann Anfang 1913:

> *„Denke heute habe ich schon den ersten Druckbogen erhalten, nun geht es wirklich los, ob ich freilich neben allem auch noch Zeit haben werde jetzt Correctur zu lesen!? Aber gut ist es schon, daß die Karre endlich ins Rollen kommt. Also am Montag kommt Diederichs. Schicke mir am <u>Montag</u> die Bücher nach Leipzig (für Diederichs), was fehlt kann leicht nachbestellt werden und ich hab absolut keine Zeit jetzt noch zu prüfen."* (Heid. Hs. 3487,386)

Diederichs hatte den erklärten Anspruch, hochwertige und künstlerisch anspruchsvolle Bücher zu verlegen, die nichts weniger als den Kulturbildungsdiskurs der Zeit mitprägen sollten. Die Titel, von denen Gothein in ihrem Brief sprach, enthalten das Abbildungsmaterial, das sie mit

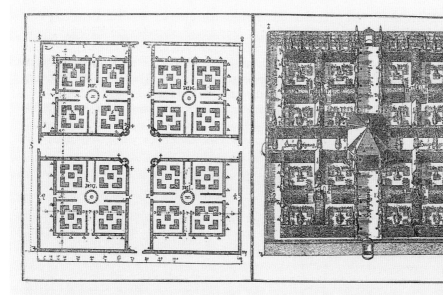

Abb. 375 Paradies-gärtlein, Ent-wurf zu einem Schulgarten

Stich von J. Furttenbach

sie dort ihr öffentliches Examen ablegten. Als Prüfungssaal hatte er sich eine große Kuppel als Gartensaal in der Mitte gedacht, die mit vier Kanzeln versehen war, auf denen immer je ein Kind, Buben und Mädchen gegeneinander, ihre kleinen Disputationen halten und an den Wänden ringsum ihre Arbeiten ausstellen sollten. Vier Türen führten je in ein Gartenviertel des großen, von breiten Wegen durchschnittenen Vierecks. Jede dieser Abteilungen ist von Laubengängen in vier kleine Blumengärtlein eingeteilt, von deren blühenden Beeten die kleinen Prüflinge sich zur Belohnung ein Kränzlein pflücken durften; in der Mitte stand je ein großer Springbrunnen. In dem ersten Teile war Adam und Eva abgeformt, und die Menschenmutter pflückte hier von einem lebendigen Paradiesapfelbaume eine Frucht, die sie ihrem Gatten reichte, darunter lasen die Kinder, in Stein gemeißelt:

> „Im Garten durch Adams Fall
> Der Mensch verderbt wird überall."

Aber der Trost war gleich in dem rechten Gartenteil zu finden, wo auf einem „sehr holdseligen Hügelin in der Mitte die von Stein gehauene Figur unseres Herrn und Alleinseligmachers Jesu Christi als er im Garten auss dem Grab ufferstanden", mit folgender Underschrifft:

> „Im Garten und durch Christi Todt,
> Der Mensch erlöst ward aus der Noth."

sich befindet. Und wenn die Not des Examens vorüber war, dann sollten die Kinder im Garten umherlaufen und sich an seiner Herrlichkeit erfreuen, Früchte und Blumen pflücken dürfen, und dazu sollte noch jedes Kind einen besonders gebackenen Kringel erhalten. Es verlautet nicht, ob die Ulmer dieses höchst liebevolle und kinderfreundliche Werk ausgeführt haben, oder ob auch dies nur ein Architektentraum geblieben ist.

Abb. 14

Gothein übernimmt den ganzen Stich „Paradiesgärtlein, Entwurf zu einem Schulgarten" von Furttenbach in ihre „Geschichte der Gartenkunst" (hier die zweite Auflage von 1926) (S. 103, Abb. 375; Kat.Nr. I.2f)

dem Verleger persönlich durchgehen wollte. 637 Photographien, Pläne und Abbildungen umfasst ihr Werk, in ihrem Vorwort spricht sie der „*Königlich Preussischen Akademie des Bauwesens*", die „*durch ihre Freigebigkeit die reichere Ausstattung mit Illustrationen [...] erst ermöglicht hat*" und auch „*dem opferwilligen Entgegenkommen des Verlegers*" (S. VII) ihren Dank aus. In ihrem Brief vom 6. Februar 1913 listete sie mehrere Titel auf, die Eberhard Gothein aus der Bibliothek oder „*oben im Ankleidezimmer auf dem Bücherbord*" heraussuchen und seiner Frau schicken sollte:

> „*J. Furttenbach Mannhafter Kunstspiegel*
>   *K 7120*
> *J. Furttenbach Architettura Privata*
>   *L 2701*
> *Gartenkunst*
>   *was oben bei mir liegt*
> *Du Pérac dell antichità di Roma*
>   *liegt auch oben*
> *Sarre Denkmäler Persischer Baukunst*
>   *wir warten noch*
> *Oliver de Serres Théatre d'agriculture*
>   *K 5762*
> [...]"* (**I.2c**)

Aus dem Stichwerk des Ulmer Italienreisenden und Gartenschöpfers des 17. Jahrhunderts, Joseph Furttenbachs „Mannhafter Kunstspiegel" (**I.2e**), entnimmt Gothein den Entwurf zu einem Schulgarten als Abbildung 375 (**I.2f**). Bemerkenswert ist, wie sie sich seinerzeit noch das Exemplar der Universitätsbibliothek ausleihen und schicken lassen konnte, das heutige Benutzer nur noch im Lesesaal einsehen dürfen. Für ihre Illustrationen greift Gothein aber auch auf aktuelles Material zurück, wie etwa die Photos des Islamwissenschaftlers Friedrich Sarre, den sie 1913 in Berlin besuchte:

> „*Gestern war ich bei Sarre dem persischen Professor, etwas sehr erweckt à quatre épingle* [wie aus dem Ei gepellt], *aber natürlich äußerst liebenswürdig und hilfsbereit, er wird mir alles gerne geben und photographieren lassen was ich will* [...]."* (Heid. Hs. 3487,387)

Sarre hatte im ersten Jahrzehnt des Jahrhunderts mehrere Reisen nach Kleinasien, Persien

und Mesopotamien unternommen und sich mit seinen Studien und großzügig bebilderten Veröffentlichungen zur orientalischen Kunst als Experte etabliert (**I.2d**).

Nach diesen arbeitsreichen Tagen im Frühjahr 1913 war Gotheins zweibändiges Opus, das ihr Hauptwerk werden sollte, im September des gleichen Jahres bereits abgeschlossen. Kurz vor ihrem Geburtstag räsonierte sie:

> „*Nun das neue Jahr muss mir vieles bringen – obgleich es mir mit dem Buche seltsam geht, wenn ich wünsche, dass es Erfolg haben möchte, denke ich dabei immer an den Buchhändler – von mir hat es sich schon gelöst und ich merke sogar daß ich schon garnicht mehr gerne von andern etwas über Gärten höre – natürlich ist das Uebersättigung, aber ich denke oft, wie öde es doch einem Specialisten zu Mute sein muss, der sein ganzes Leben nur ein Gebietchen behandelt – nun es muß natürlich solche Maulwürfe geben.*" (Heid. Hs. 3487,392)

Karin Seeber

Lit.: HEIDLER 1998, S. 211–248; KOEPF 1961; KUSS 2004, S. 198; POTRATZ 1945.

I.3 (Abb. 15)

„*Im Gothein stehts*" – Rezension und Rezeption der „Geschichte der Gartenkunst" in Deutschland

a) Rezension von Leberecht Migge: Was kann der moderne Gartengestalter aus der Geschichte lernen? (Zu Gothein's Buch), in: Die Gartenkunst, 27/6 (1914), S. 90–93 (🖰)
Württembergische Landesbibliothek Stuttgart, Za 5511 (🖰)

b) Marie Luise Gothein: Brief an Eberhard Gothein, „Heidelberg d. 1/.3.14."
UB Heidelberg, Heid. Hs. 3487,414 (🖰)

c) Marie Luise Gothein: Brief an Eugen Diederichs, 1914
Literaturarchiv Marbach, HS. 1995.0002

d) Hans von Trotha: Garten-Kunst. Auf der Suche nach dem verlorenen Paradies, Berlin: Quadriga, 2012
UB Heidelberg, 2014 A 303

e) Charlotte Pauly: Der venezianische Lustgarten, Strassburg: Heitz 1916
UB Heidelberg, C 4821-4-1::112
f) Otmar Schissel: Der byzantinische Garten. Seine Darstellung im gleichzeitigen Romane, in: Sitzungsberichte der Akademie der Wissenschaften in Wien, Philosophisch-Historische Klasse, 221,2, 1942
UB Heidelberg, H 105::Phil-hist: 221.1943
g) Daniela M. Fiebig / Horst Schumacher (Hrsg.): David Gilly im Spaziergang mit Marie Luise Gothein durch den Schlosspark Steinhöfel, Potsdam / Berlin: Keyser Verlag, 2009
UB Heidelberg, 2014 C 40
h) Franco Manghisi: Marie Luise Gothein 1863–1931. Geschichte der Gartenkunst, 2 Bde., in: Irmgard Siebert (Hrsg.): Gärten wie sie im Buche stehen. Gartenkunsthistorische Publikationen des 16. bis 20. Jahrhunderts aus dem Bestand der Universitäts- und Landesbibliothek Düsseldorf, Düsseldorf 2011, S. 154–156
UB Heidelberg, 2013 B 852

Anfang 1914 verfolgte Marie Luise Gothein mit großem Interesse die Aufnahme ihres zweibändigen Werkes beim Lesepublikum. In einem Brief vom März erkundigte sie sich bei ihrem Mann über seine Meinung zur Rezension Theodor Heuss' (Heid. Hs. 3487,409). Der spätere Bundespräsident hatte vor seiner politischen Karriere als Journalist nicht nur über politische, sondern auch kunsthistorische Themen geschrieben. Seine wohlwollende Kritik mit ihrer Kenntnis der Genese des Werkes lässt darauf schließen, dass über Gotheins Patentochter Gisela Pütter, zugleich beste Freundin von Heuss' Frau, ein persönlicher Kontakt bestand:

„Hier handelt es sich um ein von der Tagesströmung, von Aktualität unabhängige Arbeit, in der die Forschung und der Fleiß von anderthalb Jahrzehnten stecken." (S. 348)

Neun Tage später schrieb Gothein belustigt über die Rezension von Leberecht Migge in der Zeitschrift „Die Gartenkunst" (**I.3a**):

„[ich will] nur dir noch schnell zum Schluss erzählen, dass heute eine Recension in der Gartenkunst von Leberecht Migge stand. So in

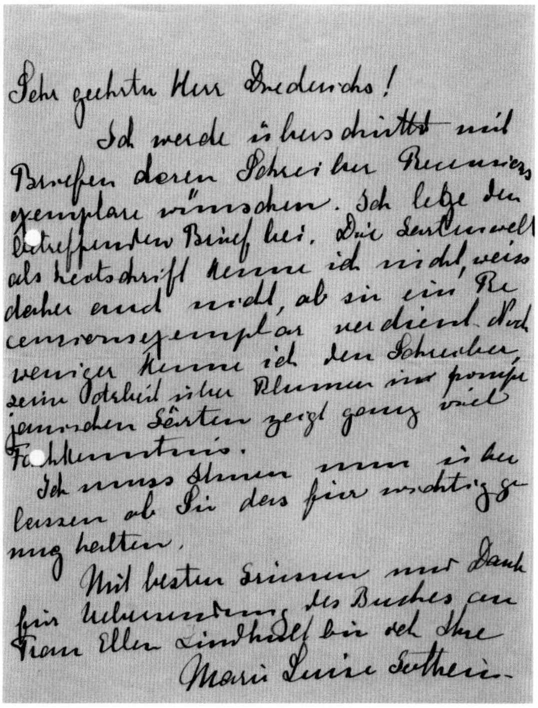

Abb. 15
Marie Luise Gotheins Brief an den Verleger der „Geschichte der Gartenkunst", Eugen Diederichs, ca. 1914, Literaturarchiv Marbach (Kat.Nr. I.3c)

seinem Stil, unglaublich komisch warum muss dieser ganz gute Gärtner durchaus schreiben, es ist doch wirres Zeug, halb spricht er von mir wie von einem Manne einmal sogar der ‚Grosse Gothein' das soll nun halb Bewunderung und halb Witz sein – Recensionen sind schon ein Vergnügen [...]." (**I.3b**)

Der Gartenarchitekt des ‚Reformgartens' Migge, den Gothein mokant als *„ganz guten Gärtner"* bezeichnete, benutzte das Buch, um seine eigenen Überzeugungen zu formulieren: Für die Ägypter beispielsweise hebt er ihre Fähigkeit, Haus und Garten als Gesamtheit zu denken, hervor – eine Aufgabenstellung, die er als zentral für seine Zeit ansah – und an vielen Stellen hinterfragt er anhand von Gotheins Material das Ineinandergehen von Siedlungs- und Gartenbau, das ihn umtrieb. Er verwendet das Buch, *„um tiefes Leben [zu] schürfen aus der großen Gartengeschichte der Völker"* (S. 92). Auch andere Rezensenten benutzten das Buch, um ihre eigenen Thesen zu veranschaulichen, etwa Georg von Lukács und Max Dvořák, der dem Buch bescheinigt, *„brauchbare, bleibende Unterlagen für alle zukünftigen Forschungen auf dem Ge-*

33

biete der Gartenkunst geschaffen" (S. 135) zu haben.

Im Literaturarchiv in Marbach hat sich ein Brief Gotheins an ihren Verleger Eugen Diederichs erhalten, in dem diese schrieb:

> *„Sehr geehrter Herr Diederichs! Ich werde überschüttet mit Briefen deren Schreiber Recensionsexemplare wünschen."* (**I.3c**)

Ihr Schlusssatz, in dem sie Diederichs bat, der schwedischen Autorin Ellen Lindhult ein Exemplar zu schicken, belegt, dass der Ruhm der „Geschichte der Gartenkunst" weit über Deutschland hinaus reichte. Auch die zweite Auflage der „Geschichte der Gartenkunst" (1926) wurde umfangreich rezensiert. An dieser kritisierte der Heidelberger Historiker Rudolf Lüttich, dass sie nicht umfassend überarbeitet worden war, es hätte noch intensiver die Geschichte ab 1900 behandelt werden sollen:

> *„Die Sorgfalt des wissenschaftlichen Unterbaus des Werkes ist ausgezeichnet, der Umfang der herangezogenen Erkenntnismittel erweckt immer wieder Bewunderung. Aber die Neuauflage macht auch deutlich, daß Gotheins Werk selbst schon der Geschichte angehört. Insofern ist es nur zu billigen, daß es unverändert wieder erschienen ist."* (S. 94)

Gothein kümmerten diese Ansprüche an ihr Werk wenig, da sie sich schon nach Drucklegung Ende 1913 gedanklich von dem Buch *„gelöst"* hatte (siehe I.2). Die „Geschichte der Gartenkunst" jedoch entwickelte unabhängig von ihrer Autorin ein lebendiges Nachleben, das einige Schlaglichter beispielhaft illustrieren können (siehe auch I.6). Die Rezeption lässt sich am besten anhand der Lesergruppen nachvollziehen: Das interessierte Publikum erkundet bis heute die Gärten der Welt anhand von Gotheins Einteilung und Urteilen. Davon zeugt zum einen die ungebrochene Nachfrage nach den Nachdrucken des Werkes selbst. Aber auch spätere Überblickswerke wie „Dumonts Geschichte der Gartenkunst", die in historischer Abfolge und Auswahl der behandelten Gärten in vielen Teilen auf Gothein rekurriert, nehmen die „Geschichte der Gartenkunst" als Grundlage; bezeichnend ist, dass in „Dumonts Geschichte" gleich die erste Fußnote darauf verweist. Auch Hans von Trothas „Garten-

Kunst" verschleiert seine Inspiration durch Gotheins Buch nicht, ganze Passagen entnimmt der Autor als Zitate ihrem Text (**I.3d**, S. 37, 114).

Gotheins Buch ist von Anfang an ein ‚Steinbruch' gewesen, auch für Wissenschaftler. Historische Fakten wurden aus ihrem Werk in neue Kontexte übertragen, wie etwa von der Malerin Charlotte Pauly in ihrem Buch „Der venezianische Lustgarten" von 1916 (**I.3e**). Charakteristisch für manche dieser Gothein-Rezeptionen ist, dass der Autorin und ihrer umfassenden Leistung eine ehrfürchtige Bewunderung entgegengebracht werden, wie sie Otmar Schissel in seinem Buch über den byzantinischen Garten (**I.3f**) zeigt, in dem er sie als *„beste Kennerin der Gartenkunst"* (S. 25) bezeichnet.

Diese Ehrerbietung in Kombination mit der ‚Steinbruch'-Methode treibt bisweilen auch seltsame Blüten, wie etwa in einem Buch und dem dazugehörigen Hörbuch, in dem Gothein – die auf dem Klappentext als *„Historikerin der Gartenkunst des 18. Jahrhunderts"* vorgestellt wird – einen fiktiven Dialog mit dem bereits 1808 gestorbenen preußischen Architekten David Gilly bei einem Spaziergang durch den Schlosspark Steinhöfel führt (**I.3g**).

Kritische Auseinandersetzungen mit Gotheins „Geschichte der Gartenkunst" in ihrer Gesamtheit gibt es bisher nicht, was sicherlich an der schieren Fülle des zu bearbeitenden Materials liegt; aber auch einzelne wissenschaftliche Auseinandersetzungen wie die von Uwe Schneider mit Gotheins Haltung zum Reformgarten sind selten. Tendenziell wird die „Geschichte der Gartenkunst" immer noch als ‚Monolith' begriffen, den man entweder als überholt ignoriert oder aber ausschlachtet, oftmals auch verehrt. Der 2011 erschienene Katalog der Gartenbücher der Universität Düsseldorf (**I.3h**) nennt das Buch ein *„noch immer gültiges Standardwerk"* (S. 155).

Gothein selbst wünschte sich für ihr Werk vor allem auch die Rezeption der Praktiker. Obwohl durch größtmögliche Objektivität der Darstellung verschleiert, ergreift Gothein durch ihr Werk unmissverständlich Partei für den architektonischen Garten, wie er zu Beginn des 20. Jahrhunderts in der sogenannten ‚Reformgartenbewegung' propagiert wurde. Für die *„Gärten schaffenden Künstler"* wünscht sie in ihrem Vorwort von 1914 *„reichste Befruchtungen für* *ihre Schöpfungen der Gegenwart"* (S. VII). Noch heute wird Gothein in den Studiengängen für Landschaftsarchitektur rege rezipiert. So wurden im Sommer 2010 Gotheins Überlegungen im Rahmen einer Vorlesung zur Baugeschichte an der Technischen Universität Dresden genutzt, und 2013 wurde an der Fachhochschule Erfurt das Modul „Gartenhistorische Epochen" an ihrem Werk orientiert. Welche Auswirkungen sich durch das Studium Gotheins auf die praktische Arbeit der angehenden Landschaftsarchitekten ergeben, bleibt abzuwarten. Karin Seeber

Lit.: Dvořák 1913; Lindhult 1918; Lüttich 1926; Lukács 1914; Schneider 2000, S. 208–214.

I.4 (Abb. 11, 16)

„A garden classic" – Übersetzungen der „Geschichte der Gartenkunst" ins Englische und Italienische

a) Marie Luise Gothein: A History of Garden Art, hrsg. von Walter Page Wright, 2. Bde., London / Toronto: Joseph Malaby Dent, 1928
UB Heidelberg, 2013 D 759 RES (⌖)
b) Marie Luise Gothein: A History of Garden Art, New York: Hacker, ²1979
UB Heidelberg, 80 A 7134
c) Eleanour Sinclair Rohde: The Story of the Garden, London: The Medici Society, 1932
UB Heidelberg, 2013 C 3356 ML
d) Christopher Thacker: The History of Gardens, London: Croom Helm, 1979
UB Heidelberg, 82 A 9803
e) Marie Luise Gothein: Storia dell' arte dei giardini. Edizione italiana a cura di Massimo De Vico Fallani e Mario Bencivenni, Florenz: Olschki, 2006
UB Heidelberg, 2014 C 28
f) Maria Viola Toschi Maori (Hrsg): Rileggendo la storia universale dei giardini. Atti della presentazione dell'opera Storia dell'arte dei giardini di Marie Luise Gothein (1863–1931), (Perugia, Palazzo Sorbello, 10 ottobre 2008), Perugia: Uguccione Ranieri di Sorbello Foundation, 2009
UB Heidelberg, 2009 R 638

Die Idee, Marie Luise Gotheins „Geschichte der Gartenkunst" ins Englische zu übersetzen, gab es lange bevor „A History of Garden Art" (**I.4a**) tatsächlich erschien. Die Übersetzerin und englische Freundin von Gothein, Alice Kemp-Welch, hatte diese schon kurz nach der Erstveröffentlichung, 1914, wie aus einem Brief Eberhard Gotheins vom 12. Oktober 1923 (Heid. Hs. 3484,1435) hervorgeht. Dass es dennoch vierzehn Jahre dauerte, bevor das Projekt von anderer Seite realisiert wurde, liegt sicherlich an den politischen und wirtschaftlichen Verwerfungen des Ersten Weltkriegs.

Walter Page Wright war der englische Herausgeber, eine ansonsten unbekannte Mrs. Archer-Hind übersetzte. Wright hatte 1911 die „Encyclopaedia of Gardening" verfasst, die in der „Everyman's Library" bei John Mallaby Dent in London – im gleichen Verlag wie die spätere Übersetzung – erschien. Es ist also wahrscheinlich, dass Wright auf das zweibändige Werk aufmerksam wurde und dessen Übersetzung beförderte. Gotheins Korrespondenz und Nachlass in der UB Heidelberg enthalten jedoch keine Hinweise darauf, dass sie dem Projekt einer englischen Übersetzung ihre Aufmerksamkeit geschenkt hätte.

Wright ergänzte „A History of Garden Art" um ein Vorwort und zwei Kapitel, eines über den modernen englischen sowie eines über den amerikanischen und kanadischen Garten; letzteres verfasst von Frank A. Waugh, einem US-amerikanischen Landschaftsarchitekten. In seinem Vorwort lobt der Herausgeber Gotheins Buch:

> *„a work not only remarkably erudite but also of so distinct a type and so strongly individual in spirit and execution as to merit deep respect and undeviating loyalty.* [...] *The History of Garden Art easily takes its place as a garden classic – one might almost say, so all-embracing is its scope, as a historical and social classic. Mighty imperial, political, clerical, literary and artistic figures pass through its pages."* (S. vii)

Wright hebt also auf die kulturhistorische Perspektive von Gotheins Werk ab, seine Aufgabe stellt er so dar: *„to present her* [Gothein] *to readers in English* [...] *as accurately and with as few changes as possible."* (S. viii). Seine schwerwiegendste Änderung ist jedoch das Löschen sämtlicher Fußnoten – womit die englische Ausgabe ihres Kontextes und wissenschaftlichen Appa-

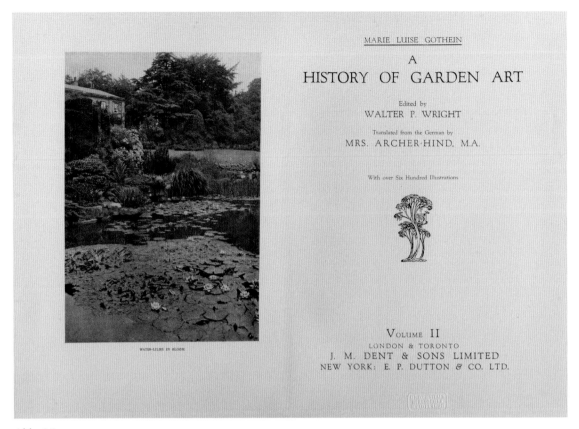

Abb. 16
Die Photographie eines zeitgenössischen englischen Gartens ziert das Frontispiz zum Titel der englischen Ausgabe von 1928 „A History of Garden Art" (Kat.Nr. I.4a)

rats beraubt wird. Auch die angefügten Kapitel stellen einen Bruch mit dem Stil und Anspruch des Originals dar. In seinem Kapitel über „Modern English Gardening" gibt Wright eine wissenschaftliche Herangehensweise völlig auf, um den ‚richtigen' nationalen Garten darzustellen, wobei er Possessivpronomina verwendet, um seinen Standpunkt klar zu machen: *„The lawn will probably remain what it has always been, one of the chief glories of the English garden. It is a part of us – of our native climate, of our native character."* (S. 369). In diesen Jahren beschäftigte sich die englische Gartenliteratur vornehmlich mit der Frage nach dem englischen Nationalstil (siehe IV.3). Dabei konzentrierte sie sich auf nationale Merkmale und – viel stärker als dies bei Gothein je der Fall ist – auf Hortikultur. Die englische Tradition, die Geschichte und Pflege der Pflanzen in der Geschichtsschreibung vom Garten zu verankern, ist bis heute prägend.

„A History of Garden Art" wurde in England – trotz der nationalen Unterschiede der Gartenhistoriographie – breit rezipiert. Ein frühes Beispiel

ist Eleanour Sinclair Rohdes „The Story of the Garden" von 1932 (**I.4c**), die sich zum Teil bis in Formulierungen hinein an Gothein orientiert. In seiner Weltgeschichte der Gärten, „The History of Gardens", von 1979 (**I.4d**) verweist Christopher Thacker auf Gotheins Buch mit der Bewertung: *„the first solid general history"* (S. 281).

1966, 1972 und 1979 legte Hacker Art Books „A History of Garden Art" wieder auf (**I.4b**). Der Verlag war die Publikationssparte eines New Yorker Buchhändlers, der sich auf vergriffene Bücher spezialisiert hatte – so erfuhr Gotheins Buch auch jenseits des Atlantiks Aufmerksamkeit. Das US-amerikanische Forschungsinstitut für „Landscape Architecture", Dumbarton Oaks, behandelt in seiner Schriftenreihe auch Gartenhistoriographie. David R. Coffin bewertet darin das Werk so:

„one must not omit consideration of Marie Luise Gothein's Geschichte der Gartenkunst, which first appeared in 1914, with a second edition in 1926 and an English edition in

1928. Although occasionally dated in its historical information, it nevertheless remains an important standard work today." (S. 30)

Eine ähnliche Ehrerbietung bringt die italienische Übersetzung von 2006, „Storia dell' arte dei giardini" (**I.4e**), Gotheins Werk entgegen; die Ausgabe versteht sich auch als *„un omaggio a questa, ancora oggi, fondamentale opera"* (S. 1061), die auch wissenschaftsgeschichtlich zu würdigen sei. Der Rezensent schreibt: *„Zunächst glaubt man seinen Augen nicht zu trauen: Sage und schreibe 92 Jahre nach der Erstausgabe von Marie Luise Gotheins zweibändiger „Geschichte der Gartenkunst" legt der angesehene Florentiner Verlag Leo S. Olschki eine Übersetzung des Werks ins Italienische auf"* (S. 100). Das Buch ist vom Herausgeber wiederum um ein umfassendes Kapitel zur italienischen Gartenkunstgeschichte des 20. Jahrhunderts erweitert worden, welches im Gegensatz zum englischen Pendant von 1928 nicht tendenziös ist. So hat die „Storia dell' arte dei giardini" in Italien sogar einen kleinen Kongress über Gothein und ihr Werk angeregt, aus dem eine Publikation entstanden ist: „Rileggendo la storia universale dei giardini" (**I.4f**) – das „Wiederlesen" von Gotheins Werk hat jedoch weder in England, noch in den USA, noch in Italien zu grundlegenden Änderungen oder einer kritischen Ausgabe geführt. Dies kann zum einen als Desideratum begriffen werden, zum anderen zeigt es die Geschlossenheit von Gotheins Werk.

Karin Seeber

Lit.: Coffin 1999; Schweizer 2007; Smith 2000.

I.5 (Abb. 17)
„Freudig begrüßte Vorarbeiten" – die „Geschichte der Gartenkunst" und ihre Vorgänger

a) Christian Cay Lorenz Hirschfeld: Theorie der Gartenkunst, 5 Bde., Leipzig: Weidmann, 1779–1785
UB Heidelberg, T 355 RES (🖱)
b) Gustav Meyer: Lehrbuch der schönen Gartenkunst. Mit besonderer Rücksicht auf die praktische Ausführung von Gärten und Parkanlagen, Berlin: Ernst & Korn, ²1873
UB Heidelberg, 85 B 1373 ML (🖱)

c) Jakob von Falke: Der Garten. Seine Kunst und Kunstgeschichte, Berlin / Stuttgart: Spemann, 1884.
UB Heidelberg, Waldberg 47 (🖱)
d) Hermann Jäger: Gartenkunst und Gärten sonst und jetzt. Handbuch für Gärtner, Architekten und Liebhaber, Berlin: Parey, 1888
UB Heidelberg, 2013 C 4595 RES (🖱)
e) Hugo Koch: Sächsische Gartenkunst, Berlin: Verlag Deutsche Bauzeitung, 1910
UB Heidelberg, K 6382
f) August Grisebach: Der Garten. Eine Geschichte seiner künstlerischen Gestaltung, Leipzig: Klinkhardt & Biermann, 1910
UB Heidelberg, 84 B 259

Im 1913 verfassten Vorwort der mit Abstand umfassendsten „Geschichte der Gartenkunst" zieht Marie Luise Gothein ein beachtenswertes Resümee: Bis 1904 habe es kaum eine *„wissenschaftliche Beschäftigung mit dem Gegenstand der Gartenkunst"* gegeben. Eine Ausnahme stelle lediglich die 1884 erschienene Schrift Jakob von Falkes (**I.5c**) dar, dessen *„sehr verdienstliches Buch"* zur Kunst und Kunstgeschichte des Gartens umso mehr herausrage, *„da sein Erscheinen mit dem Tiefstand einer leer und gedankenarm gewordenen Kunst zusammenfiel"*. Erst im letzten Jahrzehnt habe das Thema eine größere Resonanz beispielsweise in Kunstzeitschriften erfahren, was 1910 in gleich zwei grundlegenden Werken resultierte. Besonders Hugo Kochs „Sächsische Gartenkunst" (**I.5e**) sei ihr zu einer der wenigen *„freudig begrüßten Vorarbeiten"* geworden, während August Grisebach (**I.5f**) – der 1930 im Übrigen auf einen Lehrstuhl der Kunstgeschichte nach Heidelberg berufen wurde – *„einen beachtenswerten Versuch"* geliefert habe, historische Gärten typologisch zu systematisieren.

Eine derartige Reflexion des gegenwärtigen historiographiegeschichtlichen Forschungsstandes, die über die bloße Nennung aktueller Literatur zum Thema hinausgeht, ist in der Gartenliteratur der Zeit außergewöhnlich. Grisebach etwa verweist zwar auf die jüngsten, seiner Erzählung zugrunde liegenden Werke, diskutiert diese jedoch im Zusammenhang mit den aktuellen Stildebatten und -präferenzen. Gothein richtet ihren Blick hingegen auf die Entwicklung einer

Abb. 17
Einband zu Hermann Jägers „Gartenkunst und Gärten sonst und jetzt", einem Vorläufer von Gotheins Werk (Kat.Nr. I.5c)

speziell wissenschaftlichen Auseinandersetzung mit der Gartenkunstgeschichte, wobei sie nur solche Schriften hervorhebt, die einen Beitrag zu deren Erforschung leisten. Den Publikationen Inigo Triggs' und Marcel Fouquiers bescheinigt sie beispielsweise, keine *„auf selbständiger Forschung beruhende*[n] *Darstellung*[en]*"* zu sein, sondern *„nur ein wundervolles Anschauungsmaterial"* zu bieten. Es geht ihr in erster Linie um Wissenschaft und um Wissenschaftlichkeit als methodischer Ansatz, bei dem sie als Philologin jedoch technisch-naturwissenschaftliche Zugangsweisen, etwa Pflanzen- oder Materialverwendung, ausklammert und lediglich kunst- und kulturhistorischen Fragestellungen Geltung einräumt. Dies spiegelt sich auch darin wider, dass sie sich (erstmals) gezielt an Archäologen sowie Kunst- und Kulturhistoriker wendet, hingegen Laien und *„die Gärten schaffenden Künstler"* nur nebenbei anspricht.

Dieses Kriterium eigne angesichts dieser *„so lange vernachlässigten Kunst"* schlussendlich lediglich drei Werken, die auch aus heutiger wissenschaftshistorischer Perspektive zu den wichtigsten und elaboriertesten historiographischen Arbeiten bis 1914 zählen. Der postulierte Forschungsanspruch lässt sich bei Koch und Grisebach unter anderem darauf zurückführen, dass beide Publikationen in einem unmittelbar akademischen Zusammenhang entstanden waren – nämlich als erste Dissertation (im Fachbereich Architektur in Dresden) und erste Habilitation (in Kunstgeschichte in Karlsruhe), die als solche neue Inhalte, aber auch neue methodische Ansätze generiert hatten. Und auch der im Umkreis der Wiener Schule wirkende Falke hatte einen Beitrag zur Wissenschaft, vor allem zur gerade entstehenden universitären Kunstgeschichte geliefert, indem seine Schrift erstmals gezielt auf den Kunstwerkcharakter und die Kunstgeschichte des Gartens rekurrierte – ein Novum, das Gothein durch ihren Verweis auf den künstlerischen Tiefpunkt der 1880er Jahre noch hervorzuheben sucht.

Bei diesem eingeschränkten Blick auf den Forschungsstand der Gartenkunsthistoriographie bleibt offenkundig eine Reihe von Vorgängerwerken unberücksichtigt. Dabei handelt es sich mehrheitlich um Schriften, deren Autoren aus dem Bereich der praktischen Gartenkunst und des Gartenbaus oder der Architekturpraxis stammten. Dies ist insofern überraschend, als gerade sie die mit Gartenkunst betrauten Fachleute waren. Allerdings, so könnte man im Sinne Gotheins argumentieren, besaßen sie in der Regel keinen akademischen oder gar universitären Hintergrund und infolgedessen auch kaum adäquates Handwerkszeug für eine (geistes)wissenschaftliche Historisierung des Gegenstandes Garten. Gerade dieser Sachverhalt erklärt zudem, weshalb die Gartenkunstgeschichte im Vergleich relativ spät methodologisch untersucht worden ist. Gothein distanziert sich von den historiographisch tätigen ,Praktikern', indem sie unzweifelhaft als Gelehrte auftritt. Damit obliegt ihrer Schrift ein von der Gartentheorie und alltäglichen Praxis unabhängiges Erkenntnisinteresse.

Es liegt auf der Hand, dass ihr opulentes Werk nicht ohne einen basalen gartenhistoriographischen Entwicklungsprozess hätte gelingen können, der durch mehrere Meilensteine gekennzeichnet war. Die früheste systematische Darstellung der Gartenkunstgeschichte erfolgte bereits 1779 im ersten Band der berühmten „Theorie der Gartenkunst" Christian Cay Lorenz Hirschfelds (**I.5a**). Sie brachte verschiedene Historisierungsbestrebungen hervor, darunter die im 19. Jahrhundert vorherrschende ‚große Erzählung', die mit Ferdinand Cohns „Geschichte der Gärten" 1856 in einer eigenständigen literarischen Gattung mündete: der Gartenkunstgeschichtsschreibung. Zu deren Etablierung hat besonders das kurze Zeit später durch Gustav Meyer vorgelegte „Lehrbuch der schönen Gartenkunst" (**I.5b**) beigetragen, das jahrzehntelang als normatives Handbuch zu Gartenkunst und Gartenbau Beachtung fand (1860 publiziert, 1873 und 1895 weitere Auflagen).

Angesichts seiner universalgeschichtlichen Perspektive und der enormen Stofffülle erweist sich außerdem das Werk Hermann Jägers (**I.5d**) als wichtiger Vorläufer der Gothein'schen Schrift, obgleich sie dieses nicht gekannt zu haben scheint – es wird weder von ihr erwähnt noch ist es in der erst 2006 erstellten bibliographischen Übersicht von Massimo De Vico Fallani und Mario Bencivenni (siehe I.4e) aufgeführt. Dass es zudem lediglich vier Jahre nach der Publikation Falkes erscheint (1888), lässt auf einen – im Vergleich zu der Darstellung Gotheins zwei Jahrzehnte früher anzusetzenden – Paradigmenwechsel innerhalb der Geschichtsschreibung schließen. In dessen Folge wird die „Geschichte der Gartenkunst" schließlich zum herausragenden Kulminationspunkt. Die Publikation vereint nicht nur das bis dahin generierte inhaltliche sowie methodische Wissen zur Gartenkunstgeschichte und -geschichtsschreibung, sie trägt darüberhinaus auch zu neuen, für die folgenden Generationen grundlegenden Forschungserkenntnissen bei. Dieser Tatsache verdankt sie die enorme, selbst hundert Jahre später noch anhaltende, wenn auch leider meist unkritische Resonanz, so dass die schon 1906 geäußerte Feststellung Julius Trips, *„das grosse Publikum* [habe] *für länger auf ernstem kunsthistorischen und ästhetischen Studium aufbauende massvolle Schriften keine Zeit und kein Interesse mehr"* (S. 18), ganz eindeutig zurückgewiesen werden kann.   Verena Schneider

Lit.: Buttlar 2003, S. 11–15; Buttlar 2003a; Gothein 2006, Bd. 2, S. 1117–1135; Schneider 2000; Schneider 2012; Schweizer 2013, bes. S. 23–54; Schweizer / Siebert / Spies 2011, S. 132–159; Trip 1906; Wimmer 2009.

I.6   (Abb. 18)

Die „Geschichte der Gartenkunst" und ihre Nachfolger

a) Franz Hallbaum: Der Landschaftsgarten. Sein Entstehen und seine Einführung in Deutschland durch Friedrich Ludwig von Sckell 1750–1823, München: Schmidt, 1927
UB Heidelberg, K 6383-1 (🖰)

b) Paul Landau / Camillo Schneider: Der deutsche Garten. Ein Jahrtausend Naturerleben, mit einem Nachwort von Karl Foerster, Berlin: Deutsche Buch-Gemeinschaft, 1928
UB Heidelberg, 2014 C 29

c) Wilhelm Boeck: Alte Gartenkunst. Eine Kulturgeschichte in Beispielen. Mit Zeichnungen von Gerhard Ulrich, Leipzig: Staackmann, 1939
UB Heidelberg, L 2849-9-4

d) Dieter Hennebo / Alfred Hoffmann: Geschichte der deutschen Gartenkunst, 3 Bde., Hamburg: Broscheck, 1962–1965
UB Heidelberg, 62 B 2132

e) Monique Mosser / Georges Teyssot: Die Gartenkunst des Abendlandes, Stuttgart: Deutsche Verlagsanstalt, 1993
UB Heidelberg, 94 B 99

f) Stefan Schweizer (Hrsg.): Gartenkunst in Deutschland. Von der Frühen Neuzeit bis zur Gegenwart. Geschichte – Themen – Perspektiven, Regensburg: Schnell & Steiner, 2012
UB Heidelberg, 2012 B 830

Dass sich durch Marie Luise Gotheins „Geschichte der Gartenkunst" ein Wandel in der Geschichtsschreibung vollzog, lässt sich in mehrfacher Hinsicht beobachten. Der Handbuchcharakter des Werks und sein enormer Umfang von über achthundert Seiten deckte den Bedarf an ‚großen Erzählungen' für die nächsten Jahrzehnte ab. Gleichwohl entstanden in der Folge kürzere und insbesondere populärwissenschaftliche Schriften, deren Zweck vor allem in der Vermittlung von vereinfachtem und reduzier-

Abb. 18
Einband zu Dieter Hennebos und Alfred Hoffmanns „Geschichte der Deutschen Gartenkunst", die in Aufbau und Methode in Gotheins Fußstapfen tritt (Bd. 3, Kat.Nr. I.6d)

tem Fachwissen an ein großes Lesepublikum lag. Dies verdeutlichen etwa Camillo Schneiders und Paul Landaus Publikation zum deutschen Garten (**I.6b**) sowie die „Alte Gartenkunst" Wilhelm Boecks (**I.6c**), deren Untertitel, „Eine Kulturgeschichte in Beispielen", bereits auf die Exemplifizierung der Darstellung und damit die Reduktion auf Höhepunkte der Gartengeschichte verweist.

Gotheins Postulat der Gartenkunstgeschichte als geisteswissenschaftliches Forschungsfeld hat die Thematik insbesondere für die Kunstgeschichte zugänglich gemacht und ein wachsendes Forschungsinteresse hervorgerufen. Bis in die 1950er Jahre waren es größtenteils Kunsthistoriker, die sich mit den Methoden ihres Faches gezielt Epochen und Stilrichtungen, Gartenkünstlern und Auftraggebern, Gartentypen und -architekturen zuwandten. Bereits 1937 war beispielsweise ein Hauptteil des Oeuvres der drei bedeutendsten deutschen Landschaftsgärtner aufgearbeitet, was auch die wieder zunehmende

Rezeption des Stils in Forschung und Praxis widerspiegelt: Franz Hallbaum hatte sich in seiner 1926 bei Hans Rose in München eingereichten Dissertation dem Landschaftsgarten und insbesondere Friedrich Ludwig von Sckell gewidmet (**I.6a**); Hermann von Pückler-Muskau war sogar als einer der Ersten schon sehr früh, 1874, durch seinen Schüler Eduard Petzold, und später dann gleich mehrfach – in der Anthologie von Paul Ortwin Rave (1935) sowie den Publikationen August Ehrhards (1935) und Gerhard Hinz' (1936) – in den Blick genommen worden. Dazu hatte auch die Gründung der Fürst-Pückler-Gesellschaft 1930 maßgeblich beigetragen. Und schließlich lag das Berliner sowie Potsdamer Schaffenswerk Peter Joseph Lennés 1937 durch die Dissertation von Gerhard Hinz vor.

Die Auseinandersetzung mit der Gartenkunstgeschichte aus einem universitären kunsthistorischen Kontext heraus war in Ansätzen bereits im 19. Jahrhundert durch Jacob Burckhardt angestoßen worden. Besonders sein Schüler Heinrich Wölfflin, aber auch Cornelius Gurlitt, Gotheins lebenslanger Freund Paul Clemen, schließlich Hans Rose und Hans Sedlmayr hatten Gartenkunstgeschichte, obgleich nicht dem klassischen Ausbildungskanon zugehörig, nach 1900 in ihre Lehre aufgenommen, als Dissertationsthema angeregt oder in Publikationen thematisiert und deren Erforschung damit schrittweise vorangetrieben. Das Ergebnis dessen schlug sich vor allem in den 1920er und 30er Jahren sowie erneut ab den 1950er Jahren in einer Reihe von Dissertationen (besonders in München, Bonn und Berlin) und Publikationen nieder. Als bemerkenswert erweist sich diesbezüglich der Clemen-Schüler und Direktor der Berliner Nationalgalerie Paul Ortwin Rave, der nicht nur Mitbegründer der Fürst-Pückler-Gesellschaft war, sondern in den vom Zweiten Weltkrieg geprägten 1940er Jahren auch einer der Wenigen, der mit immerhin vier Veröffentlichungen als Gartenhistoriograph in Erscheinung trat.

War das Ziel der Kunsthistoriker, im Sinne der Wissenschaft möglichst differenzierte Forschungserkenntnisse zu generieren, beruhte – und das gilt nach wie vor – das Interesse der Garten- und Landschaftsarchitekten ebenso wie der Gartendenkmalpfleger vor allem auf der

Anwendbarkeit von Gartengeschichte. Bereits Gothein hatte die Funktion der Gartenkunsthistoriographie mit Blick auf die Gartengestalter als *„Ideenmagazin der großen Vorbilder der Vergangenheit"* zusammengefasst, womit sie den gängigen Topos ihrer Vorgänger aufgriff. Die Gartengeschichte solle der *„reichste*[n] *Befruchtung für ihre Schöpfungen der Gegenwart"* (beide S. VII) dienen. Dies galt umso mehr nach den Zerstörungen der beiden Weltkriege, als Rekonstruktionen oder historisierende Neugestaltungen historischer Gärten zunehmend in den Vordergrund rückten. Der Gartengeschichte und -geschichtsschreibung kam die Rolle einer Hilfswissenschaft zu, mittels derer landschaftsarchitektonische und denkmalpflegerische Aufgaben, wie das Instandsetzen von historischen Anlagen oder das Erstellen von Parkpflegewerken, durchführbar wurden.

Die historiographische Bezugsgröße war dabei einerseits vertiefende Spezialliteratur, vor allem Schriften zu einzelnen Gärten, die bereits seit der Mitte des 19. Jahrhunderts entstanden und explizit entwicklungs- und gestaltungshistorische Aspekte nachzeichneten. Andererseits wurde auf Überblickswerke zurückgegriffen. Insbesondere die Bände Gotheins gehörten zum Kanon nachfolgender Bibliographien. Anfang der 1960er Jahre legten Dieter Hennebo und Alfred Hoffmann eine dreibändige „Geschichte der deutschen Gartenkunst" (**I.6d**) vor und traten damit unmittelbar in die Fußstapfen Marie Luise Gotheins. Standardwerke dieses Formats vermochten, einen Wissenshorizont für die allgemeine, vor allem stilistische Verortung regionaler oder lokaler Anlagen zu liefern.

Ein neuer methodologischer Ansatz wird hingegen in der 1993 herausgegebenen „Gartenkunst des Abendlandes" (**I.6e**) deutlich, was angesichts der Internationalität des in vier Sprachen veröffentlichten Werks umso wirkungsvoller erscheint. Den von Monique Mosser und Georges Teyssot zusammengestellten und unter Mithilfe eines beachtlichen Autorenkreises verfassten Kurzbeiträgen liegt eine kultur- und ideengeschichtliche Perspektivierung der Gartenkunstgeschichte zugrunde. Diese ist zwar wie üblich in ein grobes epochal-stilistisches Grundraster eingeordnet, jedoch erteilt sie dem klassischen Erzählmuster eines kontinuierlichen, stringenten Geschichtsablaufs eine Absage. Auf der einen Seite werden dadurch historische Brüche kenntlich, was allerdings nicht explizit von den Herausgebern reflektiert wird. Aufgrund der beziehungslosen Aneinanderreihung der Beiträge und der nur punktuell aufgegriffenen Themenfelder – etwa zum Labyrinth, zu Stadtspaziergängen oder zur Kartographie – fehlt auf der anderen Seite aber ein historiographischer Leitfaden, der sowohl historische Verläufe aufzeigt als auch entsprechende Kontexte und Bezüge herstellt.

Diesem Manko treten Stefan Schweizer und Sascha Winter in der jüngst, 2012, erschienenen „Gartenkunst in Deutschland" (**I.6f**) bewusst entgegen. Sie verzichten gänzlich auf epochale Zuschnitte und beabsichtigen gerade durch eine Themenstruktur, einzelne, komplexe Forschungsbereiche und -aspekte beispielsweise durch das Nachzeichnen historischer Längsschnitte, Konjunkturen und Diskontinuitäten genauer zu erschließen. Seit Gotheins „Geschichte der Gartenkunst" lässt sich somit erst vermehrt in den letzten Jahren der Versuch beobachten, die Gartengeschichtsschreibung methodisch an allgemeine kulturwissenschaftliche Forschungsansätze anzugleichen.   Verena Schneider

Lit.: Brandenburger 2011; Buttlar 2003, S. 11–15; Buttlar 2003a; Gothein 1914, Bd. 1; Niederhauser 1997; Schneider 2000; Schneider 2012; Schweizer 2013, bes. S. 23–54; Schweizer / Siebert / Spies 2011, S. 132–159.

Abb. 19
Marie Luise Gothein mit ihrem Sohn Percy bei der gemeinsamen Lektüre (Kat.Nr. II.4g)

II. *„Hinaus in die Zukunft leben"* – von Preußen nach Heidelberg

II.1 (Abb. 20)

„Ich sehne mich nach einem fernliegenden Ziele" – Kindheit und Jugend in Ostpreußen

a) Theodor Storm: Drei Novellen, Berlin: Gebr. Paetel, ²1878
UB Heidelberg, G 6546-5 D

b) Johann Wolfgang Goethe: Hermann und Dorothea, Gotha: Perthes, 1883
UB Heidelberg, G 5919-5

c) Marie Luise Gothein: Manuskript „Kindheitserinnerungen", 1931
Privatbesitz (⌖)

d) Marie Luise Gothein: Notizen zu einem „Ostpreußen-Vortrag", undatiert
UB Heidelberg, Heid. Hs. 3492,19 (⌖)

e) Marie Luise Gothein: Brief an Eberhard Gothein, „Allenstein d. 19.7.20."
UB Heidelberg, Heid. Hs. 3487,572 (⌖)

„Jetzt will ich dieses Buch mit meiner eigenen Wenigkeit bekannt machen", schrieb Marie Schröter, die spätere Marie Luise Gothein, am 23. Mai 1879 in ihr Tagebuch und weiter:

> *„Ich bin ein fünfzehnjähriger Backfisch, lang, schlank und dünn aufgeschossen, mit langen Armen, großen Händen und Füssen, wenigstens so beschrieb mich Mama in einem Brief an eine Bekannte, außerdem habe ich blondes Haar, graue Augen und ein ziemlich langes Gesicht; doch das ist genug über mich selbst – nur noch, dass ich Marie heiße, gewöhnlich aber Mietze genannt werde."* (S. 189)

Die Passage stammt aus einem Typoskript der Universitätsbibliothek Basel mit dem Titel „Marie Luise Gothein. Briefe und Tagebücher", das ihr Sohn Werner nach dem Tod der Mutter für ihre Freunde zusammenstellte. Der Verbleib der Original-Tagebücher ist unbekannt. In den wenigen Textstellen, die Werner zitiert, zeigen sich die typischen Gefühlsschwankungen eines jungen Mädchens, das einmal *„ausgelassen"*, dann wieder *„betrübt"* ist. Es ist die Rede von dem Ehrgeiz, der sie umtreibt, etwa am 31. Oktober 1879:

> *„Ich sehne mich immer nach einem unbestimmten fernliegenden Ziele, das ich selbst nicht kenne. Auszeichnung suchte mein ehrgeiziges, ruhmsüchtiges Herz im Seminar und hat sie bis jetzt noch nicht gefunden."* (S. 193)

Ihr hoher Anspruch drückt sich auch in ihrer Lektüre aus, so berichtet sie beispielsweise über ein Buch mit Biographien deutscher Dichter und von Theodor Storms Novellen (**II.1a**), die auf sie großen Eindruck gemacht hätten als *„echte deutsche Poesie"*, auch wenn sie im gleichen Tagebucheintrag vom 24. Mai 1879 gleich abschwächt, dass dies nur ein *„schwärmerischer Eindruck"* sei, denn sie sei ja *„keine Expertin"* (S. 190). Auch die Lektüre Goethes spielt eine wichtige Rolle, aus dessen „Hermann und Dorothea" (**II.1b**) übernimmt sie sogar Anregungen für ihr eigenes Leben:

> *„oft halte ich mir die schönen Goethe'schen Worte vor, die immer, wenn ich sie lese, einen großen Eindruck auf mich machen, eine Stelle, wo er seine Dorothea sagen lässt: „Dienen lerne beizeiten das Weib nach seiner Bestimmung."* (S. 190)

Einen Fingerzeig auf ihre spätere Reisefreudigkeit enthält ein Eintrag vom 16. Februar 1880, in dem sie sich beschwert:

> *„Immer muß ich ‚Breslau' als Ueberschrift schreiben, und doch möchte ich so gerne etwas anderes schreiben. Ich bin so veränderungssüchtig das ewige Einerlei ‚Breslau' widert mich an."* (S. 196)

Dabei war die 17-Jährige zu diesem Zeitpunkt schon drei Mal umgezogen. Geboren wurde Marie Luise Schröter am 12. September 1863 in Passenheim in Ostpreußen (heute Pasym, Polen) als Tochter eines Amtsrichters. Dieser wurde zur Zeit von Schröters Einschulung ins knapp 80 Kilometer entfernte Mohrungen (Morąg) versetzt, wo die Familie nur zwei Jahre lang blieb. Die nächste Station war die Deutschordensstadt Rastenburg (Kętrzyn); als sie zirka 13 Jahre alt war,

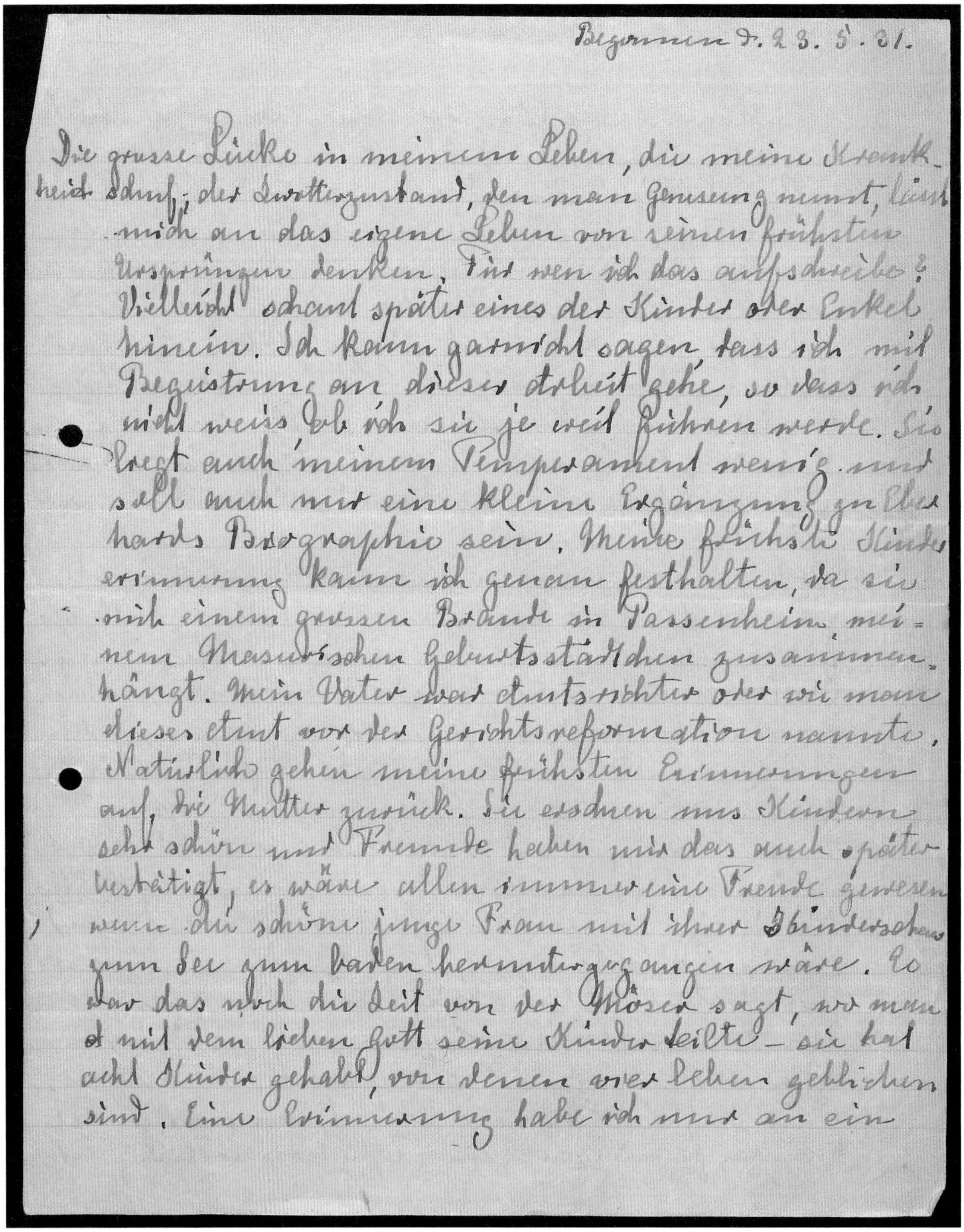

Begonnen d. 23. 5. 31.

Die grosse Lücke in meinem Leben, die meine Krankheit schuf, der Zwitterzustand, den man Genesung nennt, lässt mich an das eigene Leben von seinen frühsten Ursprüngen denken. Für wen ich das aufschreibe? Vielleicht schaut später eines der Kinder oder Enkel hinein. Ich kann garnicht sagen, dass ich mit Begeisterung an dieser Arbeit gehe, so dass ich nicht weiss, ob ich sie je weit führen werde. Sie liegt auch meinem Temperament wenig und soll auch nur eine kleine Ergänzung zu Eberhards Biographie sein. Meine früheste Kindererinnerung kann ich genau festhalten, da sie mit einem grossen Brande in Passenheim, meinem masurischen Geburtsstädtchen zusammenhängt. Mein Vater war Amtsrichter oder wie man dieses Amt vor der Gerichtsreformation nannte. Natürlich gehen meine frühsten Erinnerungen auf die Mutter zurück. Sie erschien uns Kindern sehr schön und Fremde haben mir das auch später bestätigt, es wäre allen immer eine Freude gewesen wenn die schöne junge Frau mit ihrer Kinderschar zum See zum baden heruntergegangen wäre. Es war das noch die Zeit von der Möser sagt, wo man es mit dem lieben Gott seine Kinder teilte – sie hat acht Kinder gehabt, von denen vier leben geblieben sind. Eine Erinnerung habe ich nur an ein

Abb. 20
Erste Seite des unveröffentlichten Manuskripts „Kindheitserinnerungen“, das Gothein 1931 begann, jedoch nicht zu Ende führte (Kat.Nr. II.1c)

zog die Familie aus Masuren weg ins 600 Kilometer entfernte schlesische Breslau (Wrocław, Polen), wo Marie Luise schon ein Jahr später den zehn Jahre älteren Privatdozenten Dr. Eberhard Gothein als ihren Lehrer kennen lernte und 1885, 22-jährig, heiratete. Dessen Karriere als Professor, zunächst in Karlsruhe, dann Bonn und später Heidelberg, garantierte seiner Frau Marie Luise Gothein die Veränderung, die sie sich gewünscht hatte. In ihren unveröffentlichten „Kindheitserinnerungen“ (**II.1c**), die Gothein noch in ihrem Todesjahr, 1931, begann und nicht zu Ende brachte, berichtet sie von diesem Kennenlernen, von seinem aktiven, bestimmten Werben und ihrer anfänglichen Zurückhaltung, gar Ablehnung, und wie ihr Lehrer ihre Aufsätze immer sehr gut bewertet hatte und „*dann später* [sagte], *ich wusste es ja schon damals, daß du eine Schriftstellerin werden würdest*" (Bl. 14r).

Gothein beschreibt in ihren „Kindheitserinnerungen" eine unbeschwerte Kindheit; tragische Ereignisse, wie der frühe Tod von Geschwistern, waren ihr eher schemenhaft und vor allem als Trauer der Mutter in Erinnerung geblieben. Bei ihren Landaufenthalten spielten „*grosse Menschen*" (Bl. 10v) keine wesentliche Rolle, „*herrlich*" sind dafür „*die Erinnerungen von Streifereien in den wunderbaren Wäldern oder den Fahrten auf den Seeen*" (Bl. 5v).

Schon als Kind haderte Gothein damit, nicht als Junge geboren worden zu sein, die Ablehnung ihres eigenen Geschlechts zieht sich lebenslang durch Gotheins Korrespondenz (siehe II.4). In ihren „Kindheitserinnerungen" (**II.1c**) schreibt sie, wie es ihr „*grösster Ehrgeiz*" war, „*an den Jungenspielen teilzunehmen*" und wie dies durch herrschende Rollenkonventionen unterbunden wurde:

> „[…] *im Klettern hab ich es immer den Jungen gleich tun können – aber tief hat sich mir der Zwang der täglichen häuslichen Handarbeit eingeprägt, ein Mädchen muss stricken lernen daran hielt auch die Mutter fest und wenn ich mich noch so sehr mit den Schularbeiten beeilte um gleich mit den Jungens zum Spiel hinaus zu kommen – nach einiger Zeit ertönte doch die Stimme vom Hause: „Kindchen hast du deine Strickerei schon fertig". Natürlich hatte ich sie nicht, und mit manch heimlichen Tränen musste ich mich an den verhassten Strumpf setzen […], während von draußen das lustige Geschrei der Jungens hereintönte […].*" (Bl. 4v)

Gothein spricht von „*tiefer Heimatliebe*" (Bl. 5v) zu ihrem ostpreußischen Geburtsland, die sie im Sommer 1920 auch dazu brachte, an der Volksabstimmung über den Verbleib Ostpreußens im Deutschen Reich teilzunehmen. In ihren Briefen berichtete sie von der abenteuerlichen Reise; Tausende von weggezogenen Ostpreußen reisten in ihre Geburtsländer, um gegen die Eingliederung in die polnische Republik als Ergebnis des Ersten Weltkriegs zu stimmen, was die Infrastruktur

hoffnungslos überlastete. Auch Gothein schrieb leidenschaftlich für die deutsche Sache und – entsprechend der vorherrschenden Stimmung der Zeit – gegen die polnische „*Lausenation*" (Heid. Hs. 3487,572).

1930 reiste sie noch einmal in das durch den Polnischen Korridor vom Deutschen Reich abgetrennte Ostpreußen. In einem Vortragsmanuskript (**II.1d**) sind die Eindrücke dieser Reise festgehalten. Ganz klar bezieht sie auch hier Stellung gegen die polnischen Gebietsansprüche und berichtet von Repressalien gegen die deutschen Anrainer des Korridors. Es ist ein atmosphärischer Bildervortrag, denn Gothein verweist immer wieder auf Photos – ein Reisevortrag mit persönlichen Erfahrungen und Meinungen. Ihren Zuhörern verspricht sie daher auch „*keine Lösung volkswirtschaftlicher oder politischer Probleme des Ostens*", sondern legitimiert sich damit, dass „*ich geborene Ostpreußin bin*" und „*daß* […] *die Fäden doch nie ganz zerrissen* [sind]" (Bl. 1r). Auch hier kommt sie auf ihre Erinnerungen an ihre Kinderspiele auf der alten Deutschordensburg in Rastenburg zu sprechen.

In ihrem bereits erwähnten Brief von 1920 (**II.1e**) jedoch setzte sie ihre Herkunft und ihr späteres Leben in ein Verhältnis, das deutlich macht, welche Wendung ihre Heirat bedeutete und welche Möglichkeiten sich durch ihren Wegzug eröffneten:

> „*Immerhin haben wir Stunden an den Seeen zugebracht, badend im Wasser umherpaddelnd* […]. *Es ist sehr merkwürdig wie sehr auch hier* […] *solche Ausflüge einen starken provinziellen Stempel haben. Im Einzelnen wüsste ich kaum zu sagen, worin das eigentlich lag, vielleicht nur in der Kindheitserinnerung an solche Picknicks am See mit Kaffekochen etc. Auf die Dauer wird mir dieser völlige Mangel aller geistigen Anregung diese Unmöglichkeit mich über irgend etwas zu unterhalten, was dem Leben für uns Wert gibt, schwer erträglich; sodaß ich mich nach meiner Lebensluft sehne.*"

Karin Seeber

Lit.: GOTHEIN, Briefe und Tagebücher; WRZESINSKI 2002.

Abb. 22
Marie Luise Gothein vor der offenen Terrassentür ihres Bonner Hauses in der Goethestraße (Kat.Nr. II.2f)

II.2
(Abb. 21, 22)

Von der Spaziergängerin zur Wanderin – Prägung durch Eberhard Gothein

a) Marie Luise Schröter: Brief an Eberhard Gothein, „Langenau d. 1. Juni." [1884]
UB Heidelberg, Heid. Hs. 3487,50 (🖰)

b) Eberhard Gothein: Brief an Marie Luise Schröter, „Hinter-Zarten d. 16.5.84"
UB Heidelberg, Heid. Hs. 3484,137 (🖰)

c) Photographie: Porträt Eberhard Gotheins, Halbfigur, undatiert
Privatbesitz (🖰)

d) Richard Andree: Allgemeiner Handatlas in sechsundachtzig Karten Leipzig / Bielefeld: Velhagen & Klasing, 1881
UB Heidelberg, A 795 A Folio RES

e) Marie Luise Schröter: Brief an Eberhard Gothein, „d. 15ten [März] Abends. 1884"
UB Heidelberg, Heid. Hs. 3487,22 (🖰)

f) Photographie: Marie Luise Gothein vor der offenen Terrassentür ihres Bonner Hauses, Ganzfigur, letztes Jahrzehnt 19. Jahrhundert
Privatbesitz (🖰)

g) Eberhard Gothein: Brief an Marie Luise Gothein, „Bonn 9/5 92"
UB Heidelberg, Heid. Hs. 3484,402 (🖰)

Abb. 21
Atelierphotographie Eberhard Gotheins, undatiert (Kat.Nr. II.2c)

Den Sommer des Jahres 1884 verbrachte Marie Luise Schröter als Hauslehrerin im niederschlesischen Kurort Langenau, heute Długopole-Zdrój in Polen, bei der kinderreichen Familie eines Breslauer Stadtrats. Ihrem Verlobten, Eberhard Gothein, der im Archiv in Karlsruhe arbeitete, schrieb sie von sittsamen Spaziergängen mit der Familie:

> „Das Wetter war heute den ganzen Tag trübe, trotzdem haben wir am Nachmittage einen hübschen Spaziergang gemacht, nach einem Aussichtspunkt auf einem waldigen Berge, die Waldkanzel gemacht, wo man zu Füßen das ganze Bad übersah und in der Ferne die [unleserlich] Berge, die allerdings heute nebelverschleiert waren." (**II.2a**)

Während sie sich mit der bürgerlichen Tradition des Spaziergangs begnügte und die Berge von ferne sah, berichtete Eberhard Gothein wiederholt von seinen Wanderungen im Gebirge:

> „5 tiefe Gründe umgeben den Feldberg und er selber thront kahl und noch mit Schnee bedeckt inmitten eines ganzen Gefolges von andern Kuppen. Schon das ist herrlich, aber er ist doch nur der Fußschemel für die Alpenkette darüber. Schön und ganz eigenartig ist auch der Blick ins Rheinthal. [...] Es ist ein schön Stück Welt, das man dort überblickt und eines von dem die Geschichte etwas erzählen kann. Wenn ich mir dabei die Gegenden aufsuchte, die ich schon bearbeitet habe, da kam es mir vor wie mit den Bergen, die ich sonst von Unten und jetzt von Oben sah, die verschwanden beinahe, und ich zog mir die Nutzanwendung, daß man auch manchmal seine Arbeit so wie die Gegend von der Höhe ansehen müsse." (**II.2b**)

Der Kulturhistoriker näherte sich seinen Forschungsgegenständen – wie der Kulturgeschichte Süditaliens oder der „Wirtschaftsgeschichte des Schwarzwaldes" – anhand zweier Methoden: Auf der einen Seite analysierte er Archivmaterial, auf der anderen Seite erwanderte er sich Landschaften, stets auf der Suche nach Unterhaltungen mit der unverbildeten Landbevölkerung, die ihm Aufschluss über ihre Lebens- und Arbeitsweisen geben sollten. Mehrere Briefe zeugen von seinem Wandertrieb, der ihm abgesehen von der Erforschung von Land und Leuten, ein Bedürfnis war, wie er im Mai 1885 schrieb:

> *„Weißt Du Mieze, ich kann überhaupt auf die Dauer kein sitzendes Leben vertragen, ich bin nie gesünder gewesen als bei meinen erschöpfenden Wanderungen in Italien, und zum einzigen Male krank bin ich gewesen, als ich den Winter darauf ohne mich zu rühren in Breslau stilllag. Darum kommt auch immer, sobald ich ein paar Monate rasten muß, der unbezwingliche Wandertrieb in mich und, ich glaube, Mieze wenn Du es nicht änderst, wir kommen doch noch durch alle Weltteile."*
> (Heid. Hs. 3484,314)

Von Anfang an war Eberhard Gothein also bereit, seine zukünftige Frau in seine Aktivitäten mit einzubeziehen. Als ihr ehemaliger Lehrer bildete er seine Braut gezielt und vermittelte ihr Wissen, indem er Architektur und Kunst, die er auf seinen Studienreisen sah, einordnete und auf Bildmaterial verwies. Gemeinsam bewunderten sie die Berglandschaften des Landschaftsmalers des 19. Jahrhunderts, Alexandre Calame (z.B. Heid. Hs. 3487,40); der Bräutigam berichtete von seiner Arbeit, beschrieb Landschaften, die er durchwanderte und erzählte von seinen Begegnungen. Von seiner Seite aus war die Beziehung von vornherein auf geistigen Austausch angelegt, jedoch war das Bildungsgefälle in den Anfangsjahren enorm. Die junge Marie Luise Schröter war 14 Jahre alt, als sie den Privatdozenten Dr. Eberhard Gothein (**II.2c**) kennen lernte. Seine Gesetztheit im Vergleich zu seiner jüngeren Frau spielte in ihrem gemeinsamen Leben immer wieder eine Rolle, so schrieb sie noch 1911 über ihre verschiedenen Temperamente – sein vermittelndes im Gegensatz zu ihrem leidenschaftlichen Wesen (Heid. Hs. 3487,334).

Als Braut bemühte sie sich noch stark darum, dem Bräutigam auf seinen Wanderungen und in seinen Gedankengängen zu folgen. Wiederholt fragte sie in den Briefen nach dem Vorankommen seiner Forschungsarbeiten und wunderte sich am

Briefanfang oft darüber, dass sie ihren umtriebigen Wanderer nun wieder an einem anderen Ort suchen sollte. Mit Hilfe eines Atlas (**II.2d**) folgte sie ihm auf seinen Streifzügen:

> *„Ich nahm mir gleich den Andreeschen Atlas vor und suchte mir die Orte Wildbad und Zavelstein auf, wieviel Mal habe ich mir schon den Weg zu Dir und das Land, wo Du bist, angesehen auf dem Atlas nämlich, da sieht es aber ganz gleich alles aus, aber es macht mir doch Freude die Entfernungen zu vergleichen und Orte aufzusuchen von denen Du mir schreibst so habe ich die Dörfer Oos und Balg, von denen Du mir früher schreibst ebenfalls gefunden."* (**II.2e**)

Schröter war bereit, den Anforderungen ihres zukünftigen Mannes gerecht zu werden, sie schickte sich in die Rolle der Schülerin. Wiederholt bat sie Eberhard Gothein um Geduld, wenn sie seinen Ausführungen noch nicht folgen konnte. Symbolisch für ihre Bereitschaft, seine Methode der Erwanderung von Forschungsmaterial zu adaptieren, ist daher eine ihrer ersten Anschaffungen nach der Hochzeit im März 1885:

> *„Mama bringt meine ganze Toilette in Ordnung, ich will mir auch ein gutes Wanderkleid hier machen lassen [...]."* (Heid. Hs. 3487,125)

So zeigt die Wandlung von der empfangenden Spaziergängerin zur aktiven Wanderin einerseits, wie stark Marie Luise Gothein von ihrem Mann geprägt wurde, auf der anderen Seite zeigt sie auch ihren Willen, sich selber Wissensfelder zu erschließen. Sie, die selbst nie einen Universitätsabschluss erwarb, war in den ersten Jahren der Beziehung auf seine Anleitung angewiesen und nutzte begierig seinen Bildungs- und Wissensvorsprung, um sich auf dieser Grundlage eigene Forschungsfelder zu ‚erwandern'.

Einige Jahre später, im Mai 1892, war es dann Eberhard Gothein, der seiner emanzipierten Frau, wie sie sich auf einem Photo aus den Bonner Jahren präsentiert (**II.2f**), auf ihrer ersten Studienreise nach England via Bildband folgte:

> *„Ich kann Dich übrigens auf Deinen Wanderungen jetzt sehr gut begleiten; in unserm an-*

geblichen ‚Prachtwerk', das uns bisher immer ziemlich überflüssig erschien, sind außer London und dem Südstrand grade Eton, Oxford und Cambridge behandelt und die Abbildungen sehr instruktiv." (**II.2g**)

Karin Seeber

Lit.: MAURER 2007, S. 66–81; MAURER 1999; GOTHEIN 1886; GOTHEIN 1892.

II.3

(Abb. 23, 24)

„Der reine Funken, der von Seele zu Seele springt" – wissenschaftliche Emanzipation

a) Eberhard Gothein: Brief an Marie Luise Schröter, „Berlin W. Derfflingerst. 19a d. 16/1 83"
UB Heidelberg, Heid. Hs. 3484,7 (🖱)

b) Marie Luise Schröter: Brief an Eberhard Gothein, „d. 9ten 4. 84."
UB Heidelberg, Heid. Hs. 3487,29 (🖱)

c) Photographie: Marie Luise Gothein am Schreibtisch in ihrem Bonner Haus, 1898
Universitätsarchiv Heidelberg, UAH Pos I 01075 (🖱)

d) Photographie: Die vier Söhne von Eberhard und Marie Luise Gothein: Wolfgang (1886–1958), Wilhelm (1888–1914), Werner (1890–1968), Percy (1896–1944), undatiert, (wahrscheinlich 1899)
Privatbesitz (🖱)

e) Alice Kemp-Welch: Of six medieval women. To which is added a note on medieval gardens, London: MacMillan, 1913
UB Heidelberg, 2014 C 119

f) Alice Kemp-Welch: Brief an Marie Luise Gothein, „Feb 12. 1911"
UB Heidelberg, Heid. Hs. 3490,1

g) Paul Clemen: Brief an Marie Luise Gothein, „Düsseldorf, 27.3.01."
UB Heidelberg, Heid. Hs. 3488

h) Photographie: Marie Luise Gothein im Pelzmantel vor der offenen Terrassentür ihres Bonner Hauses, letztes Jahrzehnt 19. Jahrhundert
Privatbesitz (🖱)

Auch wenn Eberhard Gothein seine Verlobte an seinen Forschungen teilhaben ließ und sie ziel-

Abb. 23
Das wiederkehrende Motiv „Marie Luise Gothein am Schreibtisch" stammt hier aus der Bonner Zeit, von 1898 (Kat.Nr. II.3c)

gerichtet bildete, indem er ihr etwa einen Literaturkanon zu lesen empfahl (z.B. Heid. Hs. 3484,183), war die Rolle, die Gothein seiner zukünftigen Frau zudachte, die der gebildeten Salondame. Kurz vor der Hochzeit, im Februar 1885, schrieb er seiner Braut: *„Geliebter Schatz, wie schön wird es sein, wenn Du als meine kleine kluge Hausfrau einen Kreis von gescheiten Männern unsichtbar leitest [...]"*. (Heid. Hs. 3484,297). Diese Formulierung zeigt bereits eine Weiterentwicklung seiner Vorstellung der ehelichen Rollenverteilung, wie er sie noch zwei Jahre früher beschrieb:

> *„Es kommt mir freilich immer vor, als ob ich erst recht mit frischer Lust werde arbeiten können, wenn einmal Dein Nähtisch neben meinem Schreibtisch steht, Du meine Manuskripte ordnest und den Staub von meinen Büchern wischst."* (**II.3a**)

Als Braut hinterfragte Gothein diese Rolle nicht, da das Bildungsgefälle zwischen Lehrer und

49

Abb. 24
Die vier Söhne von Eberhard und Marie Luise Gothein: Wolfgang (1886–1958), Wilhelm (1888–1914), Werner (1890–1968), Percy (1896–1944), undatiert (Kat.Nr. II.3d)

Schülerin noch enorm war und der Bräutigam sie mit seinen Reflexionen manchmal überforderte, wie ein Brief vom 9. April 1884 belegt:

> *„Ich mußte den Brief, trotz dem doch noch einmal lesen um so Recht in das Verständnis hinein zu kommen, ich kann Dir also gleich Deine Frage offen beantworten Interesse habe ich für diese Dinge großes, das heißt vorläufig noch das Interesse das schon Dein Wunsch äußert so viel wie möglich dazu zu hören und zu verstehen. Ob ich aber freiwillig je dazu gekommen wäre, bezweifle ich, das ist bei uns Mädchen überhaupt etwas eigenes, da wir nicht selbst forschen und wirklich in eine Wissenschaft hineindringen, muß das Interesse doch von außen bei uns angeregt werden […].“* (**II.3b**)

Aus dem von außen angeregten Interesse wurde aber recht bald eine intrinsische Motivation und Gothein begnügte sich später nicht mit der passiven Rolle der gebildeten Hausdame. Nicht ihr Nähtisch stand neben Eberhard Gotheins Schreibtisch, sondern ihr eigener Arbeitsplatz. Das Motiv ‚Gothein am Schreibtisch' gibt es aus all ihren Lebensphasen (**II.3c**).

In den wenigen Briefen, die aus den ersten Ehejahren erhalten sind, berichtete sie stets auch von ihrer Lektüre, etwa Goethes „Faust" (Heid. Hs. 3487,130), Goethes Briefen oder Leopold von Rankes Werk (Heid. Hs. 3487,148). Rankes historisch-kritische Methode erarbeitete sich Gothein im Jahr 1886, obwohl sie nachts aufstehen musste, weil sich ihr Baby *„trotz vielfachem einwickeln immer wieder abstrampelte"* (Heid. Hs. 3487,148).
Noch 1888 schrieb sie über ihre Lektüre einer „Idylle" von Friedrich Hebbel (Heid. Hs. 3487,152), danach sind bis ins Jahr 1903 keine Briefe von Gothein mehr überliefert. Schon 1892 ging sie jedoch auf ihre erste Studienreise nach England, wo sie an der Übersetzung der Werke und der Darstellung des Lebens des englischen Dichters William Wordsworth arbeitete, die sie 1893 veröffentlichte (siehe III.1). In der Biographie über Eberhard Gothein berichtet die Autorin mit einem gewissen Stolz von diesen wiederholten Studienreisen; sie sind ein wichtiger Baustein auf dem Weg zu ihrer wissenschaftlichen Selbstständigkeit.
Dabei hatte Gothein die volle Unterstützung ihres Ehemannes – trotz der Tatsache, dass ihre

Rolle zu dieser Zeit als Mutter von vier Söhnen (**II.3d**) und Repräsentantin des professoralen Haushalts voll ausgefüllt gewesen wäre. In seinen Briefen nach England berichtete Eberhard Gothein ohne jeden vorwurfsvollen Unterton von den Kinder- und Hausangelegenheiten, zum Beispiel über den Schuhkauf für die Kinder am 21. April 1892 und schloss: „*Verzeih, daß ich Dir so etwas überhaupt schreibe, aber schließlich denke ich, es wird Dir ganz heimathlich zu Muthe, wenn Du von der Höhe Londons in unsern bescheidenen Bonner Winkel hineinblickst.*" (Heid. Hs. 3484,385).

Wie es allerdings zu diesem wichtigen Schritt in die wissenschaftliche Selbständigkeit kam, kann heute nicht mehr nachvollzogen werden. Welche Bücher las Gothein in den Jahren zwischen 1888 und 1892? Wie entwickelte sich ihr Bildungsinteresse so dezidiert von einem allgemeinen Fokus hin zu dem Bedürfnis, selbst wissenschaftlich zu publizieren? Welchen Anlass gab es für die Spezialisierung auf die Anglistik?

Ein wichtiger Motor für Gotheins wissenschaftliche Emanzipation waren ihre Freunde. Zeitlebens band Gothein Menschen aus ihrem (akademischen) Umfeld an sich und tauschte sich mit diesen aus. In den Karlsruher Jahren war Anna Wendt eine wichtige Freundin und Unterstützerin, wie Gothein sich in der Biographie ihres Mannes später erinnert. Der Frau des Altphilologen und Gymnasialdirektors Gustav Wendt ist Gotheins zweites Buch über den Romantiker John Keats gewidmet. Die Familie Wendt, die auch mit dem Musiker Johannes Brahms und dem Schriftsteller und späteren Nobelpreisträger Paul Heyse Freundschaft pflegte, war für die jungen Gotheins ein Katalysator bei der Etablierung eines akademisch-gesellschaftlichen Hausstandes.

Bei ihren Studienaufenthalten in England lernte Gothein wahrscheinlich in der Bibliothek des British Museum die englische Autorin Alice Kemp-Welch kennen, die mittelalterliche Handschriften in modernes Englisch übersetzte und mit ihrem Buch „On six medieval women" von 1913 (**II.3e**) auch das Thema ‚Gärten' streifte. Gothein und Kemp-Welch unternahmen auch Reisen zusammen; für die Engländerin war die geistige Unterstützung beider Gotheins zentral, wie eine Briefstelle vom 12. Februar 1911 aus ihrer in der Universitätsbibliothek Heidelberg erhaltenen Korrespondenz mit Marie Luise zeigt:

> „*Before I met you both in Heidelberg last year, I had often felt, as if the work I cared for, was, in England, rather like struggling uphill, but ever since then, I go in with joy, because you are constantly sending sunshine in doing path and when the way is illumined, it is so much easier. I send this message to you both.*" (**II.3f**)

Eine umfangreiche Mappe von Briefen des Bonner Kunsthistorikers Paul Clemen (**II.3g**) in der Universitätsbibliothek Heidelberg zeugt von der lebenslangen, intensiven Freundschaft zwischen Clemen und Gothein. Von 1900 bis 1931 reicht der Briefwechsel, phantasievolle, zum Teil zärtliche Anreden geben Hinweise auf die Vertrautheit der Freunde. „*Mario amico*" lautet eine davon im Brief vom 27. März 1901. Die maskuline Namensform, die Clemen als Anrede verwendet, verweist auf die Beziehung gleichberechtigter Gesprächspartner, die Gothein wichtig war. In seiner Lebensbeschreibung berichtet er von ihrem Einfluss auf sein Denken – „*Die ganze englische Welt war mir durch sie neu erschlossen und erdeutet*" – und wie er ihr wiederum bei ihren Gartenstudien „*behilflich sein konnte*" (S. 96).

Ihre Freundschaften mit hauptsächlich jüngeren Männern wie dem Religionsphilosophen Otfried Eberz oder dem Germanisten Friedrich Gundolf beanspruchte Gothein durchaus allein für sich, unabhängig von ihrer Rolle als Repräsentantin des professoralen Haushalts. Aus einem Brief Eberhard Gotheins geht hervor, dass sie sehr empfindlich reagieren konnte, wenn jemand ihre Korrespondenz las (Heid. Hs. 3484,571). 1909 löste ihre Suche nach geistigem Austausch eine tiefe Ehekrise aus, da sich Gothein in den Germanisten und Dichter Philipp Witkop verliebt hatte (siehe II.5).

In den Exzerpten aus den Briefen und Tagebüchern seiner Mutter, die sich als Typoskript in der Universitätsbibliothek Basel erhalten haben, zitiert Werner Gothein aus einem Brief an Paul Clemen unter dem Titel „Bekenntnis zur Freundschaft": „*Gnade ist alles und wahrlich auch der ganz reine Funken, der von Seele zu Seele springt. – Wahrlich, voll Erwartung und Sehnsucht danach ist meine Seele immer.*" (S. 321).

Es war der geistige Austausch, den Gothein suchte und der sie inspirierte. Zunächst garantierte diesen ihr ehemaliger Lehrer und Ehemann, der seine Frau wissenschaftlich prägte. Spätestens ab den Bonner Jahren suchte sich Gothein (**II.3h**) ihre akademischen Freunde selbst, wobei sich die emotionale Verbundenheit, die Relation von geistigem Gleichklang und persönlicher Sympathie, auch in diesen Beziehungen wiederfand.

Karin Seeber

Lit.: CLEMEN 2006; FERDINAND 1990; GOTHEIN 1931; GOTHEIN, Briefe und Tagbücher; MOMMSEN 1988; RANKE 1839–1847.

II.4 (Abb. 5, 19, 25)

„Ich habe besseres auf anderen Gebieten zu tun" – Gotheins Rolle als Frau ihrer Zeit

a) Photographie: Wolfgang Gothein auf dem Apfelbaum im Garten des Bonner Hauses, Mitte der 1890er Jahre
Privatbesitz (🖰)

Abb. 25
Wolfgang Gothein im Apfelbaum im Garten des Bonner Hauses, Mitte der 1890er Jahre (Kat.Nr. II.4a)

b) Photographie: Marie Luise Gothein im Liegestuhl auf dem Balkon ihres Bonner Hauses, 1890er Jahre
Privatbesitz (🖰)

c) Marie Luise Schröter: Brief an Eberhard Gothein, „Breslau d. 19.9.83."
UB Heidelberg, Heid. Hs. 3487,15 (🖰)

d) Marie Luise Gothein: Londoner Literatengeselligkeit in der Zeit der Romantik, Vortrag, gehalten in der Versammlung des Vereins für Förderung der Frauenbildung, Bonn: Georgi [ca. 1890]
Humboldt-Universität zu Berlin, Zweigbibliothek Theologie, Kaps. S.-A.-21 (🖰)

e) Marie Luise Gothein: Vortragsmanuskript „Richard III", undatiert (vier Seiten auf Makulaturpapier geschrieben: eigenhändiger Briefentwurf [durchgestrichen] im Namen des Bonner Vereins zur Förderung der Frauenbildung)
UB Heidelberg, Heid. Hs. 3492,24 (🖰)

f) Marie Luise Gothein: Vortragsmanuskript „Das Ideal des Helden in indischer Geistigkeit", undatiert (1. Seite auf Makulaturpapier geschrieben: Gedruckter Tätigkeitsbericht des Frauenbundes zur Förderung der Kunst, Hamburg, September 1918)
UB Heidelberg, Heid. Hs. 3492,22 (🖰)

g) Photographie: Marie Luise Gothein mit ihrem Sohn Percy, undatiert (um 1910)
Privatbesitz (🖰)

h) Marie Luise Gothein: Brief an Wolfgang Gothein, „London d. 13.10.3."
UB Heidelberg, Heid. Hs. 3487,156 (🖰)

Marie Luise Gothein haderte zeitlebens damit, eine Frau zu sein. In ihren „Kindheitserinnerungen" (II.1c) schreibt sie von ihrem Ehrgeiz, *„an den Jungenspielen teilzunehmen und es ihnen gleich zu tun"* (Bl. 4r) und beklagt sich – erinnernd:

> *„– ach wer doch ein Junge sein könnte, warum musste ich auch ein Mädel sein, ich konnte doch das meiste wie die Jungen, klettern laufen […]."* (Bl. 10r)

Damit steht sie in einer langen Tradition gebildeter Frauen wie Bettina von Arnim oder Karoline von Günderrode, die in einem Brief vom 29. August 1801 ausrief: „*Warum ward ich kein Mann! Ich habe keinen Sinn für weibliche Tugenden, für Weiberglückseligkeit!"*.

Als Mutter von vier Söhnen scheint Gothein – zumindest was das Klettern anbelangt – später nachgeholt zu haben, was ihr als Kind verwehrt war. In einem Brief von 1901 schrieb Eberhard Gothein davon, wie seine Frau mit den Jungen im Apfelbaum kletterte (Heid. Hs. 3484,596); ein Photo aus der Zeit zeigt nur den ältesten Sohn Wolfgang im Baum des Bonner Hauses, etwas anderes wäre nicht schicklich gewesen (**II.4a**). Ein Bild von ihr im Lehnstuhl aus der gleichen Zeit zeigt sie in entspannt-lockerer Haltung (**II.4b**). Auch der jüngste Sohn, Percy, schreibt in seinen Erinnerungen „Aus dem Florentiner Tagebuch" über die sportliche Mutter: *„Sie ritt, sie schwamm, sie turnte, spielte Tennis, machte Gartenarbeit, war eine grosse Bergsteigerin, sie lief Schlitt- und Schneeschuh im Winter, und im Sommer machte sie mit uns weite Tageswanderungen und wohl auch Radtouren"* (S. 15).

Abgesehen vom körperlichen Aspekt lehnte Gothein an der weiblichen Rolle vor allem die Beschränkung auf bestimmte Tätigkeiten ab. In ihrem Brief vom 19. September 1883, während der Verlobungszeit entstanden, setzte sie Eberhard Gothein, dies auseinander:

> *„Du schreibst in Deinem letzten Briefe wir Frauen wären in Allem besser als ihr Männer nur nicht – in der Arbeit, das klingt so stolz bescheiden und ist es doch eigentlich nur das erstere, was verstehst du denn unter diesem ‚Allen'. Höchstens doch im Ertragen und Leiden, ich weiß schon, das laßt ihr Männer uns gerne, ich schrieb Dir aber schon einmal, daß mir dieser Ruhm unsers Geschlechtes nicht zu kommt, was bleibt denn übrig? garnichts, das weiß ich sehr wohl; darum wäre ich ja so viel lieber ein Mann, ich wollte schon gerne die andren ‚in Allem' überlegen, besser sein lassen nur nicht in der Arbeit."* (**II.4c**)

Die Briefstelle bietet einen Schlüssel für ihre Rollenidentität: Indem sie weibliche Tätigkeitsfelder ablehnte, konnte sie sich nur auf männlich besetzten Arbeitsfeldern behaupten.

Zu Beginn ihrer selbstständigen wissenschaftlichen Karriere nahm Gothein noch regen Anteil an der englischen Emanzipationsbewegung, wie Briefe ihres Mannes belegen (etwa Heid. Hs. 3484,401), sie beschäftigte sich z.B. ausgiebig mit Mary Wollstonecraft, einer zentralen Figur der britischen Emanzipationsbewegung (Heid. Hs. 3484,435). Zu Hause in Bonn setzte sie sich dann aktiv für Frauenbildung ein. Drei Dokumente geben Auskunft über die Art und Weise ihres Engagements: Zum einen berichtet sie in der Biographie über ihren Mann (siehe III.6) über ihre Vorträge im Oberlehrerinnenseminar in Bonn (S. 121). Ihre erste Publikation überhaupt, über die „Londoner Literatengeselligkeit in der Zeit der Romantik" (**II.4d**) war aus einem Vortrag entstanden, den sie in der Versammlung des Vereins für Förderung der Frauenbildung in Bonn gehalten hatte. Wie sehr sie sich in diesen Verein einbrachte, zeigt ein Briefentwurf, der sich auf der Rückseite eines Vortragsmanuskripts über Shakespeares „Richard III." erhalten hat (**II.4e**). Darin warb sie bei einer unbekannten adeligen Gönnerin für den Verein und beschrieb dessen Ziele und Aktivitäten:

> *„Seit mehr als 10 Jahren besteht in Bonn der Verein zur Förderung von Frauenbildung es ist der erste Verein nicht nur in unserer Stadt sondern im Rheinlande der über die Grenzen der Wohlthätigkeit hinaus den Versuch gemacht hat, den Frauen verschiedenster Stände sowohl Anregung zur Erweiterung ihrer Bildung wie auch praktische Hülfe zur Erweiterung und Erleichterung ihrer Ausbildung zu gewähren. Der Verein hat von Anfang an diese doppelte Thätigkeit fest gehalten; er hat ohne Unterbrechung jährliche Course von wissenschaftlichen Vorträgen eingerichtet, die von den Herrn P.Docenten [Privatdozenten] der hiesigen Universität gehalten wurden. Er hat dann seine praktische Arbeit mit der Einrichtung einer Handesschule [sic] für Mädchen begonnen. [...] Als zweite praktische Anstalt hat der Verein eine Kochschule errichtet, die von Anfang an bei der Bürgerschaft Bonns grosse Zustimmung fand."*

Im späteren Leben distanzierte sie sich jedoch immer mehr von der Emanzipationsbewegung. Über einen Aufsatz Anna Schellenbergs, „‚Persönlichkeit' und Frauenart", in dem sich diese gegen die Forderung nach Gleichberechtigung im Beruf stellte, schrieb Gothein 1911 sehr angetan an ihren Mann und schlussfolgerte in elliptischer Erregung:

„Nun aber ist es Zeit, daß die besten Elemente dem stumpfsinnigen Weitertreten dieser Bewegung [der Emanzipationsbewegung] *die zu einem Kreislauf geworden ist, die Gefahr die für das eigenste Wesen der Frauen heraufbeschworen ist, klar zu legen* [...] *aufzudekken wohin dieser Eudämonismus uns führt. Ich werde es nicht und will's nicht, denn ich glaube immer noch daß ich besseres auf anderen Gebieten zu tun habe* [...]." (Heid. Hs. 4387,316)

Für ihre ablehnende Haltung gab es vor allem intellektuelle Gründe: Gothein schrieb aus der *„emanzipations-feindlichen Haltung des George-Kreises heraus"* (S. 59), meint Christine Göttler. Michael Maurer ergänzt: *„sie sah ihre Aufgabe wesentlich auf literarisch-wissenschaftlichem Gebiet, nicht in politischer Agitation"* (S. 209). Diesem akademischen Arbeits- und Bildungsanspruch entspricht ein Fund im Nachlass Gotheins, der ihre Mitgliedschaft im „Frauenbund zur Förderung der Kunst" belegt (**II.4f**).

Ihre Söhne akzeptierten offenbar Gotheins Tätigkeit außerhalb der konventionellen weiblichen Sphäre: In einem Brief vom Mai 1898 schrieb Eberhard Gothein an seine Frau in England (Heid. Hs. 4384, 521):

„Als sie [die Hausangestellte] *aber heut beim Thee ganz sentimental bemerkte, wie doch mit „der Hausfrau" auch alle rechte Gemüthlichkeit fehle, protestierten im Augenblick Willi und Werner mit einer Stimme: ,Die Mama ist doch keine Hausfrau.' Nein, nein! wiederholte Willi ganz entrüstet. Es schien ihnen diese Verbindung mit Dir eine arge Degradierung."*

An der Erziehung ihrer Söhne war Marie Luise Gothein dennoch maßgeblich beteiligt. Percy erinnert sich: *„sie hat sich die allergrößte Mühe mit meiner Erziehung gegeben, doch riss ihr schneller die Geduld als dem Vater"* (S. 14). Gothein stellte hohe Ansprüche an die Bildung ihrer Söhne, wie es ein Bild mit dem jüngsten Sohn Percy (**II.4g**), das eine gemeinsame Lektüre-Situation darstellt, oder ein Brief an den 17-jährigen Wolfgang aus England belegen (**II.4h**), in dem die Mutter dem Sohn die Architektur der Kathedrale St. Albans bei London auseinandersetzte. Ihre Imitation der

als maskulin verstandenen Geistesarbeit setzte hehre Maßstäbe für die Erziehung der eigenen Söhne. So lässt sich die Beschreibung, die Percy im „Florentiner Tagebuch" von seiner Mutter gibt, mühelos auf einen Mann übertragen: *„Meine Mutter war eine stolze, mit sich und andern strenge, geistig sehr arbeitsame Frau"* (S. 14).

Karin Seeber

Lit.: GÖTTLER 1994; GOTHEIN 1931; GOTHEIN 1952; KUHN 1996, S. 18 und 20; MAURER 2010; MAZOHL-WALLNIG 1991; SCHELLENBERG 1911; SCHLAFFER 1998, S. 102.

II.5 (Abb. 26, 27)

Heidelberg: Die ‚goldenen' Jahre

a) Gustav Wahl: Die Ruperto-Carola in Heidelberg, in: Die Woche. Moderne illustrierte Zeitschrift 17 (1907), S. 737–742
UB Heidelberg, F 2149-3::9.1907,17
b) Photographie: Wohnhaus der Familie Gothein in der Weberstraße 11 mit Gedenktafel an Eberhard und Marie Luise Gothein in Heidelberg-Neuenheim
UB Heidelberg, Photoarchiv
c) Photoalbum: Interieur des Wohnhauses der Familie Gothein in der Weberstraße 11, erstes Jahrzehnt 20. Jahrhundert
Privatbesitz (🖐)
d) Philipp Witkop: „Eros", Leipzig: Eckardt, 1908
UB Heidelberg, G 6888-0-100
e) Marie Luise Gothein: Brief an Eberhard Gothein, „Bonn d. 17.6.9"
UB Heidelberg, Heid. Hs. 3487, 246
f) Photographie: Porträt Marie Luise Gotheins, Kniestück, um 1910
Privatbesitz (🖐)

Im September 1904 zog Marie Luise Gothein mit ihren drei jüngeren Söhnen von Bonn nach Heidelberg. In diesem Jahr wurde sie 40 Jahre alt, 13 Jahre hatte sie in Bonn verbracht. Eberhard Gothein hatte die Nachfolge Max Webers als Professor für Nationalökonomie angetreten und lehrte schon seit dem Sommersemester 1904 in Heidelberg. Obwohl Weber aus gesundheitlichen Gründen ausgeschieden war, blieb er dennoch ein viel beachtetes Schwergewicht unter den Heidelberger Intellektuellen und mischte sich auch in die Belange der Universität ein. Zusammen mit seiner Frau, Marianne Weber, bildete er ein intellektuelles Zentrum, das bis heute als Gegenpol und bisweilen Konkurrenz zum Gothein'schen Zirkel angesehen wird. Wenig beachtet wird dabei die Tatsache, dass die sieben Jahre jüngere Marianne Weber schon seit 1897 in Heidelberg lebte und Gothein als Frau in ihrer Lebensmitte erst 1904 nach Heidelberg kam: Sie musste ihre Rolle erst finden.

Eberhard Gothein war einer der letzten in einer langen Reihe hochkarätiger Wissenschaftler, die, in schneller Folge um 1900 herum berufen, den exzellenten Ruf der Universität festigten und jene Jahre als ‚Goldenes Zeitalter' in Erinnerungsschriften der Zeitgenossen eingehen ließen. Die Doppelseite der illustrierten Zeitschrift „Die Woche" von 1907 (**II.5a**) zeigt das allgemeine Interesse, das den Heidelberger Professoren entgegengebracht wurde – und auch die Ehrerbietung.

Eberhard Gothein wohnte anfangs mit dem ältesten Sohn Wolfgang in einer Pension in Heidelberg, weil dieser hier sein Studium begann. Die Eltern wollten den drei jüngeren Söhnen einen Umzug mitten im Schuljahr ersparen, wie Gothein in der Biographie ihres Mannes erläutert (S. 135). Tägliche Briefe während der Trennungszeit berichten von den ersten Eindrücken Eberhard Gotheins von den Kollegen, vom Hausbau in der Weberstraße in Neuenheim und von täglichen Spaziergängen in der Umgebung Heidelbergs.

Der Ehemann war sich sicher, dass seine Frau sich schwer würde anfreunden können mit den Professorenfrauen der älteren Generation, die ihr intellektuelles Interesse nicht teilten. Er sah voraus, dass sie sich – ähnlich wie in Bonn – männliche Freunde für ihren geistigen Umgang suchen würde: *„Und immer wieder kommt mir der Gedanke: Wie wirst Du Dich zu diesen Männern stellen? – Zu den Männern, denn die Frauen sind nichts"* (Heid. Hs. 3484,708).

Zunächst aber stand der Hausbau an. In der Weberstraße 11 in Neuenheim wurde ein repräsentatives Professorenheim im Jugendstil mit historistischen Bauelementen errichtet (**II.5b**). Bis heute erinnert eine Plakette an die einstigen Bewohner.

Abb. 26
Die Zeitschrift „Die Woche" von 1907 ehrt die Heidelberger Professoren, u.a. Eberhard Gothein, Karl Wilhelm Valentiner und Max Weber mit einem Artikel (Kat.Nr. II.5a)

Ein kleines, rot-golden eingebundenes Fotoalbum mit Bildern des Interieurs (**II.5c**), das sich im Familienbesitz erhalten hat, belegt den Anspruch der Gotheins: Die Ausstattung war mit venezianischem Glaslüster, Flügel, Orientteppichen und geschnitztem Mobiliar gehoben-bürgerlich. Alle Zimmer präsentierten Kunst oder Reproduktionen bedeutender Werke wie etwa Raffaels „Stanza di Eliodoro" im Salon oder Tischbeins „Goethe in der Campagna" am Bücherregal, wobei die Aufstellung der Kunstwerke durchaus hintersinnig war. Die Büste Voltaires von Houdon im Esszimmer etwa könnte auf das Bonmot des Philosophen angespielt haben: *„Ich habe gefunden, dass Menschen mit Geist und Witz auch immer eine feine Zunge besitzen; jene aber mit stumpfem Gaumen beides entbehren."*

Trotz aller Bemühungen fühlte sich Gothein in den ersten Jahren in Heidelberg jedoch nicht wohl. Wahrscheinlich fiel es ihr auch schwer, sich einzuleben, weil sie anfangs viel auf Reisen war – oder es verhielt sich umgekehrt. Die Haushaltung belastete sie, im März 1906 schrieb ihr

Abb. 27
Das sorgfältig ausgewählte und arrangierte Interieur des Wohnhauses der Familie Gothein in der Weberstraße 11
zu Beginn des 20. Jahrhunderts (Kat.Nr. II.5c)

Mann an sie: „Das Herz war mir doch etwas schwer als ich gestern Abend von Dir Abschied nahm mit dem drückenden Gefühl, daß Dir Dein eigenes Haus so viel mehr Last als Freude bereitet" (Heid. Hs. 3484,797). Und einige Tage später bemerkte er: „Ich habe eben auch entdeckt, was uns fehlt in Heidelberg: das Lachen" (Heid. Hs. 3484,810).

Ernst ging es beispielsweise zu im ‚Eranos-Kreis', einem regelmäßigen intellektuellen Gedankenaustausch zu religionsgeschichtlichen Fragen, der abwechselnd im Haus der teilnehmenden Professoren abgehalten wurde – Frauen waren nicht zugelassen. Gothein verschaffte sich auf ihre Weise symbolischen, wenn auch nur virtuellen Zutritt, indem sie in den Jahren 1906 und 1907 zwei Aufsätze zu den Themen des Kreises veröffentlichte (siehe III.3).

Gothein bemühte sich um neue Freundschaften, ein erster Anknüpfungspunkt scheint Else Jaffé gewesen zu sein. Mit ihr und deren Mann Edgar Jaffé ging sie Anfang des Jahres 1907 Skifahren,

wie ein Brief belegt (Heid. Hs. 3484,839); viel später, im „Lebensbild" ihres Mannes, schreibt Gothein, wie viel sie der geborenen Freiin von Richthofen in ihrem Leben zu verdanken habe (S. 198).

Am Ende des Jahres 1907 brachte Jaffé während ihrer Ehe ein Kind des Psychoanalytikers Otto Groß zur Welt – dessen panerotische Weltanschauung hatte trotz seines kurzen Aufenthaltes in Heidelberg tiefe Spuren hinterlassen. Auch Gothein schien von dieser Bewegung erfasst, die Briefe des Jahres 1908 zeugen von Eberhard Gotheins Missbilligung ihrer Aufenthalte im Münchener Bohème-Milieu (etwa Heid. Hs. 3484, 876). Am 7. Juni 1909 beichtete die Ehefrau ihrem Mann ihre leidenschaftlichen Verstrickungen mit dem Heidelberger Germanisten Philipp Witkop (Heid. Hs. 3487,242). Um einen „gewöhnlichen Ehebruch" habe es sich dabei nicht gehandelt, versicherte die Ehefrau; auf der Suche nach geistiger Inspiration hatte sie sich jedoch in den 17 Jahre jüngeren

Verfasser naturreligiöser Gedichte, wie sie sein Gedichtband „Eros" von 1908 (**II.5d**) versammelt, verliebt.

Der in der Zeit danach folgende Briefwechsel bezeugt das Ringen der Ehepartner, die Gründe für die Entfremdung in ihrem intellektuellen Auseinanderdriften zu finden und sich auf gemeinsamem Boden wieder zu treffen. Der Einfluss Witkops zeigte sich beispielsweise in Gotheins Hinwendung zu Nietzsche, dem Eberhard Gothein eher kritisch gegenüber stand (z.B. Heid. Hs. 3484,958). Gothein schrieb aus Bonn, wo sie nach der Beichte bei Freunden unterschlüpfte:

> *„Ich muss mir selber helfen, ich muss mich selbst mit mir selbst überwinden. [...] Ich lese Nietzsche jetzt mit ganz andern Augen, ich verstehe ihn tiefer, verwandter, er verlangt das, was ich jetzt so unaufhörlich von mir verlange Selbstüberwindung um höher zu steigen. Denn was ich überwinden muss ist nicht die letzte schreckliche Zeit der Lüge und Doppelzüngigkeit und des Verrates, nein gerade jene erste Zeit, die mir so viel gegeben hat, in der ich in den Sternen lebte und das Leben eine Weite für mich hatte, wie es nicht wieder kommen kann, sieh das muss ich überwinden und doch für mich retten."* (**II.5e**)

Nach dieser Krise schlug Gothein durch ihre neue Freundschaft mit Friedrich Gundolf und den Kontakt zur zweiten Generation der Stefan George-Jünger (siehe II.6) endlich Wurzeln in Heidelberg. Sie hatte sich einer dezidiert ästhetischen Weltanschauung zugewandt, die praktische und politische Aspekte ablehnte. Hierin liegt auch der Grund für Gotheins vielzitierte Konkurrenz mit Marianne Weber – aber nicht nur. Marianne Weber engagierte sich zeitlebens praktisch und theoretisch für die Sache der Frauen, Gothein hatte dieses Thema ebenfalls, in ihrer Bonner Zeit, bewegt; als sie nach Heidelberg kam, hatte sich ihre Meinung dazu jedoch geändert (siehe II.4). Zudem scheint zwischen den beiden Frauen, ja zwischen den beiden Familien, eine gewisse Antipathie geherrscht zu haben, wie Briefe belegen. So schrieb etwa Max Weber am 8. Mai 1910 von Gotheins Besuch in seiner frisch bezogenen Villa:

> *„– Ist es zu glauben? Hier klingelte es, die Mädchen waren oben, ich machte auf und – Marie Gothein hüpfte, je 3 Stufen auf einmal nehmend, zu einem Tête-à Tête. [...] Sie ließ sich dann durch den Garten führen etc., sprach von Venedig, von ihrem Mann u. Buch, von allem Möglichen – u. so kam dieser Zettel nicht fort. Damit er Dich noch trifft, schick ich ihn lieber jetzt gleich ab. Erhebliches zu erzählen habe ich ja ohnehin nicht mehr [...]."* (S. 499f.)

Gothein befand sich bei ihrer Ankunft in Heidelberg in einer anderen Lebensphase als Marianne Weber, sie verfolgte andere Ziele und hatte bestimmte Themen für sich bereits abgeschlossen. So schien sie nach außen eine geistige Unabhängigkeit auszustrahlen (**II.5f**), die in der Erinnerung ihrer Zeitgenossen bisweilen kühl-distanziert wirkte (siehe oben S. 21). So stand Gothein über weite Strecken ihrer ersten Heidelberger Zeit allein da, ohne tiefere Freundschaften und in der schwierigen Lage, sich als intellektuelle Frau ihren Platz in den akademischen Kreisen zu erstreiten. Die Krise zu Beginn ihres fünften Lebensjahrzehnts erwies sich als Katalysator für eine neue Ausrichtung ihres Denkens; privat wurde es ihr nach dem Tiefpunkt des Jahres 1909 möglich, neue Freundschaften zu knüpfen und auch neuen Halt in ihrer Familie zu finden. Und so endete das erste Jahrzehnt Gotheins in Heidelberg mit einem rauschhaft glücklichen Sommer 1914 (siehe II.6).   Karin Seeber

Lit.: Essen 1995, S. 462, 464–467; Gilcher-Holtey 1992; Gothein 1931; Green 1976; Maurer 1999, S. 141–143; Maurer 2007, bes. S. 230; Roth 2012, S. 52–63; Sauerland 1995, bes. S. 14; Weber 1994.

II.6   (Abb. 28, 29)
„Schmelz einer reinen Jugend" – Gundolf, George, Gothein

a) Marie Luise Gothein: Rezension, Friedrich Gundolf, Shakespeare in deutscher Sprache. Hrsg. und zum Teil neu übersetzt von Friedrich Gundolf, Bd. 1: „Coriolanus", „Julius Caesar", „Antonius und Cleopatra", in: Jahrbuch der deutschen Shakespeare-Gesellschaft, 45 (1909), S. 364–369

UB Heidelberg, G 8070::45.1909 (🕮)

b) William Shakespeare: Shakespeare in deutscher Sprache, hrsg., zum Teil neu übers. von Friedrich Gundolf, 9 Bde., Berlin: Bondi, 1908–1914
UB Heidelberg, G 8116

c) Friedrich Gundolf: Brief an Marie Luise Gothein, Darmstadt, „Grünenweg 37. 19. August 1909"
London, Institute of Germanic and Romance Studies, Gundolf G 2/III (Gothein, Marie Luise: 12 letters, 1909–1918) (Reproduktion)

d) Dante Alighieri: Göttliche Comödie. Übersetzt von Otto Gildemeister, Berlin: Hertz, ²1891
UB Heidelberg, G 2862-2 B

e) Dante Alighieri: Stellen aus der Göttlichen Komödie. In genauer Nachbildung der Ur-Schrift, Umdichtung von Stefan George, Berlin: Verl. der Blätter für die Kunst, 1909
UB Heidelberg, G 2386-6 Folio RES

f) Photographie von Ernst Morwitz: Pfingsttreffen des George-Kreises 1919 in Heidelberg
Stefan George Archiv, Württembergische Landesbibliothek Stuttgart, StGAFoto, 495 (🖰)

g) Ludwig Thormaehlen: Porträtmaske von Percy Gothein, Bronze, um 1920
Literaturarchiv Marbach, Inv.Nr. Dep.3/0036 a (🖰)

Am 27. Mai 1909 schrieb Marie Luise Gothein an ihren Mann:

> *„Ich habe heute, durch einen Zufall angeregt in die Gundolfsche Uebersetzung hineingesehen, denke er hat das Begrüßungssonnet von [Shakespeares]* Romeo und Julie *neuübersetzt und völlig verhunzt und dann auch den großen Monolog von Julie, das ist doch toll und das überhäuft man nun mit Lobhudelei – nein, was zu viel ist, ist zuviel."* (Heid. Hs. 3487,237)

In einem Erinnerungsdokument mit dem Titel „Mein letzter Abend mit Gundolf. Am 2. Juli 1931", das sie in ihrem letzten Lebensjahr schrieb, ist ihr Urteil ein völlig anderes geworden:

> *„Seine Entrücktheit von den Dingen dieser Welt ging so Hand in Hand mit seinem Genius – es war das, was ihn so über ihn hinaushob, als wenn ihn nur eine dünne Scheidewand von dem Göttlichen trennte."*

In den dazwischen liegenden 22 Jahren war der Germanist und Dichter Friedrich Gundolf nicht nur ein enger Freund geworden, er war das Bindeglied zwischen Gothein und dem George-Kreis, der ihr Denken im letzten Drittel ihres Lebens stark beeinflusste.

Sinnfälligerweise entstand der Kontakt zwischen Gundolf und Gothein durch eine wissenschaftliche Auseinandersetzung. Im Shakespeare-Jahrbuch von 1909 bespricht sie den ersten Band von Gundolfs Shakespeare-Übersetzung (**II.6a**) und kritisiert, dass sich der Bearbeiter sprachliche Freiheiten gestattet habe, wie sie sich nur *„dem selbständig schaffenden Dichter"* (S. 365) zukommen würden. Sie listet drei Seiten Belege auf, für die sie das englische Original mit Gundolfs Übersetzung (**II.6b**) vergleicht, um grammatikalische, stilistische und klangliche Argumente gegen seine Wortwahl in Stellung zu bringen.

Gundolf wehrte sich in einem Brief, der sich heute im Institute of Modern Languages der University of London befindet (**II.6c**), gegen Gotheins Vorwürfe. Er bestand auf seinem ästhetischem Recht, Wort-Neubildungen zu verwenden, denn: *„Jede einzelne Kühnheit und Gewaltsamkeit ist besser als eine allgemeine Flauheit"*. Er griff sie an: *„Mehrere Ihrer Einwände kommen aus der Abneigung gegen den körperlichen Ausdruck, gegen das sinnliche Sehen"*. Und er versicherte ihr:

> *„Glauben Sie mir, sehr geehrte Frau, ich habe für jede Wendung, jedes Wort und jede Änderung, nicht nur den dichterischen ‚Einfall', das sprachliche Erlebnis, sondern auch meine wohlerwogenen Gründe; das genaueste Abtönen aller Begriffe und Klänge, Bilder und Valeurs nach dem ganzen Komplex in dem sie wirken sollen, ist ebenso unumgängliche Vorarbeit meiner Verdeutschung, wie die strengste philologische und kritische Textherstellung."*

Am Ende des Briefes stellte er die Möglichkeit in Aussicht, sich persönlich über das Thema auseinanderzusetzen – was auch bald darauf geschah. Else Jaffé vermittelte den Kontakt, wie Gothein im „Lebensbild" ihres Mannes berichtet, indem sie ihre Freundin zu sich, auf neutrales Terrain einlud, um den jungen Kontrahenten zu treffen. In ihren „Erinnerungen

Abb. 28
Pfingsttreffen des George-Kreises 1919 in Heidelberg, darunter Percy Gothein (stehend, 2. v.r., Stefan George links sitzend) (Kat.Nr. II.6f)

an den Sommer 1914" aus einem unveröffentlichten Buch ihres Sohnes Werner, das in der Universitätsbibliothek Basel im Nachlass Salin aufbewahrt wird, beschreibt Gothein symbolträchtig dieses erste Zusammensein, bei dem sie als erstes der *„Schmelz einer reinen, unaussprechlich rührenden Jugend"* (S. 232) an Gundolf faszinierte. Auf Jaffés Frage nach der empfehlenswertesten Dante-Übertragung riet Gothein zur Bearbeitung Otto Gildemeisters (**II.6d**), doch sie wurde unterbrochen:

> *„‚Kennen Sie die Uebertragungen von Stefan George?‘ mischte sich Gundolf ins Gespräch. Ich verneinte, ich hatte sie zufällig grade im Schaufenster ausliegen sehen und den Wunsch verspürt, sie kennen zu lernen. ‚Nun‘, rief Gundolf, ‚Ich habe zufällig ein Exemplar bei mir, und wenn es Frau Jaffé erlaubt, würde ich Ihnen gerne daraus etwas vorlesen‘. Wie gerne stimmten wir zu, und unter der Lam-*

> *pe stehend, den Körper leise dem Rhythmus hingebend, las er die herrlichen Terzinen des Gebetes des heiligen Bernhard, das Leuchtendste, was mir an Nachbildung fremder Rhythmen in deutscher Sprache bekannt ist."*

Es muss sich um die Erstausgabe von Georges Dante gehandelt haben, bei dem die Schriftprobe des Dichters als Faksimile für den Druckstock verwendet wurde (**II.6e**). So wurde Gothein für den äußeren Kreis Stefan Georges gewonnen; Edgar Salin, George-Jünger und Assistent von Eberhard Gothein, schreibt in seinen Erinnerungen „Um Stefan George" über die wichtige Rolle Gotheins für den ‚Kreis‘: Dieser traf sich in ihrem Haus, es wurden Gedichte vorgelesen und interpretiert und die Hausherrin *„obwohl schon Mitte der 40 stehend, besass [...] eine natürliche Jugendlichkeit, die den vertrauten Verkehr mit der Jugend fast wie mit Gleichaltrigen ermöglichte [...]"* (S. 104).

Abb. 29
Bronzene Porträtmaske Percy Gotheins von Ludwig
Thormaehlen, um 1920 (Kat.Nr. II.6g)

Der Kontakt mit den Georgeanern, zu denen –
außer Gundolf – Salin, der Hölderlin-Heraus-
geber Norbert von Hellingrath und der Psycho-
therapeut Gustav Heyer gehörten, wurde für
Gothein zum zweiten Frühling, vor allem zu einem Nacherleben der verwehrten Studentenzeit.
In ihren „Erinnerungen an den Sommer 1914"
schreibt sie von zwei Festen, die der ‚Kreis' zur
Sommersonnenwende 1913 und 1914 auf dem
Königstuhl feierte. Zusammen mit den jungen
Leuten tanzte sie die Nacht durch und fühlte sich
ganz *„studentisch"* (S. 223).
Während Gothein sich an Gundolf und seine
Adepten hielt und zu dessen Entwicklung in
den „Erinnerungen" bemerkte: *„Erst ganz all-
mählich, unmerklich wuchs aus der Hingabe an
den Meister die eigene Mitte"* (S. 233), geriet ihr
jüngster Sohn Percy in unmittelbare Nähe Georges. Im September 1910 hatte ‚der Meister' das
Nesthäkchen der Gotheins auf der Neckarbrü-
cke gesehen und, weil er an Percy Ähnlichkeit mit
„einem archaischen relief" feststellte, Gundolf
gebeten, den Kontakt zu den Eltern herzustellen:

*„der knabe ist ADELIG. Daraus ist alles zu
machen und jede andre eigenschaft ist dagegen sekundär. Er ist freilich nicht eindeutig
[…] und hat jezt schon mehre sehr verschiedene gesichter und [ist] ganz naturgemäss als
sohn von zweien geist-eltern schon sehr bewusst (kritisch). Wenn du seine eltern siehst
so sag dass ich bald nach Heidelberg komme
und des längeren mit ihnen sprechen würde –
besonders bitt ich darum seine mutter. Ich
glaube sogar du kannst ihr ruhig diesen brief
zeigen. Um an sie selber mit solcher freiheit zu
schreiben hab ich noch nicht ton und recht."*
(Darmstadt, 8.5.1911) (nach KLUNCKER,
S. 8/9)

George und die Eltern Percys hatten in der folgenden – komplizierten – Beziehung zwischen
‚Meister' und ‚Jünger' auch persönlich Kontakt,
wobei Eberhard Gothein den Georgeanern gegenüber seine *„alte Abneigung gegen Sektenwe-
sen und alle Geheimbündelei mit ganzen oder
halben Mysterien nicht unterdrücken"* konnte,
wie er in einem Brief von 1911 schrieb (Heid.
Hs. 3484,1084). Marie Luise Gothein hingegen
korrespondierte mit George über die Entwicklung ihres Sohnes und versuchte in Krisenzeiten
zwischen ihm und seinem ‚Meister' zu vermitteln. Auch unabhängig von ihrer Mutterrolle
suchte sie Kontakt zu George, wie etwa ein Brief
aus Griechenland an ihn belegt, in dem sie sich
in ihrer Beschreibung Delphis an seine poetische
Sprache anlehnt.
Als Weltanschauung wog sie Georges Programm
aber durchaus gegen andere Strömungen in ihrem Umfeld ab, wie ein Brief von 1920 über
ein Gespräch mit Alfred Weber bezeugt (Heid.
Hs. 3487,583). Als Frau hatte Gothein ohnehin
keinen Zugang zum engeren George-Kreis und
George urteilte über sie in einer hermetischen
und doch erbarmungslosen Bemerkung: *„Es
gibt auch ein kaltes Feuer, wie es eine trockene
und eine saftige Verrücktheit gibt. Die trockene, das ist die schreckliche"* (nach LANDMANN,
S. 104). Percy wurde erst 1919, mit 23 Jahren,
nach Jahren der Werbung um die Gunst Georges offiziell in dessen Kreis aufgenommen. Das
Foto von diesem Heidelberger Pfingsttreffen
(**II.6f**) und Ludwig Thormaehlens Porträtmaske

(II.6g), die zu einer Gruppe ähnlicher Porträts von Kreismitgliedern gehört, zeugen von dieser Initiation.

Als Gundolf endgültig 1926 wegen seiner Heirat mit Elisabeth Salomon von Stefan George verstoßen wurde, hielt Gothein an ihrer Freundschaft unverbrüchlich fest. Sein unerwarteter Tod im Juli 1931 bedeutete für sie eine Katastrophe, wie der letzte – ganz georgeanisch inspirierte – Satz ihrer Erinnerungsschrift „Mein letzter Abend mit Gundolf" zeigt: *„Und nun erlosch die reine Flamme, und wir müssen ohne ihren Glanz im Schatten weiterleben"* (S. 240). Edgar Salin berichtet in seinem Gedenkaufsatz über Gothein in „Ruperto Carola" von 1963 von der *„Verzweiflung des Herzens"*, mit der sie auf den Tod Gundolfs reagierte und interpretiert diesen Verlust so:

> *„Erst als gegen Ende des Jahres die Nachricht ihres Todes kam, habe ich verstanden, daß die immer Lebensbejahende die Hoffnung verloren hatte, den Absturz zu überleben und an neuem Aufstieg mitzubauen."* (S. 85)

So blieb Gundolf noch in seinem Tod ein wirkmächtiges Symbol für Gotheins Denken und Weltsicht. Karin Seeber

Lit.: Aurnhammer 2012, S. 79, 1382–1384, 1385–1386, 1387–1390, S. 1404–1409; Gothein, Erinnerungen; Gothein, Gundolf; Marie Luise Gothein: Brief an Stefan George, „Delphi d. 29.11.11", in: Nachlass George, George III. 4333; Gothein 1931; Karlauf 2007, S. 420–422; Kluncker 1986; Landmann 1963; Maurer 2010, S. 194–212; Salin 1954; Salin 1963.

II.7 (Abb. 6, 30, 31)

„Ich habe mich in meine Arbeit verbissen" –
Krieg und Nachkriegsjahre

a) Photographie: Wilhelm Gothein (1888–1914), Brustbild, undatiert
Privatbesitz

b) Briefserie (31 Blätter) von Marie Luise Gothein an Wolfgang Gothein, „d. 3.8.14" – „d. 10 Dezember" [1914]
Privatbesitz

c) Werner Gothein: Die Seiltänzerin und ihr Clown. Eine Erzählung in Holzschnitten, Schwenningen: Lovis-Presse, 1949
UB Heidelberg, 81 B 2548 KDR

d) Meldekarte der Familie Gothein der Stadt Heidelberg, 1904–1931
Heidelberg, Stadtarchiv Meldekarte Eberhard Gothein

e) Marie Luise Gothein: Brief an Eberhard Gothein, „Dahlem d. 19.1.20"
UB Heidelberg, Heid. Hs. 3487,558 (🖰)

f) Photographie: Hochzeit von Wolfgang Gothein und Erica Strömer in Dahlem, Ende Februar 1921
Privatbesitz (🖰)

g) Kālidāsa: Sakuntala (kürzere Textform), mit kritischen und erklärenden Anmerkungen hrsg. von Carl Cappeller, Leipzig: Haessel, 1909
UB Heidelberg, G 1811-7

h) Photographie: Marie Luise und Eberhard Gothein im Garten, 1920
Universitätsarchiv Heidelberg, UAH Pos I 01076 (🖰)

In einem der ersten Kämpfe des 1. Weltkriegs starb am 22. August 1914 Wilhelm Gothein (**II.7a**) 26-jährig an einem Herzdurchschuss. Vor dem Krieg hatte er gerade eine vielversprechende Architektenlaufbahn in Köln begonnen. Die Eltern waren monatelang im Unklaren darüber, was ihrem Sohn zugestoßen war.

Im Familienbesitz hat sich ein Stapel Briefe aus den ersten Kriegswochen und -monaten erhalten (**II.7b**), die Gothein an ihren ältesten Sohn Wolfgang schrieb, der als Arzt in Ostafrika arbeitete und von dem ebenfalls zeitweise keine Nachricht kam. Es ist fraglich, ob diese Briefe jemals verschickt wurden; die Blätter sind nicht gefaltet und Gothein schrieb selbst, dass die Postbeförderung zwischen Deutschland und den Kolonien unterbrochen sei. Wahrscheinlich nutzte die Mutter das Schreiben als therapeutische Maßnahme, um wenigstens in Gedanken mit Wolfgang in Verbindung zu bleiben. Nervös, atemlos mutet der Stil der Briefe an, an wenigen Stellen zeigt sich Kriegsbegeisterung – *„Unser Heer lässt sich augenscheinlich durch Festungen nicht mehr aufhalten, die neuen Kruppschen Geschütze scheinen unfehlbar zu sein"* (am 29. August

1914) – die jedoch sehr bald einer zermürbten Resignation weicht:

> „– allerdings ist von Willi seit 11 Tagen keine Nachricht [...], das ist bitter und schwer zu tragen." (29. August)

> „Heute geht nun der erste dieser schrecklichen Kriegsmonate zu Ende – in banger Spannung warten wir auf eine Entscheidungsschlacht zwischen Oestereichern und Russen die seit vielen Tagen im Gange ist. Von Willi ist noch keine Spur einer Nachricht – manchmal ist das so hart, dass man meint es nicht ertragen zu können." (31. August)

> „Ich würde öfter schreiben, wenn nicht die Sorge um Willi von dem jede Nachricht ausbleibt mir allen Mut nähme. Heute ist wieder die Nachricht von dem Fall von Maubeuge [...]." (8. September)

> „Mein geliebter armer Junge! Eben kommt vom Kolonialamt die Nachricht, dass du im Nyassaland gefangen wärst. Ach all unsere Gedanken waren die letzten Wochen dem Schicksal Willis zugeneigt. Nach unsäglicher Mühe, haben wir endlich herausbekommen, dass er schon am 22. August in einem Gefecht

Abb. 30
Porträtphotographie von Wilhelm Gothein, der im 1. Weltkrieg starb (Kat.Nr. II.7a)

nordwestlich von Neufchateau verwundet sei und zwar an Fuss und Kniee, das Gefecht war siegreich, trotzdem heisst es, dass eine Gefangenschaft möglich sei – dies ist unsere letzte Hoffnung [...]." (16. Oktober)

Die Briefserie schließt mit einem Fragment vom 15. November, in dem Gothein einen Anlauf machte, über Willi zu schreiben, um schließlich am 10. Dezember die endgültige Todesnachricht zu überbringen. Voran geht eine lange Reflexion über die abstrakte Kunst des dritten Sohnes Werner (II.7c):

> „Werners bester künstlerischer Anwalt ist ihm in Willi hingegangen, wie oft hat dieser seine Sache bei uns verfochten und in der ersten Zeit besonders unser Verständnis zu erschliessen versucht. Als Papa Mitte November nachdem uns am 30sten Oktober endlich nach mehr als zwei Monaten die Nachricht erreichte dass Willi am 22 August gefallen war, sagte Werner – sein schönster Lebensplan wäre gewesen mit Willi zu schaffen, dessen Monumentalbauten einmal auszumalen und seine eigne Kunst so zu einer Monumentalkunst zu erheben."

In der Korrespondenz der zwei folgenden Jahre zwischen Gothein und ihrem Mann taucht der Name Willi fast nicht auf. Ihre Briefe sind von einem verschlossenen, unfreundlichen Ton geprägt. Erst 1916 ließ Gothein wieder Gedanken an ihn zu. Mit Werner zusammen, der in Wolfratshausen als künstlerischer Eremit lebte, planten sie die Umgestaltung eines Hauses und Gartens und hier war der ältere Bruder in den Gedanken seiner Familie dabei (Heid. Hs. 3487,474). 1920 schrieb Gothein in melancholisch-transzendenter Allusion an ihren Mann:

> „– ‚die Brücke der Toten', Willi's Bild ist mir in diesen Tagen so besonders nah, fragend drängend, als wollte er etwas besonders von mir – könnte ich ihm noch mehr geben? Ich weiss es nicht." (Heid. Hs. 3487,555)

Es war preußische Disziplin, mit der Gothein den Schicksalsschlägen des Krieges begegnete. Als der jüngste Sohn Percy im Juni 1915 einen Streifschuss am Kopf erlitt, reiste sie ins Lazarett nach Dessau, um ihn zu pflegen. Mit dem

Abb. 31
Hochzeit von Wolfgang Gothein und Erica Strömer in Dahlem, Marie Luise Gothein in der Mitte der zweiten
Reihe neben dem Bräutigam, Ende Februar 1921 (Kat.Nr. II.7g)

sachlich-analytischen Blick der Krankenschwes-
ter berichtete sie über seinen Zustand (Heid. Hs.
3487,434) und setzte sich für eine Verlegung
des Sohnes nach Heidelberg ein. Gleich zu Beginn des Krieges hatte sich Gothein zur Kran-
kenschwester für das Heidelberger Lazarett
ausbilden lassen, in den ersten Kriegsbriefen an
Wolfgang berichtete sie belustigt, wie sie sich mit
seinen Büchern aus dem Studium vorbereitete,
etwa Werner Spalteholz' „Handatlas und Lehrbuch der Anatomie des Menschen ".
Während der Zeit in Dessau starb auch Gotheins
Bruder, Arthur Schröter, in Berlin und so forderten die ersten beiden Kriegsjahre psychisch ihren Tribut. Ende Juli schrieb Gothein nach ihrer
Rückkehr nach Heidelberg:

> *„Von mir kann ich dir leider gar nichts sa-
> gen, ich habe jetzt manchmal das Gefühl
> als wenn in mir etwas vor Müdigkeit einge-
> schlafen ist, das ich mit aller Gewalt nicht
> wecken kann, dieses etwas aber ist wohl
> mein eigentliches Selbst und was hier nun*

*weiter lebt ist nur ein unruhiges gleichgül-
tiges Nichts – [...]."* (Heid. Hs. 3487,453)

In der Biographie über ihren Mann schreibt sie:
*„Für Gothein gab es nur ein Mittel, um Sorge
und Schicksal zu bekämpfen, das ihm immer als
das einzige erschienen ist: Arbeit"* (S. 261). Dieses Manifest trifft auch auf die Ehefrau zu. Doch
gerade die intellektuelle Auseinandersetzung in
diesen Jahren zeigt, wie sehr Gothein durch Krieg
und Nachkriegsjahre aus dem Gleichgewicht
geraten war. Verbissen hielt sie an ihrer Lektüre und deren Analyse fest, fand jedoch keinen
Halt daran. Aus Dessau schrieb sie ihrem Mann:
*„Schicke mir französische Lektüre – ich glaube
das zieht mich jetzt am besten ab aber gleich damit ich es sobald wie möglich habe"* (Heid. Hs.
3487,443). Als sie sich 1919 in einem Sanatori-
um bei Freiburg von einer Grippe, vielleicht einer letzten Welle der Spanischen Grippe, erholen
sollte, übersetzte sie Shakespeares „Cymbelin"
und „Wie es euch gefällt" (siehe III.2) in einem
geradezu ungeduldigen Trotz:

„[...] *um mich zu betäuben meine dumme Krankheit und meine Einsamkeit les und arbeite ich unablässig* [...]. *Ich habe schon weit über die Hälfte von Cymbelin übersetzt*" (Heid. Hs. 3487,533)

Die Alltagshärten führten dazu, dass Gotheins nach dem Krieg das ihnen zu groß gewordene Haus mehr und mehr aufgaben, Kohlen für die Zentralheizung wurden knapp, es war kein Dienstpersonal mehr zu finden: Immer öfter begab sich das Ehepaar auf Reisen, ab dem 2. März 1923 war es gar nicht mehr in Heidelberg gemeldet, wie die Meldekarte aus dem Heidelberger Stadtarchiv bezeugt (**II.7d**). Gothein hielt sich häufig in Wolfratshausen bei München auf, wo Else Jaffé lebte. Im Sommer 1919 flüchtete sie sich auf die Tromm im Odenwald und hatte Angst vor dem „*Hasten von Kleinem zu Kleinem*", das sie zuhause erwartete (Heid. Hs. 3487,522).

Auch die Sorge um die politischen Verhältnisse prägt die Korrespondenz der Nachkriegsjahre. Gothein lehnte die Weimarer Republik vehement ab, was ein Brief aus Dahlem von 1920 verdeutlicht:

„*Das ganz Verzweiflungsvolle ist ja nur jetzt, dass die sogenannte Regierung bei uns nicht führt, sondern von den jeweiligen Ereignissen geschoben wird. Dass es möglich ist, dass ein Mann wie Ebert immer weiter an der Spitze steht, der trotz der ,Majestätsbeleidigung' weder Ehre noch Würde im Leibe hat, aber schlimmer noch auch keinen Gedanken im Kopf.*" (**II.7e**)

Die Rettung für die politischen Verhältnisse sah Gothein wohl in einer Art platonischem Philosophenstaat, auch wenn sie dies nicht explizit aussprach. Oft entwarf sie ein Bild von der geistigen Elite, die aktiv ins politische Geschehen eingreifen kann:

„*Und doch tief erschütternd ist das Bild, das er* [John Maynard Keynes], *vom allgemeinen europäischen Elend und Niedergang entwirft – unsere Dichter haben es uns gepredigt, die Gelehrten sehen die Katastrophe zeigen sie fortwährend dem Volke, aber es sieht nicht,*

es hört nicht, kann nicht sehen und hören, weil dem grossen Verhängnis die kleinen Menschen nicht gewachsen sind, Keine nirgendwo!" (Heid. Hs. 3487, 560)

Diese Überzeugung von der Wirksamkeit der Wissenschaft ist der Grund dafür, warum Gothein gerade in dieser Krisenzeit an der geistigen Tätigkeit festhielt. Mit der ihr eigenen Hartnäckigkeit überwand sie die persönliche Krise, in die sie der Krieg gestürzt hatte, und gelangte durch ihr Studium des Sanskrit und des indischen Dramas zu neuen Lebensinhalten.

1921 heiratete Wolfgang in Berlin-Dahlem (**II.7f**), Gothein war schon Wochen vorher da, um bei den Hochzeitsvorbereitungen zu helfen. Sie schrieb an den Ehemann, dass sie „*immer nur verstohlen zum Sanscrit*" komme (Heid. Hs. 3487,594), sie übersetzte das indische Nationaldrama (**II.7g**): „*Sakuntala komme ich langsam vorwärts* [...] *aber die Schilderung der Wagenfahrt des Königs klingt wunderschön*" (Heid. Hs. 3487,589).

Im November 1923 starb Eberhard Gothein unerwartet in Berlin an der Grippe. Das letzte gemeinsame Photo zeigt das Ehepaar im Garten (**II.7h**). Wie sehr Gothein ihren Mann als Lebens- und geistigen ,Sparringspartner' vermisste, belegen Tagebucheinträge, die ihr Sohn Werner in seinem Erinnerungsbuch zusammenstellte. Ihre Überlebensstrategie lautete jedoch wiederum: geistige Beschäftigung. 1925 verließ Gothein Deutschland mit den Zielen Indonesien, China und Japan, um sich neue geistige Gebiete zu erschließen.

Karin Seeber

Lit.: GOTHEIN, Briefe und Tagebücher, S. 158; GOTHEIN 1931, S. 257–258.

II.8 (Abb. 32, 33)

„Ich bin wenig für schnelles und dann doch immer oberflächliches Sehen geschaffen." – die Fernostreise 1925/1926

a) Willem van Gelder: Atlas Sekolah Hindia Nederland, Groningen: J.B. Wolters, 1911
Universität Heidelberg, Südasien-Institut, 372 adm 85/7208 Atlas

b) Marie Luise Gothein: Photoalbum mit gestreiftem Stoffeinband und Blumen, 1925–1931
Privatbesitz

c) Marie Luise Gothein: Tagebuch 1 der Fernostreise (Java), 1925
Privatbesitz (✑)

d) Photographie: Marie Luise Gothein im Kreis ihrer Familie auf Java, „Banjoemas, Sonntag 4. Juli, 1926"
Privatbesitz (✑)

e) Marie Luise Gothein: Tagebuch 3 der Fernostreise (Bali), 1926
Privatbesitz (✑)

f) Nicolaas J. Krom: Inleiding tot de Hindoe-Javaansche Kunst, s-Gravenhage: Nijhoff, 1923
UB Heidelberg, C 6313-22::1-3

g) Marie Luise Gothein: Notizbuch zur „Kunst in Java", 1925/1926
UB Heidelberg, Heid. Hs. 3492,7 (✑)

h) Marie Luise Gothein: Tagebuch 2 der Fernostreise (Java), 1926
Privatbesitz (✑)

Im Mai 1925 brach Marie Luise Gothein mit dem Schiff nach Niederländisch-Indien auf, dem heutigen Indonesien. Ihre Reise durch Asien dauerte annähernd zwei Jahre und führte sie zunächst nach Zentral-Java, in den Distrikt Banjoemas, wo ihr Sohn Wolfgang mit seiner Familie lebte und im holländischen Kolonialdienst als Tropenarzt arbeitete (**II.8b–d**). In den folgenden Monaten bereiste Gothein weite Teile Javas und Balis. Im September 1926 verließ sie Java mit dem Schiff Richtung Shanghai, um von dort nach kurzem Aufenthalt weiter nach Japan und über Hongkong nach Peking zu reisen. Den Verlauf ihrer Reise und ihre vielfältigen Reiseeindrücke dokumentierte Gothein detailgenau in insgesamt sieben Notizbüchern. Aufgrund des Itinerarcharakters der Tagebücher lassen sich Ort und Zeit ihrer Reisestationen sehr gut nachzeichnen. Zu Beginn ihrer Reise hielt Gothein ihre Eindrücke regelmäßig fest, doch je länger die Reise durch Asien andauerte, umso häufiger notierte sie das Erlebte und Gesehene rückblickend. Sprachlich wirken ihre Tagebücher sachlich und sie blieb zurückhaltend in der Schilderung persönlicher Dinge. Ihre Tagebuchaufzeichnungen beginnen am 11. Mai 1925; da befand sie sich bereits mit

dem Schiff auf der Straße von Messina. Die üblichen Schiffsrouten zu dieser Zeit verliefen von Rotterdam durch das Mittelmeer und den Suez-Kanal nach Colombo auf Sri Lanka. Nach kurzem Aufenthalt in Colombo ging es weiter nach Singapur, wo Gothein auf einen Frachtdampfer wechselte. In ihrem Tagebuch hielt sie fest, sie habe sich *„eine Einzelkabine erkämpft, allerdings um den Preis, daß sie sehr ungünstig liegt"* (**II.8c**, Bl. 28r). Nach weiteren drei Tagen auf See kam sie am 11. Juni 1925 in Batavia (Jakarta) an (**II.8a**).

Reisen nach Asien waren in den 1920er Jahren für das gut situierte Bürgertum keine Seltenheit mehr – die Schiffsrouten nach Fernost wurden von Mai bis September regelmäßig bedient, der Bau des Suezkanals Mitte des 19. Jahrhunderts und die Dampfschifffahrt hatten die Reisezeit von mehreren Monaten auf einige Wochen verkürzt und die Kolonien boten Karriere- und Aufstiegsmöglichkeiten für Männer, die für sich im von der Wirtschaftskrise geplagten Deutschland der Weimarer Republik nur wenig Chancen sahen.

> *„Nun bleiben die Menschen, diese Wandergefährten einer kurzen Lebensstrecke. Die meisten von ihnen kennen die Tropen noch nicht, sie treibt die gleiche Erwartung wie mich und das gibt auch eine gewisse Verbindung. Rein geistige Liebe aber hat kaum einer. Der Baron will Jagd und Abenteuer suchen [...] Ein jung verheiratetes Paar will in Bangkok sein Glück suchen, er als Chirurg [...]."* (**II.8c**, Bl. 13r–14v)

Nach 1900 hatte die niederländische Kolonialregierung die Beschränkungen für Privatreisen auf dem Archipel gelockert, so dass die Anzahl der touristisch Reisenden zunahm, für die Java mit seinen Naturschönheiten das Hauptziel darstellte. In den 1920er Jahren, zur Zeit der Reise Gotheins, gab es bereits Straßenkarten und Wegbeschreibungen zu den Hauptattraktionen Javas und Balis. So entsprach zum Beispiel ihre zehntägige Rundreise durch Bali, die sie am 6. August 1926 begann, mit Stationen u.a. in Kintamani (Besichtigung einer öffentlichen Badeanlage) oder dem Besuch des Tempels Pura Kehen, den damals üblichen touristischen Routen.

„*Hier ist eine große Badeanlage die wohl auch ziemlich neueren Datums ist. Die Anlage an sich ist schon interessant, es sind drei Becken, das 3te tiefer gelegen das äussere hinterste für Frauen, [...] Der Ausdruck Becken stimmt nicht ganz oder höchstens für das Pferdebecken. Es sind schmale Kanäle in die die Menschen sich hineinstellen und sich von den vielen neben einander angebrachten Pandjoerans überströmen lassen.*" (**II.8e**, Bl. 8v–9r)

Auch wenn Gotheins Ziele ‚touristisch' gewesen sein mögen und sie nicht den Anspruch hatte, in unbekanntes Territorium vorzudringen, so war ihr Blick auf die Kulturdenkmäler und die kulturellen Traditionen der bereisten asiatischen Länder gerichtet und – das zeigen ihre Tagebücher sehr deutlich – „*wenig für schnelles und dann doch immer oberflächliches Sehen geschaffen*" (Tagebuch 4 der Fernostreise [China], Bl. 32r). Sie näherte sich den Bauwerken als Wissenschaftlerin, beschrieb Tempelanlagen mit größt-

möglicher Akribie, photographierte und zeichnete Grundrisse nach:

„*Den 7ten zog ich gleich nach Tisch aus, nach der außerhalb gelegenen pura Kehem. Es ist ein höchst interessanter Tempel der aber auch vom Erdbeben sehr gelitten hat. Er ist an der Berglehne aufgebaut in vier Terrassen, die unterste sehr hoch mit imposanter Treppe die von Götterbildern eingesäumt zur Seite dehnen sich eine große Reihe schmaler Terrassen, ich habe ein Bild davon genommen, links auf der obersten Terrasse steht eines der hübschen Opferhäuschen mit steinernem Unterbau und einem [unleserlich]dach auf Holzsäulen, oben bekrönt die Treppe ein leider eingestürztes Tor, aus grauem Stein errichtet, das ursprünglich sehr schön gewesen sein muss.*" (**II.8e**, Bl. 15r–15v)

Die eigenen Beobachtungen vor Ort (**II.8h**) ergänzte Gothein durch das Studium wissenschaftlicher Fachliteratur. In der Bibliothek von

Abb. 32
Marie Luise Gothein zu Besuch bei der Familie ihres Sohnes Wolfgang auf Java, Juli 1926 (Gothein rechts sitzend mit ihrem Enkelkind auf dem Schoß) (Kat.Nr. II.8d)

Batavia exzerpierte (**II.8g**) sie Werke von Nicolaas J. Krom zur Tempelanlage Borobodur und zur hindu-javanischen Kultur auf niederländisch (**II.8f**). Sie sammelte Material zum javanischen Wayang-Spiel und las den kolonialkritischen Roman „Max Havelaar" (1860) des Niederländers Eduard Douwes Dekker (**II.8c**, Bl. 103r–106v). In vielen ihrer späteren Publikationen griff Gothein auf diese Aufzeichnungen und Exzerpte, die während ihrer Fernostreise entstanden sind, als Quellenmaterial zurück (siehe III.4 und III.5).

Erfolgte die Annäherung an die Geschichte und Kultur der bereisten Länder intellektuell, so war Gotheins Zugang zur Naturlandschaft unmittelbarer – durch ausgedehnte Wanderungen suchte sie die aktive Begegnung mit der Natur, nahm die Schönheit und Üppigkeit der sie umgebenden Landschaft und die Begegnung mit einheimischen Menschen und deren Alltagsleben vorurteilsfrei wahr:

„Unten zu Füssen des Tempels war eine überaus lustige Gruppe von Männer Frauen und Kinder versammelt, die Männer beschäftigten sich z.T. ihre Hähne zum Kampf zu üben, die Jungen tanzten und schrien das helle Gelächter der Frauen wurde lauter wenn ich mich zeigte. Von der Fülle der Kampfhähne, die überall in dem Ort herum in den geflochtenen Körben stehen kann man sich keinen Begriff machen, ich wenigstens hatte doch schon soviel von der Leidenschaft der Balier für Hahnenkämpfe gesehen, aber welch einen Umfang diese hat, das ist mir erst klar geworden, als ich die hunderte und hunderte von Käfigen gesehen habe, die überall auf der Straße zum Verkauf stehen, [...]." (**II.8e**, Bl. 16v–17r)

„Am nächsten Tag wachte ich einem strahlenden Morgen entgegen. [...] so wollte ich doch wenigstens eine kleine Wanderung bis zum Gammon-ga fuchi machen. Und wie belohnt wurde ich; köstlich die herbstliche Morgenfrische mit ihren leuchtenden Farben. Immer am Fluss entlang wanderte ich bis zu einem kleinen Dörfchen wo eine Holzbrücke über den schönen sprudelnden Gebirgsbach führt dann jenseits noch ein Stuckchen und man kommt in tiefer Wald und Felsenland-

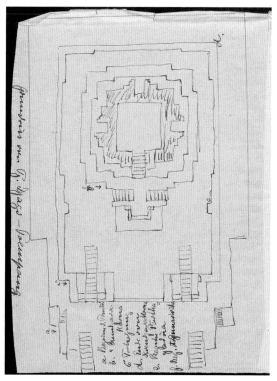

Abb. 33
Grundrissskizze aus Marie Luise Gotheins Notizbuch zur „Kunst in Java", 1925/1926 (Kat.Nr. II.8g)

schaft zu der langen Reihe von Buddhas, die auch heute noch grosse Verehrung geniessen, [...]." (Tagebuch 6 der Fernostreise [Japan], Bl. 66v–67r)

So zeichnen die Reisetagebücher ein Bild von Gothein als Kulturhistorikerin, die sich mit wissenschaftlichem Anspruch eine neue Welt erschloss.

Nicole Merkel

Lit.: Cribb, Digital atlas; Cribb 2004; Maurer 2010.

II.9
(Abb. 34, 35)

„Die Universität, in sie mündet alles" – Ehrenpromotion 1931

a) Promotionsurkunde für Marie Luise Gothein, Heidelberg, 21. Februar 1931
Universitätsarchiv Heidelberg, H-IV-102/153, fol. 108 (⌕)

b) Marie Luise Gothein: Dankrede anlässlich der Ehrenpromotion, in: Werner Gothein: Marie Luise Gothein. Briefe und Tagebücher (Ihren Freunden gewidmet), Typoskript
Universitätsbibliothek Basel, Nachlass Salin, B 214, S. 16–19 (Reproduktion)

c) Photographie: Alte Aula, Universität Heidelberg, undatiert (nach 1886)
UB Heidelberg, Graph. Slg. A 779,1 (⌖)

d) Friedrich Gundolf: Laudatio anlässlich der Ehrenpromotion von Marie Luise Gothein
UB Heidelberg, Heid. Hs. 3494,12 (⌖)

e) Mappe mit 34 Gratulationstelegrammen und Briefen zur Verleihung der Ehrendoktorwürde von Alfred Weber, Marianne Weber, der Gesellschaft für Gartenkunst, Viktor von Weizsäcker, Karl Jaspers u.a.
UB Heidelberg, Heid. Hs. 3491

f) Photographie: Marie Luise Gothein am Schreibtisch, wahrscheinlich in Heidelberg, Im Gabelacker 13, undatiert (um 1930)
Privatbesitz (⌖)

Am 21. Februar 1931, zehn Monate vor Marie Luise Gotheins Tod, verlieh ihr die Universität Heidelberg die Ehrendoktorwürde. Die Promotionsurkunde (**II.9a**) wird bis heute im Universitätsarchiv aufbewahrt; als Begründung und Zusammenfassung von Gotheins Leistungen liest sich dort:

> „*Die Philosophische Fakultät hat Frau Marie Luise Gothein in Heidelberg, der in seltener Weise vielseitigen und fruchtbaren Schriftstellerin, welche die verschiedensten wissenschaftlichen Gebiete befruchtet, in ihren Übersetzungen künstlerische Interpretationen großer Dichter geboten und in der Lebensbeschreibung ihres Mannes ein Stück deutscher Kultur- und Geistesgeschichte lebendig gemacht hat, für dieses außerordentliche Gesamtwerk Titel und Würde eines Doktors der Philosophie ehrenhalber verliehen.*"

Interessant ist die Gewichtung des Erreichten: Gotheins Vielseitigkeit wird gerühmt, wobei ihre Übersetzungen und vor allem die Biographie über ihren Mann, Eberhard Gothein, die kurz zuvor erschienen war (siehe III.6), hervorgehoben werden. Dabei ist die „*Befruchtung*" verschiedener Wissenschaften eine eher dienende Tätigkeit, als aktive Leistung wird jedoch nur ihre Biographie gesehen, durch die sie „*Kultur- und Geistesgeschichte*" zum Leben erweckte.

83 Jahre später ist die Wahrnehmung ihrer Zeitgenossen von der tatsächlichen Rezeption von Gotheins Werken überholt worden: Die „*Geschichte der Gartenkunst*" ist das Werk, welches die Zeit überdauert hat, wohingegen die Biographie über ihren Gatten nur noch historiographischen Wert besitzt. Die ausführliche Begründung des Fakultätsrats, die ebenfalls im Universitätsarchiv aufbewahrt wird, ist zwar differenzierter und benennt auch das Gartenbuch, doch auch hier wird die Biographie als Anlass der Ehrung genannt. Auf diesen Aspekt zog sich Gothein auch zunächst in ihrer Dankesrede zurück, die sich im Erinnerungsbuch an die Mutter von Werner Gothein in der Universitätsbibliothek Basel erhalten hat (**II.9b**). Gothein erwähnte darin die umkränzte Büste Eberhard Gotheins in der alten Aula, wo die Promotionsfeier Anfang März 1931 stattfand (**II.9c**) und wertete sie als Indiz dafür, dass die Universität ihren Mann habe mitehren wollen.

In einem Brief vom 8. März 1931 schrieb sie an Edgar Salin, den ehemaligen Assistenten ihres Mannes: „*Eberhard stand wie zu erwarten so im Mittelpunkt aller Reden, dass ich selbst mich sehr wohl dabei fühlte, garnicht so überwältigt, wie es ohne das vielleicht gewesen wäre.*" Die Laudatio von Friedrich Gundolf (**II.9d**) jedoch erwähnt die Biographie nur mit einem Satz, sein Redegegenstand ist die Bildung, die er personifiziert:

> „*Die heutige Ehrenpromotion fällt in eine Zeit, da uns bange werden darf ob solche Grüsse an die Bildung überhaupt noch lang erlaubt und begreifbar bleiben, ob sie nicht verstocken und zerschleissen will, verstummen und erblinden.*" (Bl. 1r)

Anfang 1931 steuerte die Weltwirtschaftskrise auf ihren Höhepunkt zu und das politische Klima in der Weimarer Republik wurde zunehmend unruhiger. In Heidelberg war die Mehrheit der Studentenvertreter schon vor Hitlers Machtübernahme rechtsgerichtet und hatte breite Unterstützung in der Bürgerschaft; die NSDAP hatte bei den Kommunalwahlen kontinuierlich zugelegt. Die Auseinandersetzung zwischen rechter Studentenvertretung und Universitätsleitung verschärfte sich Ende 1930 und Anfang 1931 im „Fall Gumbel". Der jüdische Mathematiker Emil Gumbel wurde wiederholt wegen seiner

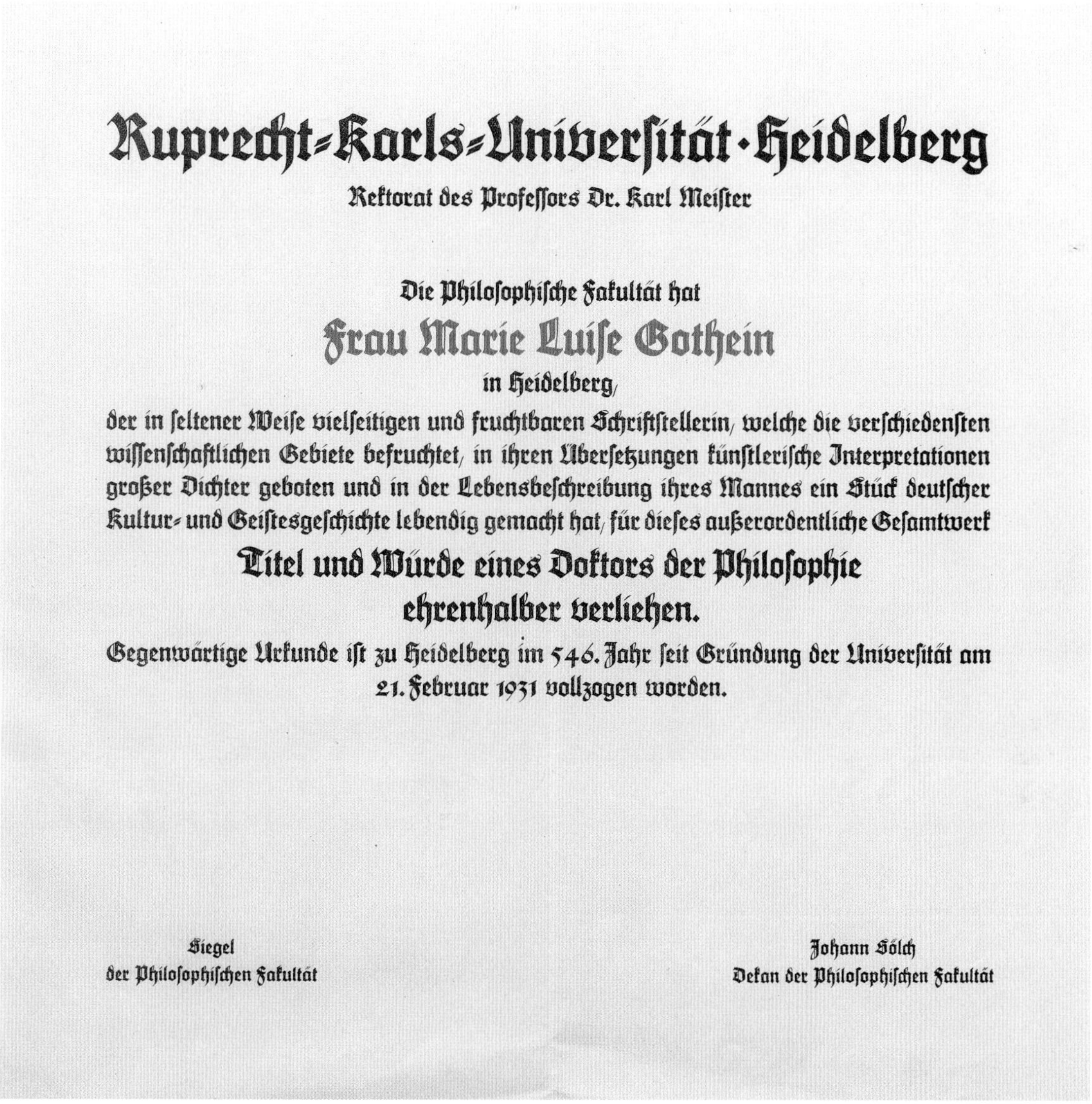

Ruprecht-Karls-Universität-Heidelberg

Rektorat des Professors Dr. Karl Meister

Die Philosophische Fakultät hat

Frau Marie Luise Gothein

in Heidelberg,

der in seltener Weise vielseitigen und fruchtbaren Schriftstellerin, welche die verschiedensten wissenschaftlichen Gebiete befruchtet, in ihren Übersetzungen künstlerische Interpretationen großer Dichter geboten und in der Lebensbeschreibung ihres Mannes ein Stück deutscher Kultur- und Geistesgeschichte lebendig gemacht hat, für dieses außerordentliche Gesamtwerk

Titel und Würde eines Doktors der Philosophie ehrenhalber verliehen.

Gegenwärtige Urkunde ist zu Heidelberg im 546. Jahr seit Gründung der Universität am 21. Februar 1931 vollzogen worden.

Siegel
der Philosophischen Fakultät

Johann Sölch
Dekan der Philosophischen Fakultät

Abb. 34
Urkunde zur Verleihung eines Doktors der Philosophie ehrenhalber für Marie Luise Gothein, Heidelberg, 21. Februar 1931 (Kat.Nr. II.9a)

Äußerungen zum Krieg angefeindet und unter Druck gesetzt, seine Professur aufzugeben. Die rechten Kräfte nutzten den Fall für ihren Zweck, mehr Mitspracherechte zu erkämpfen. Die Auseinandersetzung gipfelte in den ‚Gumbelkrawallen‘, bei denen die Universität besetzt und von der Polizei geräumt wurde.
Gundolf bezog sich auf diese Geschehnisse, wenn er um die Bildung fürchtete. Die Geehrte wurde zu deren Gewährsfrau:

„Denn wir winkten dem bedrohten Wert der Geistesbildung selbst, wenn wir der Gefährtin Eberhard Gotheins, der Vollbringerin solcher Leistungen die Würde eines Doctors der Phi-

losophie ehrenhalber verleihen. (Bl. 1r) [...] *Bildung soll ja nicht nur Erbe und Vorrat sein, sondern rastloses Handeln und Anverwandeln: sie fordert die unverdrossene Zuversicht trotz allen nüchternen Zweifeln, Verzichten, ja Verzweiflungen den Mut zum Sehen ohne Furcht vor den Fratzen, den Scheinen und den Gründen das Vertrauen in das fragwürdige Dasein. Sie haben diesen Ansprüchen genügt, seit Sie zu sich selber gekommen sind."* (Bl. 1v)

Auch Gothein bezog sich in ihrer Dankrede, die sich in dem Sammelband mit Briefen und Tagebucheinträgen ihres Sohnes Werner erhalten hat, auf die Studentenunruhen. Ihrem Redeanlaß ent-

Abb. 35
Marie Luise Gothein am Schreibtisch in ihrem Arbeitszimmer in Heidelberg, Im Gabelacker 13, um 1930 (Kat. Nr. II.9f)

sprechend, beleuchtete sie ihre Verbundenheit mit der Universität:

> „Das Band, mit dem sie mich heute mir ihrer Universität verbinden, kann mir nur wie ein Schmuck sein, den ich mit Stolz und Freude tragen werde, meine innere Zugehörigkeit zu ihr kann es nicht vertiefen, denn sie wurzelt in einem absoluten Gefühl. Das habe ich wieder so in den letzten Tagen und Wochen empfunden, als ich um sie gesorgt und gebangt habe [...]." (II.9b)

Dass sie auf diesen „Schmuck" sehr stolz war, belegt eine Mappe mit gesammelten Gratulationsbriefen und -telegrammen aus ihrem Nachlass (II.9e).
Die Begründung für ihre „Verwurzelung" legte sie in einem Dreischritt dar. Heidelberg sei ihr zur „dritten letzten Heimat geworden", die ersten beiden seien ihre Geburtsheimat, Ostpreußen, wo sie bei einem nicht lange zurückliegenden Besuch „fast körperlich die Blutsverbundenheit mit diesem Lande, der Landschaft, den Wäldern" gespürt habe. In Bonn sei der Rhein das „überper-

sönliche Symbol" (alle S. 17) der zweiten Heimat gewesen:

> „[...] der mir in vierzehn schönen Jahren meines Lebens zu einem Freunde geworden war, den ich kannte in allen verschiedenen Gesichten, die er in den verschiedenen Jahreszeiten trägt, dessen Töne mir vertraut waren zu allen Tages- und Nachtzeiten, ganz besonders, wenn das gewaltige Winterschauspiel des Eisgangs sich entfaltete und die Stimmen zu einer gewaltigen Melodie anschwollen."

Sie sprach vom Rhein als „heilige[m] Strom", und in der Tat finden sich in ihrer Korrespondenz zahlreiche Begegnungen mit dem Fluss in Bonn, die sich gerade in Lebenskrisen wie der Ehekrise 1909 (Heid. Hs. 3484,957) oder nach dem Tod des Sohnes Willi (Heid. Hs. 3487,477) als kathartisch erwiesen. In einer geschickten rhetorischen Wendung gelangte Gothein schließlich über den Fluss zum Symbol ihrer dritten Heimat: „die Universität, in sie mündet alles" (alle S. 18). Der Dreischritt stellt Gotheins Lebensphilosophie dar und entspricht damit auch Gundolfs

Definition von Bildung. Letztere manifestiert sich auch im Widmungsschriftzug über dem Portal des Gebäudes der Neuen Universität, das ebenfalls 1931 eröffnet wurde: „*Dem lebendigen Geist*". Von der körperlichen Zugehörigkeit zur Heimat ihrer Kindheit über die ästhetisierende Rezeption des ,urdeutschen' Flusses fand Gothein ihre letzte Heimat in der Universitas, in der Universität selbst. Bildung, Geistigkeit wird zum Leben.

Daran hielt Gothein bis zuletzt fest. Trotz der unsteten Zeiten schlug sie überall wieder ihren Arbeitsplatz auf; auch aus ihren letzten Lebensjahren gibt es ein Bild von ihr am Schreibtisch (**II.9f**). Die verhärmt Wirkende hält sich an ihrem Buch fest. Dass sie in ihren letzten Monaten ahn-

te, dass ihr Glaube an den Gelehrten als gesellschaftlichen Gestalter angesichts der drohenden gesellschaftlichen Umwälzung zerstört würde, deutet der Aufsatz von Edgar Salin an, den dieser aus Anlass ihres 100. Geburtstages, 1963, schrieb. Jedoch ersparte der Tod ihr die Notwendigkeit, ihre Lebenshaltung an der politischen Wirklichkeit zu messen: Gothein starb 68-jährig an Heiligabend 1931.   Karin Seeber

Lit.: GOTHEIN, Briefe und Tagbücher; Marie Luise GOTHEIN: Brief an Edgar Salin, ,Heidelberg d. 8.3.31', in: NACHLASS SALIN, Fa 3299; JANSEN 1981, S. 28–53; SALIN 1963, S. x; UA HEIDELBERG, Akten, fol. 109–110; WEISERT 1983, S. 105–109.

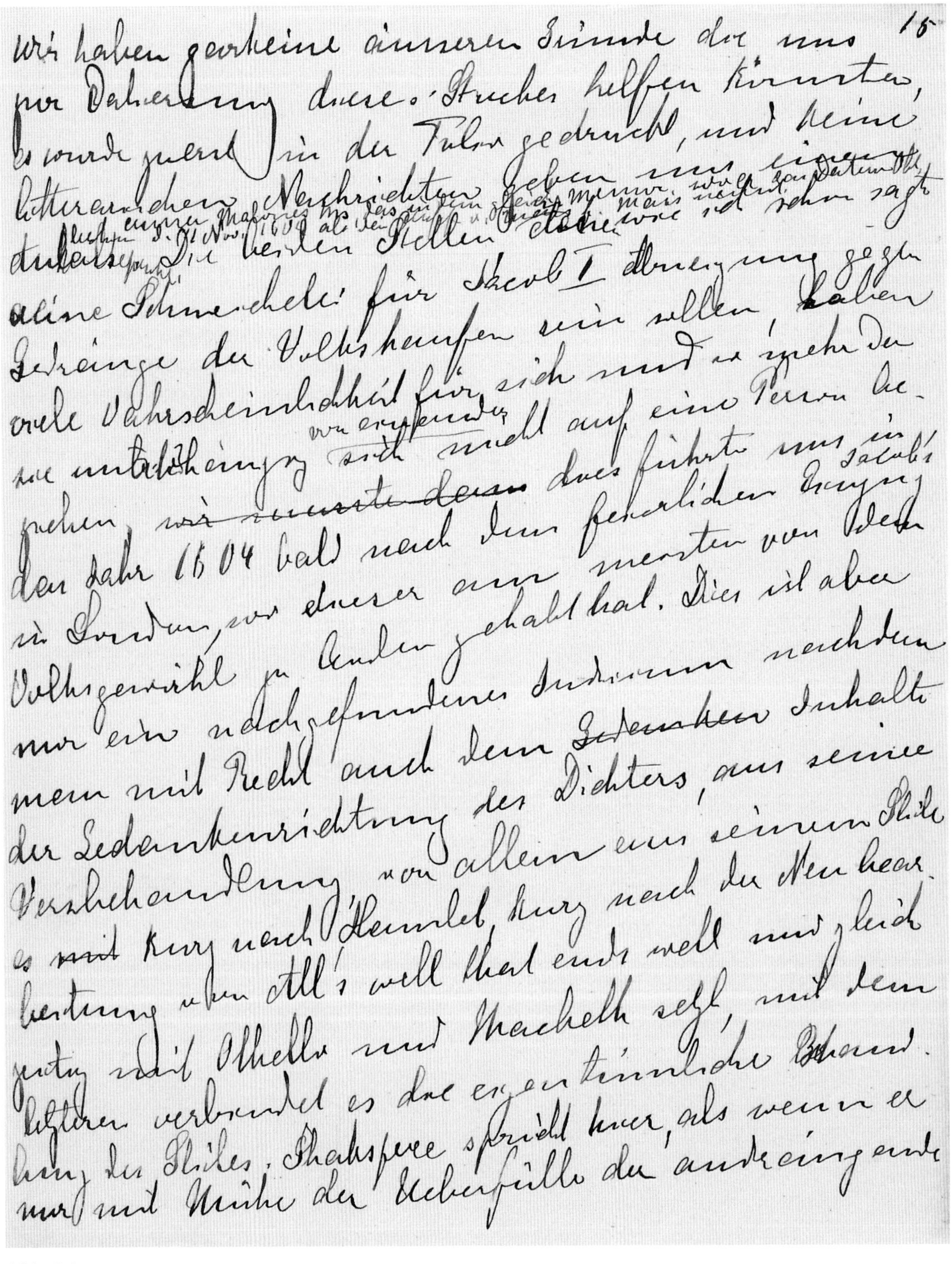

Wir haben gar keine äusseren Gründe die uns zur Datierung dieses Stückes helfen könnten, es wurde zuerst in der Folio gedruckt, und keine ... andere Nachrichten ... Die beiden Stellen ... eine Schmeichelei für Jacob I ...

Gedränge der Volkshaufen ... Wahrscheinlichkeit für sich und ... auf eine Person ...

dem Jahr 1604 bald nach dem ... Volksgewühl ... Dies ist aber nur ein nachgefundenes Datum ... mit Recht aus dem ... Inhalt ... der Gedankenrichtung des Dichters, aus seinem Stile ... es mit Kurz nach Hamlet, kurz nach der Neuheit ... All's well that ends well und gleich gut weil Othello und Macbeth seyl, mit dem letzteren verbindet es das eigentümliche ... des Stiles. Shakspere spricht hier, als wenn er nur mit Mühe der Ueberfülle der andringenden

Abb. 36
Handschriftlicher Entwurf Gotheins für einen Vortrag über Shakespeares „Measure for Measure" (Kat.Nr. III.3d)

III. „*Dies Arbeiten selbst ist etwas so beglückendes*" – das Gesamtwerk

III.1
(Abb. 37)

„Liebling Keats" – erste literaturwissenschaftliche Studien über die englischen Romantiker

a) Marie Luise Gothein: William Wordsworth. Sein Leben, seine Werke, seine Zeitgenossen, Halle a.S.: Niemeyer, 1893
UB Heidelberg, G 8299-3 RES::1-2 (🖰)

b) Marie Luise Gothein: Zu Keats' Gedächtnis, in: Anglia. Zeitschrift für englische Philologie, 18 (1896), S. 101–112
UB Heidelberg, F 729 A::18.1896 (🖰)

c) Marie Luise Gothein: John Keats. Leben und Werke, Halle a.S.: Niemeyer, 1897
UB Heidelberg, G 8348-14::1-2 (🖰)

d) Eberhard Gothein: Brief an Marie Luise Gothein, „[Bonn] d. 2/5 98."
UB Heidelberg, Heid. Hs. 3484,522 (🖰)

e) Helene Richter: Thomas Chatterton, Wien / Leipzig: Braumüller, 1900
UB Heidelberg, F 730-2:10-12

f) Marie Luise Gothein: Brief an Eberhard Gothein, „18.5.19. Auf der Tromm"
UB Heidelberg, Heid. Hs. 3487,518 (🖰)

Im Band von 1894 der Zeitschrift für englische Philologie „Anglia" findet sich auf einer der letzten Seiten eine kleine Werbung für ein Buch: „William Wordsworth, sein Leben, seine Werke, seine Zeitgenossen" von M. Gothein wird in zwei Bänden in Oktavgröße für acht Mark angeboten (**III.1a**). Das Werk war ein Jahr zuvor erschienen, zu diesem Zeitpunkt war Marie Luise Gothein 30 Jahre alt. Im Jahr vor der Veröffentlichung, 1892, reiste die dreifache Mutter für mehrere Wochen nach England, um über Wordsworth zu forschen. Erhalten sind nur die Briefe Eberhard Gotheins, der auf ihre Fragen nach der Religionsauffassung der Romantiker seine eigenen Reflexionen, zum Beispiel über Wordsworths Theismus (Heid. Hs. 3484,387), niederschrieb.
In London traf Gothein auch den damals maßgeblichen Wordsworth-Herausgeber William Angus Knight, der sie laut eines Briefes ihres Ehemanns als „*wirkliche Kollegin*" (Heid. Hs. 3484,401) akzeptierte und dem sie in ihrem Vorwort für seine „*persönliche freundliche Weisung*" (S. VIII) dankte und dafür, dass er ihr den Nachlass des Wordsworth-Chronisten Henry Crabb Robinson zugänglich gemacht hatte.
Mit der Beschreibung von Wordsworths Leben und der Übersetzung ausgewählter Werke verfolgt Gothein das Ziel, den Dichter, der „*jenseits des Kanals so begeistert verehrt wird, auch bei uns nach Möglichkeit einzubürgern*" (S. III). In ihrer Vorrede stellt sie fest, dass Wordsworth im Gegensatz zu seinen britischen Zeitgenossen wie George Byron, Percy Bysshe Shelley oder Samuel Coleridge in Deutschland nur wenig bekannt sei. Ihr Buch stelle den Versuch dar, „*diese Lücke einigermaßen auszufüllen*" (S. VI). Die Aufnahme des Werkes zeigt, dass sie ihr Ziel erreicht hat, so schrieb etwa Carl Bömig 1906: „*Dennoch zeigen einige Werke aus neurer Zeit [...] besonders von Gothein, dass Wordsworth auch einem deutschen Gemüte zugänglich gemacht werden kann*" (S. 83). Eine kleine Anthologie von Wordsworth-Gedichten von 1897, die aus der Beschäftigung mit dem Dichter in einer Zürcher Kantonsschule entstanden ist, greift selbstverständlich auf Gotheins Übersetzungen zurück.
Auch ihr zweites Buch, jenes über den englischen Romantiker John Keats, wird ein vielbenutztes Lehrbuch. Unter dem Titel „John Keats: Leben und Werke" veröffentlichte sie 1897 eine Biographie des Dichters. Als Eberhard Gothein 1904 seinen Lehrstuhl an der Universität Heidelberg antrat, berichtete er von seinem Besuch in der Bibliothek: „*Übrigens habe ich mich überzeugt, daß Dein Wordswortt* [sic] *u. Keats zu den gelesensten Büchern gehören. Der Keats ist ganz abgegriffen und geht fast aus dem Leime*" (**III.1c**).
Für ihren „Keats" stand ebenfalls das Motiv, ihn in Deutschland bekannter zu machen, im Vordergrund. Dazu veröffentlichte Gothein ein Jahr vor dem Erscheinen des Werks einen Artikel in der Zeitschrift „Anglia" aus Anlass

des einhundertsten Geburtstags von John Keats (**III.1b**):

> „*Lange aber will die zeit* [sic] *währen, daß auch wir hier in Deutschland kenntnis nehmen von dem hochbegabten jungen dichter, noch immer ist es nur ein kleiner kreis von liebhabern und studierenden der englischen litteratur, denen sein name und seine werke vertraut sind.*" (S. 102)

„Zu Keats Gedaechtnis" fügte sie eine Übersetzung von dessen 42 Strophen umfassendem Gedicht „The Eve of St. Agnes" an und stellte ihren Lesern den Romantiker als ein „*verspätetes kind der renaissance*" (S. 101) vor. Zu dieser Übersetzung äußerte sich der Anglist Josef Schick positiv gegenüber Eberhard Gothein, der dies seiner Frau wiederum nach England schrieb, wo sie für die Vorbereitung des Keats-Buches forschte: „*Er* [Schick] *ist sehr entzückt über deinen St. Agnes Abend* […]" (Heid. Hs. 348 ,482).

„John Keats. Leben und Werke" zeichnet sich – ähnlich wie ihr Buch über Wordsworth – durch eine Fülle von sinnfälligen Anekdoten aus dem Leben des Dichters aus, welche die Entstehungsprozesse seiner Werke erklären sollen. Gothein verfolgt das in ihrem Aufsatz angesprochene Renaissancemotiv und führt die These des an antiken und englischen Klassikern gebildeten Dichtergenies stringent durch: „*In diesem Geiste erfasste auch K e a t s die Antike; der Spiegel aber, in dem er dieses Wunderland sah, war die elisabethanische Dichtung*" (S. 116). Zudem bemüht sie sich darum, aus den historischen Fakten psychologische Studien ihrer Subjekte zu entwickeln und deren Charakter in Bezug auf deren Werk zu ergründen. Bei beiden Dichtern spielte deren Umfeld eine hervorragende Rolle, die Beziehungen und Inspirationen zwischen den englischen Romantikern sind auch Gotheins Gegenstand, speziell beim „Wordsworth" geht es ihr darum, „*seine Gestalt in seine Zeit hineinzustellen*" (S. VI).

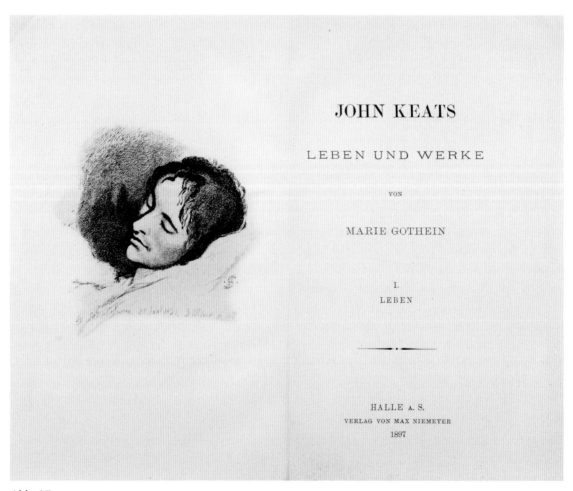

JOHN KEATS

LEBEN UND WERKE

VON

MARIE GOTHEIN

I.

LEBEN

HALLE A. S.
VERLAG VON MAX NIEMEYER
1897

Abb. 37
Frontispiz und Titelblatt zur Biographie über John Keats und Übersetzung seiner Werke (Kat.Nr. III.1c)

So ergab sich aus ihrer Beschäftigung mit Wordsworth und Keats ein weites Forschungsfeld, das sie auf ihren Forschungsreisen in England 1896, 1898 und 1900 weiter bestellte. Schon aus Eberhard Gotheins Briefen von 1896 geht hervor, dass sie anfing, sich mit der englischen Renaissance als Basis ihrer Literaturstudien auseinanderzusetzen (Heid. Hs. 3484,496). Sobald der „Keats" jedoch veröffentlicht war, wandte sie sich dem jung gestorbenen Idol der Romantiker Thomas Chatterton zu. Dazu reiste sie 1898 in dessen Heimatstadt Bristol, wo Eberhard Gothein wieder mit großer Anteilnahme ihre Studien verfolgte und brieflich begleitete. In einem Gedicht an seine Frau, deren Korrespondenz sich auch von dieser Reise nicht erhalten hat, schrieb er über Chattertons Schicksal: *„ War er ein Opfer seiner selbst? Der Zeit? Der schnöden Welt? Wer mag die Zeichen künden? Wer mag des Schicksalknotens Lösung finden?"* Seine Antwort im selben Brief: *„the distinguished lady Mary Gothein oder vielmehr ‚mein liebes, kleines Weibchen'"* (**III.1d**).

Der „Chatterton" findet sich jedoch nicht als Fortsetzung in der Serie von Gotheins Romantiker-Bearbeitungen, denn mit der Veröffentlichung über dieses Thema kam ihr die österreichische Anglistin Helene Richter im Jahr 1900 zuvor (**III.1e**). Dass Gothein dies als ‚Wegschnappen' empfand, geht aus einem Brief ihres Mannes hervor (Heid. Hs. 3484,583). Gothein bündelte ihr Wissen für eine Darstellung der „Chatterton-Literatur" und eine geharnischte Rezension über das Werk der Konkurrentin im „Archiv für das Studium der neueren Sprachen und Literaturen":

> *„Helene Richters Biographie zeigt auch einige Ansätze dazu, Chatterton in seiner Zeit als Dichter des 18. Jahrhunderts darzustellen, doch ließe sich hier noch viel mehr sagen. Was aber die kritische Behandlung der biographischen Quellen anbetrifft, läßt die Verfasserin alles zu wünschen übrig; auch hier wird die Kritik zugunsten der romantischen Ausmalung des Bildes unterdrückt und das vorhandene Material gläubig als echte Quelle benutzt."* (S. 30)

Nach diesem abrupten Ende ihrer Arbeit an den Romantikern streute Gothein ihr Interesse weiter, sie kehrte nicht mehr zu dem Vorhaben zurück, einen einzelnen Dichter zu behandeln, wie sie es bei Wordsworth und Keats getan hatte.

Für die Gartenkunstgeschichte war die Konkurrenz zwischen Gothein und Richter, die parallel mit Gothein auch über Mary Wollstonecraft und Percy Bysshe Shelley gearbeitet und über diese Autoren auch veröffentlicht hatte, ein Glücksfall. Während Richter weiter über die englische Romantik arbeitete und 1911 eine zweibändige Geschichte darüber veröffentlichte, wandte sich Gothein der Kultur und Kunst Englands zu und fand hierüber den Einstieg in ihr großes Forschungsprojekt.

Den Romantikern blieb Gothein jedoch zeitlebens verbunden. Sie übersetzte die Sonette der Lyrikerin des 19. Jahrhunderts, Elizabeth Barrett Browning (siehe III.2), am Ende ihres Lebens forschte sie noch einmal neu zu Keats und fertigte Neuübersetzungen an, vor allem aber finden sich immer wieder Vergleiche mit der romantischen Naturauffassung der Engländer in Briefen. Selbst während ihrer griechischen Reise im Jahr 1911 wurde sie an Keats erinnert: *„[…] die Kinder kommen dann, grüssen und bringen dann Sträusse mit Blumen besonders Büschel von Basilikumkraut, das berauschend duftet – Keats Isabelle denkend!"* (Heid. Hs. 3487,361) (siehe IV.4). Und als 56-Jährige, bei einem Erholungsaufenthalt auf der Tromm im Odenwald, schrieb sie an ihren Mann:

> *„[…] nun sitze ich neben einem Rapsfeld, das unwahrscheinlich intensive Gold fängt meinen Blick immer wieder, im Wind tanzen und nicken sich die Blüten zu ‚and dances with the daffodils' – aber so golden können Wordsworth daffodils nicht gewesen sein – und rings um blühende Bäume kleine verstreute Bauernhäuser, dunkle Tannenwäldchen und rings der Kranz der blauen Hügel, darüber aber ein Himmel von einer Klarheit und Reinheit, wie ich ihn Monate ganz vergessen […]"* (**III.1f**)

Karin Seeber

Lit.: Baumgartner 1897; Bömig 1906; Everest 2006; Gill 2010; Gothein 1903; Groom 2004; Lebedewa 2007; Richter 1897; Richter 1898; Richter 1911–1916; Williams 2009.

III.2 (Abb. 38)

*„Eine Uebersetzung ist doch etwas sehr persön-
liches"* – Marie Luise Gothein in der Tradition
großer Übersetzerkunst

a) Elizabeth Barrett Browning: Sonette nach dem
Portugiesischen. Aus dem Englischen übersetzt
von Marie Gothein. Mit Buchschmuck von Fritz
Hellmut Ehmcke, Leipzig: Diederichs, 1903
UB Heidelberg, G 8367-25 RES (🖑)

b) Elizabeth Barrett Browning: Sonnets from the
Portuguese. With photographic Illustrations by
Adelaide Hanscom Leeson, London: Harrap, ca.
1916
UB Heidelberg, 89 A 10396 KDR (🖑)

c) Rabindranath Tagore: Gitanjali / Hohe Lieder.
Nach der von Rabindranath Tagore selbst veran-
stalteten englischen Ausgabe ins Deutsche über-
tragen von Marie Luise Gothein, Leipzig: Kurt
Wolff Verlag, 1914
UB Heidelberg, G 1807-6 A (🖑)

d) William Shakespeare: Cymbelin. Nach der
Übertr. Dorothea Tiecks bearb. von Marie Luise
Gothein, Leipzig: Insel-Verlag, 1922
UB Heidelberg, 2013 C 3085 RES (🖑)

e) William Shakespeare: Romeo und Julia. Textrevision nach August Wilhelm Schlegel. Anmerkungen und Nachwort von Marie Luise Gothein,
Leipzig: Insel-Verlag, 1923
UB Heidelberg, 2013 C 4688 RES (🖑)

f) William Shakespeare: Viel Lärm um nichts.
Aufgrund der Baudissin-Tieckschen Übertragung
bearbeitet von Marie Luise Gothein, Leipzig:
Insel-Verlag, 1925
UB Heidelberg, 2013 C 4689 RES (🖑)

g) Marie Luise Gothein: Brief an Eberhard Gothein, „Dahlem d. 14.1.20."
UB Heidelberg, Heid. Hs. 3487,556 (🖑)

Marie Luise Gothein hatte als Übersetzerin – ge-
messen an der Auswahl ihrer Originalwerke –
einen hohen Anspruch. Von ihren ersten Über-
tragungen der englischen Romantiker William
Wordsworth (1893), John Keats (1897) (siehe
III.1) und der viktorianischen Dichterin Elizabeth
Barrett Browning (1903) angeregt, befasste sie
sich früh, schon Ende des 19. Jahrhunderts, mit
der englischen Renaissance, mit Shakespeare und
seinen Werken. Erst in den 20er Jahren bearbei-

Abb. 38
Titelseite mit Schmuckelementen zu Gotheins Über-
setzung der „Sonette nach dem Portugiesischen" von
Elizabeth Barrett Browning (Kat.Nr. III.2a)

tete sie dann drei seiner Dramen für eine Ausgabe des Insel-Verlages. In den Jahren dazwischen,
von 1904 bis 1914, war sie hauptsächlich mit der
Arbeit an der „Geschichte der Gartenkunst" beschäftigt, obwohl sie es sich auch während dieser
Zeit nicht nehmen ließ, einen indischen Dichter,
Rabindranath Tagore, vom Englischen ins Deutsche zu übersetzen. Ihre Übersetzung von „Gitanjali" erschien 1914, im gleichen Jahr wie ihr
Hauptwerk über die Gartenkunst. Mit ihrem Interesse für den Inder Tagore knüpfte sie an den
ersten deutschen Shakespeare-Übersetzer August
Wilhelm Schlegel an, der auch indische Literatur
ins Deutsche übertrug – wobei dieser direkt aus
dem Sanskrit übersetzte. Gothein lernte ab 1920
Sanskrit, um tiefer in die indische Kultur eindrin-
gen zu können.

Die Übersetzung der „Sonnets from the Portuguese" (1850) von Elizabeth Barrett Browning,
reiht sich in Gotheins Beschäftigung mit den
englischen Romantikern verschiedener Generationen ein. Barrett Browning war bekannt mit
William Wordsworth, korrespondierte mit dem
Maler Benjamin Robert Haydon über John Keats,

unterhielt Briefkontakt mit dem Kunstkritiker John Ruskin und las die feministischen Werke von Mary Wollstonecraft – alles Autoren, mit denen sich auch Gothein befasste, wie Publikationen und die Korrespondenz mit ihrem Ehemann belegen.

Der Übersetzung der Gedichte gingen zwei Aufsätze in den „Preußischen Jahrbüchern" im Jahr 1902 voraus, in denen Gothein das Leben der Dichterin und ihres Ehemanns, Robert Browning darstellte und deren Werke einordnete. Ihr Vorwort zu den Übersetzungen „Sonette nach dem Portugiesischen" von 1903 (**III.2a**) bezeugt die zu ihrer Zeit gültige Rezeption der englischen Autorin: Der Fokus liegt auf der Liebesgeschichte zwischen Elizabeth Barrett und Robert Browning, als dessen Muse sie im frühen 20. Jahrhundert betrachtet wurde; die frühe Beziehung der beiden, während der Elizabeth die „Sonnets" an ihren zukünftigen Ehemann schrieb, stehen im Hauptinteresse und die Werbung Roberts wird als Rettung der stets leidenden Elizabeth interpretiert:

> *„Wir können und sollen nicht vergessen, dass die Dichterin in der Krankenstube, an die ein dunkles Schicksal sie viele Jahre gefesselt hielt, die Feder führt. In diese Krankenstube [...] war plötzlich wie ein Bote aus einer fremden Welt der Dichter Browning getreten."* (S. 1) *„Der Wunsch zu leben, erwachte in der Frau [...]"* (S. o)

Auch die englisch-amerikanische Ausgabe von 1916 (**III.2b**) mit ihren elegisch-sphärischen Photographie-Illustrationen der amerikanischen Künstlerin Adelaide Hanscom Leeson ist in diesem Rezeptionskontext zu verorten, der sich auf die weiblichen Liebesgedichte konzentrierte und politisch-feministische Werke wie „Aurora Leigh" (1856) außen vorließ. In ihrem Aufsatz über Barrett Browning legt Gothein jedoch eine philosophische Analyse gerade dieses Spätwerks vor und postuliert: *„Aurora Leigh ist viel zu wenig gekannt in Deutschland, es ist ein Werk, das an Gedankentiefe und Schönheit den besten unserer Zeit an der Seite stehen darf"* (S. 393). Gothein regte durch ihre Übersetzung und ihre Überlegungen eine neue Auseinandersetzung mit der englischen Dichterin an. Ob Rainer Maria

Rilke allerdings durch ihre Übersetzung zu seiner eigenen Übertragung angeregt wurde, ist strittig. Die Kritik jedenfalls unterstellte Gothein, dass sie bei der Übersetzung *„mit den mannigfaltigsten Schwierigkeiten zu kämpfen hatte"*. Das Fazit der Besprechung in den „Monatsblättern für deutsche Litteratur" von 1904/05 lautete: *„Das Philologische überwiegt das Künstlerische"* (beide S. 332). Die Gestaltung des Buches durch Fritz Hellmut Ehmcke wurde in der gleichen Rezension jedoch gelobt. Der Buchkünstler und spätere Professor an der Kunstgewerbeschule in München war vor allem durch seine progressive Gestaltung moderner Schriften vorbildhaft; die „Sonnette nach dem Portugiesischen" zeichnen sich durch große gestalterische Nähe zu englischen Drucken der ‚Arts and Crafts'-Bewegung aus. Auf jeden Fall kam dem aufwändig gestalteten Band nicht die Aufmerksamkeit zu, die Gothein sich gewünscht hatte, wie ein Brief an ihren Mann vom 20. Januar 1920 belegt (Heid. Hs. 3487,559).

Ihrem ersten Ausflug in den indischen Kulturkreis, der Übersetzung von Rabindranath Tagores „Gitanjali" (**III.2c**), war wesentlich größere Aufmerksamkeit beschieden, denn im Jahr vor der Veröffentlichung – 1913 – war dem bengalischen Autor der Literaturnobelpreis zuerkannt worden. Gothein hatte das Buch von ihrer englischen Freundin Alice Kemp-Welch geschenkt bekommen und las eher zufällig, dann aber umso begeisterter darin, wie sie in ihren „Erinnerungen an den Sommer 1914" schreibt. Um die Veröffentlichung im Kurt Wolff-Verlag ranken sich Mythen. Wolff selber schrieb in triumphierenden Briefen, dass das Manuskript schon vor Bekanntgabe des Nobelpreises von seinem Verlag angenommen worden sei. Ein Mitarbeiter erzählte erst 1971 der Zeitung „Die Welt" seine Version, nämlich dass das Manuskript an dem Tag abgelehnt worden sei, an dem in der Abendzeitung die Nachricht vom Nobelpreis für Tagore erschien. Wolff sei daraufhin zum Bahnhof gefahren und habe das Manuskript aus dem großen Haufen Abendpost herausgefischt. Unabhängig davon, welche Version die richtige ist, ging der Kurt Wolff-Verlag – gedrängt durch die Zuerkennung des Nobelpreises – äußerst eilig beim Druck von Gotheins Übersetzung vor: Einige Stellen, die den Verlegern in der deutschen Übersetzung im Vergleich zum englischen Original dem Sinn nach falsch vorkamen, wurden ohne Erlaubnis der Autorin verändert. Gothein reagierte mit einer einstweiligen Verfügung gegen die Verbreitung des Buches, ihre Briefe und die Briefe Max Webers berichten von der für alle Beteiligten verdrießlichen gerichtlichen Verhandlung, die sie in erster Instanz verlor und die in zweiter Instanz mit einem Vergleich endete (Heid. Hs. 3487,405).

Bis zum Jahr 1922 trat Gothein nicht mehr mit eigenen Übersetzungen in Erscheinung. Sie beschäftigte sich aber viel mit Shakespeare, wie Aufsatzveröffentlichungen und Rezensionen, allen voran über die Shakespeare-Bearbeitungen Friedrich Gundolfs und Stefan Georges (siehe II.6) belegen. In einem Brief von 1919 berichtete Gothein jedoch von einer eigenen Shakespeare-Bearbeitung, die sich nicht unter ihren Veröffentlichungen findet:

> *„Heute den Tag über habe ich Wie es Euch gefällt, den ersten Akt übersetzt, da er ganz in Prosa ist und die Schlegelsche Uebersetzung sehr gut ist, habe ich nur an wenigen Stellen die Feile ansetzen können, so ist es eine leichte und doch wieder undankbar schwere Aufgabe solch ein Stück herauszugeben, man kann so wenig eignes geben."* (Heid. Hs. 3487,538)

Es mag sein, dass Gothein durch diese Übersetzung wieder literarisches Trendgespür bewies, denn zu Beginn des 20. Jahrhunderts arbeiteten viele verschiedene Verlage und Einzelpersonen daran, die veraltete Schlegel-Tieck'sche Übertragung in zeitgemäßes Deutsch zu kleiden. Die erste deutsche Shakespeare-Übersetzung durch Wilhelm Schlegel und seine ‚Erben' Johann Ludwig Tieck, dessen Tochter Dorothea und des Grafen Wolf von Baudissin galt und gilt zwar trotz ihrer hybriden Entstehungsgeschichte als Klassiker, Kritik an dieser Hybridität und der Orientierung am deutschen Klassizismus hatte aber schon seit ihrer Veröffentlichung zu immer neuen Bearbeitungen geführt, zu Gotheins Zeit schien eine sprachliche Klärung dringend notwendig. Gotheins drei Verbesserungen von Schlegel-Tiecks Shakespeare-Ausgabe – „Cymbelin" (1922), „Romeo und Julia" (1923) und „Viel Lärm um

nichts" (1925) (**III.2d–f**) – wurden von zeitgenössischen Rezensenten wohlwollend aufgenommen, obwohl als Kritikpunkt wie bei früheren Übersetzungen Gotheins philologische Übereifrigkeit aufscheint. Eugen Killian schrieb im „Jahrbuch der deutschen Shakespeare-Gesellschaft" 1922: *„Die sorgfältige und sachkundige Arbeit der Herausgeberin hat den Text [...] in vieler Beziehung verbessert. [...] auch sonst hat die Übersetzung durch eine stärkere Annäherung an die besonderen Rhythmen des Originals viele schätzenswerte Veränderungen erfahren"* (S. 146).

Die spätere Forschung gesteht der Insel-Ausgabe jedoch keinen bleibenden Wert zu. Käthe Stricker urteilt 1956: *„Sie fällt recht ungleichmäßig aus, weil zu viele Bearbeiter mit verschiedenen Arbeitsweisen daran beteiligt sind"* (S. 62), das Shakespeare-Handbuch von 2000 erwähnt diese Bearbeitung nicht mehr. Hier wird der Schwerpunkt auf die sprachlichen Neuschöpfungen Friedrich Gundolfs unter dem Einfluss der George-Ästhetik gelegt, mit denen auch Gothein sich intensiv auseinandersetzte (siehe II.6).

Für Gothein waren die Shakespeare-Übersetzungen jedoch ein Anker in der unruhigen Nachkriegszeit. Ihr Brief aus Dahlem vom 14. Januar 1920 (**III.2g**) berichtete nicht nur von Aufständen und einem blutigen Putsch, sondern auch von ihrer Übersetzung von „Romeo und Julia" und offenbart darin ihre Übersetzungsphilosophie:

> *„Aber der ganze Zauber des Stückes umfängt mich so, daß ich doch glücklich bin durch diese Arbeit mich in alle Einzelschönheit und Geheimnisse des Rhythmus versenken kann. Man sollte alles, was man in fremder Sprache liebt „in sein geliebtes Deutsch übersetzen", erst dann weiß man ganz was man besitzt."*

Karin Seeber

Lit.: BLINN 1993; DEMETZ 1998, S. 88; GOTHEIN, Erinnerungen, S. 228; GOTHEIN 1902a; GOTHEIN 1902b; HEIDLER 1998, S. 547; KÄMPCHEN 2011, S. 14–18; PAULIN 2003, S. 297-305; QUARG / SCHMITZ 1995; RADICE 2004 (2012); SCHABERT 2000, S. 635–357, 836–847; STONE 2004 (2008); STRICKER 1956; WEBER 2003, S. 497f. (Brief an Friedrich Gundolf, „Hbg 1.2.14"), S. 690f. (Brief an Axel Ripke „Hdlb. 30. Mai 1914").

III.3
(Abb. 36, 39)

Von Keats bis Boethius: Aufsätze, Rezensionen und Vorträge

a) Marie Luise Gothein: Die Frau im englischen Drama vor Shakespeare, in: Jahrbuch der deutschen Shakespeare-Gesellschaft, 40 (1904), S. 1–50

UB Heidelberg, G 8070 (🖰)

b) Marie Luise Gothein: Der Garten Shakespeares, in: Gartenschönheit. Illustriertes Gartenmagazin für den Garten- und Blumenfreund, Liebhaber u. Fachmann, 1 (1920), S. 8

UB Heidelberg, ZST 4720 C RES::1.1920 (🖰)

c) Marie Luise Gothein: Vom Hausgarten. Erzählung, in: Wieland. Zeitschrift für Kunst und Dichtung, 2 (1916/1917), S.10–14

UB Heidelberg, B 2529-166-3 Folio (🖰)

d) Marie Luise Gothein: Notizen zu „Measure for Measure", undatiert

UB Heidelberg, Heid. Hs. 3492,25 (🖰)

e) Marie Luise Gothein: Die Todsünden, in: Archiv für Religionswissenschaft, 10 (1907), S. 416–484

UB Heidelberg, C 1130::10.1907 (🖰)

f) Anicius Manlius Severinus Boethius: De consolationis philosophiae / Trost der Philosophie, übersetzt von Eberhard Gothein, Berlin: Verlag Die Runde, 1932

UB Heidelberg, D 6950-5 (🖰)

Abb. 39

Zeichnungen von Bruno Scherz illustrieren Gotheins Aufsatz „Vom Hausgarten" in der Zeitschrift „Wieland" aus dem Jahr 1916 (Kat.Nr. III.3c)

Aus Marie Luise Gotheins Beschäftigung mit den englischen Romantikern entwickelte sich ihr Forschungsprojekt über die Geschichte der Gartenkunst. Die Anfangsjahre ihrer publizistischen Karriere von 1893 bis 1904 waren der englischen Philologie gewidmet, neben Monographien und Übersetzungen veröffentlichte sie Aufsätze über das Dichterehepaar Browning und eine Abhandlung über „Die Frau im englischen Drama vor Shakespeare" (**III.3a**).

Erst im Jahr 1905 trat sie mit einem Thema an die Öffentlichkeit, das eine Verbindung von Philologie und Gartenkunst belegt: „Der Englische Landschaftsgarten in der Literatur" ist ein Vortrag, den sie im Jahr zuvor auf dem Neuphilologentag in Köln gehalten hatte und der – laut ihrem Vorwort in der „Geschichte der Gartenkunst" – den Grundstein für das Buch legte.

Die zwei Forschungsstränge ‚Gartenkunst‘ und ‚englische Literaturwissenschaft‘ vermischten sich in der Folge wiederholt in Gotheins Werk: 1916 war „Der lebendige Schauplatz in Shakespeares Dramen" ihr Thema, darin interpretiert sie die Naturschauplätze, die der englische Dichter beschreibt, als Resonanzböden der Figuren. Auch 1920 beschäftigte sie sich mit dem „Garten Shakespeares" (**III.3b**) in der neu gegründeten Zeitschrift „Die Gartenschönheit". In diesem Beitrag geht sie der Frage nach, wie der zu dieser Zeit von der Stadt Stratford geplante Shakespeare-Garten aussehen sollte. Auch ihr Aufsatz „Vom Hausgarten" in „Wieland. Zeitschrift für Kunst und Dichtung" (**III.3c**) aus dem Jahr 1916/17 verbindet Garten und Literatur, da sie darin hauptsächlich Goethes Beschreibungen der Gärten seiner Kindheit wiedergibt.

Ihren Kontakten zu Max Weber und Edgar Jaffé in Heidelberg war es zu verdanken, dass sie im von den beiden herausgegebenen „Archiv für Sozialwissenschaft und Sozialpolitik" einen Beitrag über „Die Gartenkunst moderner Gemeinden und ihre soziale Bedeutung" veröffentlichen konnte. Darin propagiert sie explizit das zeitgenössische Ideal der einheitlichen Gestaltung von Haus und Garten und legt dieses anhand mehrerer Beispiele ihren Lesern *„als eine Selbstbesinnung für die kommende Friedensarbeit"* (S. 886) ans Herz (siehe IV.7).

Mit ihren Besprechungen blieb Gothein auch während der Arbeit an ihrem Hauptwerk, „Geschichte der Gartenkunst", in der Anglistik aktiv. Als Rezensentin war sie sehr kritisch und verblümte ihre Meinung nicht. Zum Beispiel gesteht sie Friedrich Gundolfs „Shakespeare in deutscher Sprache" in ihrer Besprechung von 1909 zwar hohes *„Verdienst"* (S. 365) zu, weist aber seinen Anspruch, einen neuen Stil schaffen zu wollen, als vermessen zurück und scheut sich auch nicht, von *„Vergewaltigung der deutschen Sprache"* (S. 366) zu sprechen. Auf ihre Rezension reagierte Gundolf mit einem langen Verteidigungsbrief, der letztlich zur engen Freundschaft zwischen beiden führte (siehe II.6).

1914, im Veröffentlichungsjahr der „Geschichte der Gartenkunst", wandte sich Gothein mit ihrer Übersetzung von Rabindranath Tagores „Gitanjali" (siehe III.2) dem indischen, noch später dann dem asiatischen Kulturkreis zu. Sie befasste sich mit dem indischen Drama und lernte ab 1920 Sanskrit. Aus diesen Studien ist keine Publikation entstanden, nur Manuskripte wie etwa ein Aufsatz über den Kontrast zwischen Tagores und der westlichen Weltanschauung haben sich erhalten. In der ästhetisch anspruchsvollen Zeitschrift für interessierte Laien, „Die Gartenschönheit", brachte Gothein jedoch mehrere Ergebnisse ihrer ostasiatischen Reise von 1925/26 unter (siehe III.5).

Auch als Vortragende war sie in diesen Jahren begehrt, was mehrere Manuskripte aus ihrem Nachlass belegen, etwa ihre Notizen zu einem Vortrag über Shakespeares „Measure for Measure" (**III.3d**). In ihren Briefen findet sich auch eine Bemerkung zu einem Vortrag über Keats: *„Ich weiss nicht, ob ich dir sagte, dass Fränger noch vor der Abreise neu getriezt hat den Vortrag zu halten und ich ihn halb zugesagt habe"* (Heid. Hs. 3487,515). Der Kunsthistoriker Wilhelm Fraenger hatte 1919 „Die Gemeinschaft" gegründet, in deren Vorstand Gothein mitwirkte. Die Vereinigung richtete sich gegen den eingefahrenen Akademismus der Universität und vertrat einen Volksbildungsansatz.

In Gotheins kleineren Publikationen und Vorträgen zeigt sich besonders deutlich, wie die Forschungsinteressen, die ihr Leben leiteten, sich oft aufeinander aufbauten und wie sie sich auch immer wieder miteinander verwoben. Ihre religionswissenschaftlichen Aufsätze stellen nur scheinbar eine Ausnahme dar, denn auch die Frage nach der Verbindung von Religion und Philosophie stellt Gothein immer wieder in ihren philologischen Untersuchungen, etwa zu den englischen Romantikern (siehe III.1) oder in ihrem 1902 erschienenen Aufsatz über Elizabeth Barrett Browning. 1906 veröffentlichte Gothein im „Archiv für Religionswissenschaft" eine Abhandlung zu „Der Gottheit lebendiges Kleid", 1907 folgte in der gleichen Zeitschrift ein Aufsatz über „Die Todsünden" (**III.3e**). Auch hier führten persönliche Kontakte mit dem Heidelberger Herausgeber der Zeitschrift, Albrecht Dieterich, den sie vermutlich schon aus Bonner Tagen kannte, zu ihren Veröffentlichungen. Zudem agierte sie hier als externes Mitglied des Eranos-Kreises, eines Gesprächszirkels, bei dem ihr Mann mit anderen Professoren wie Max Weber und Ernst Troeltsch über religionsgeschichtliche Fragen diskutierte und aus dem Frauen ausgeschlossen waren. Und noch 1912 reizte sie die Frage nach Religion als Kulturdeterminante zu einer Diskussion mit einem ‚Kollegen':

> *„Gestern Abend war ich mit Alfred Weber zusammen, er war ganz besonders nett. Hat eben einen Aufsatz oder Vortrag veröffentlicht in dem er mich bekämpft, wie er sagte, d.h. ein Gespräch, was wir vor ein Paar Jahren einmal über das Wesen der Religion, ob sie nur wie A. Weber will ein Zweig der Kultur ist, oder wie ich behauptete die Wurzel und Grundlage und Nahrung, da haben wir uns auch gestern viel darüber herumgestritten."* (Heid. Hs. 3487,363)

Von der Nachwelt wurde Gotheins Aufsatz als beredte Stimme in der wissenschaftlichen Diskussion wahrgenommen. Bloomfield nennt in einem Beitrag der „Harvard Theological Review" von 1941 Gotheins Name als Autorität: *Since the work of Zielinski and Gothein in the early years of this century, it has been clear that the medieval and modern teaching of the seven cardinal sins […] had a Hellenistic astrological origin*" (S. 121). Auch Fowler nennt in den „Modern Language Notes" von 1954 Gothein in einem Atemzug mit „*earlier authorities*" (S. 289).

Die Unbekümmertheit, mit der Gothein Grenzen der wissenschaftlichen Disziplinen überwand und die positive Resonanz, die sie dabei erfuhr, führten dazu, dass als letzte Publikation ein 20 Seiten langes Nachwort zu einer Boëthius-Übersetzung ihres Mannes steht (**III.3f**). Eberhard Gothein hatte zeit seines Lebens daran gearbeitet und sie eigentlich als Brautgeschenk gedacht, wie Marie Luise in der Biographie über ihren Mann erzählt (S. 60) (siehe III.6). Von solch privaten Anekdoten findet sich in der posthum, 1932, erschienenen Ausgabe kein Wort, stattdessen führt Marie Luise Gothein in die Biographie, das Werk und den Denkhorizont des antiken Gelehrten ein – als hätte sie ihr Leben mit dem Studium der spätantiken Philosophie verbracht. Eine Besprechung in der niederländischen „Tijdschrift voor Philosophie" von 1951 bemerkt: „*De inleiding is eveneens met gevoel en inzicht geschreven. Op boeiende wijze worden de loopbaan en het werk van Boëthius beschreven […]. – Die Einleitung ist ebenfalls mit Gefühl und Einsicht geschrieben. Auf packende Weise wurden die Laufbahn und das Werk von Boëthius beschrieben […]*" (S. 126).   Karin Seeber

Lit.: Bloomfield 1941; Borunts 1951; Fowler 1954; Gothein 1902a; Gothein 1916; Gothein, Tagore; Maurer 2007, S. 223–231; Weckel 2001, S. 53–78.

III.4
(Abb. 40, 41)
„A passage to India"? – „Indische Gärten" und die Fernostreise

a) Marie Luise Gothein: Indische Gärten, München / Wien / Berlin: Drei Masken Verlag, 1926
UB Heidelberg, K 6383-17-2 RES (⌖)

b) Marie Luise Gothein: Indische Gärten, Mit einem Nachw. zur Neuausg. von Horst Schumacher. Nachdr. d. Ausg. München / Wien / Berlin 1926, Berlin: Mann, 2000
UB Heidelberg, 2000 C 1794

c) Photographie: Marie Luise Gothein mit der Familie ihres Sohnes Wolfgang im Dschungel, „Batoeraden. 24. Mai 1926 (Pfingstmontag)"
Privatbesitz (⌖)

d) Marie Luise Gothein: Notizenkonvolut zu Tempelbesuchen auf Java, undatiert
UB Heidelberg, Heid. Hs. 3492,9 (⌖)

e) Oscar Reuther: Indische Paläste und Wohnhäuser, Berlin: Preiss, 1925
UB Heidelberg, C 6747-40 Folio (⌖)

f) Constance M. Villiers-Stuart: Gardens of the great Mughals, London: Black, 1913
Universität Heidelberg, Südasien-Institut, 211 arc 63/1502 rara

1926 veröffentlichte Marie Luise Gothein ihr Buch über „Indische Gärten" (**III.4a**). In diesem Jahr kehrte sie auch von ihrer Fernostreise zurück; Beschreibungen etwa eines Mogul-Gartens in Kashmir lesen sich so wie frisch erlebte Reiseberichte:

> „*In fünf Terrassen* (Abb. 6) *steigt er* [der Shalimargarten] *als regelmäßiges Rechteck an etwa 500 m Länge zu 200 m Breite empor. Oben hält den Besucher eine wunderbare Aussicht fest: Über das blühende Tal hinaus, mit Seen und Stadt ihm zu Füßen, erschaut er die Bergmauer des Himalaya.*" (S. 60f.)

Abb. 40
Umschlag des Nachdrucks der „Indischen Gärten" aus dem Jahr 2000 (Kat.Nr. III.4b)

Ebenso anschaulich schilderte sie verschiedene Tempelkomplexe auf dem Subkontinent:

„*Dicht zusammengedrängt, Tempel an Tempel ragend, liegen sie* [die Gottesstädte] *auf hohen Bergkuppen wie das Śatrunjaya bei Palitana (Tafel 5), von Hainen umgeben, oder die Tempel auf dem nahezu 1200 Meter hohen Gipfel des Parasnath, wo sich in malerischer Umgebung ein herrlicher Rundblick entfaltet, oder auf dem nicht viel niedrigeren Girnar nicht weit von Ahmedabad, der von einer großen Anzahl von Tempeln bedeckt ist, die zum Teil nur auf schwindligem Pfad zugänglich sind* [...].*"* (S. 25f.)

Die Zeitgenossen verstanden die Textstellen als Reisebericht und so schrieb Hans Kayser, Gartenarchitekt in Heidelberg: „*Wie ein Märchen aus ‚Tausend und eine Nacht', so schildert sie uns das Geschaute und Erlebte in ihrem Buche* [...]*"* (S. 31). Doch gibt es Zweifel daran, ob Gothein wirklich die Orte besucht hat, von denen sie so anschaulich berichtete. Immerhin liegen zwischen den genannten Bauwerken Distanzen von mehreren tausend Kilometern. Bis ins Nachwort des Neudrucks von „Indische Gärten" im Jahr 2000 (**III.4b**) hält sich die Frage: „*War sie oder war sie nicht in Indien?*" (S. 7). Gotheins sechs erhaltene Reisetagebücher, ebenso wie 20 Notizbücher mit Exzerpten über fernöstliche Themen (siehe II.8 und III.5) geben keine Auskunft über Stationen auf dem Subkontinent. Ihre Route und die Art des Reisens legen nahe, dass Gothein nie einen der indischen Gärten gesehen hat, von denen sie so lebhafte Beschreibungen veröffentlichte. Gothein schiffte sich von Italien aus ein, reiste durch den Suezkanal mit kurzem Aufenthalt in Colombo (Ceylon, dem heutigen Sri Lanka) nach Java – Teil von Niederländisch-Indien, wie es zu ihrer Zeit hieß – und ließ damit den indischen Subkontinent unberührt. Auf Java besuchte sie ihren Sohn Wolfgang und dessen Familie, der in Indonesien als Tropenarzt arbeitete. Nach mehreren Monaten Aufenthalt dort ging die Schiffsreise weiter über Hongkong nach China und Japan. Ihre erhaltenen Reisetagebücher berichten nichts über den Schluss ihrer Reise. Es ist jedoch mehr als unwahrscheinlich, dass sie von Japan aus zurück nach Deutschland den Landweg

wählte und dabei die Mogul-Gärten in Delhi, Agra und Lahore, die Paläste und Tempel von Udaipur oder Ahmedabad, die mehrere tausend Kilometer trennen, studierte. Sie reiste mit dem Schiff zurück und nahm, mit einem Zwischenstopp bei der Familie ihres Sohnes, die gleiche Route wie bei der Hinfahrt. In seinem Text über Gotheins Sanskrit-Studium bestätigt der Heidelberger Indologe Heinrich Zimmer mit Bedauern, dass seine Schülerin nie in Indien war.

So greift Gothein zumindest auf Erfahrungen aus dem asiatischen Kulturkreis zurück, wenn sie in „Indische Gärten" schreibt: „*Es gehören indische Farben dazu, um eine Vorstellung zu geben von der Wirkung dieser Marmorpavillons* [von Udaipur]*"* (S. 40). Denn die Landschaft, die Kunst und Kultur Südostasiens studierte sie eingehend auf dieser Reise. In den Tagebüchern ihrer Fernostreise berichtet sie von Wanderungen und Besichtigungstouren mit dem Auto und zu Pferde, auch Fotos zeigen sie mit der Familie ihres Sohnes auf Ausflügen (**III.4c**). Ihre Notizen enthalten zum Beispiel Analysen der Grundrisse und des Schmucks eines Tempels auf dem Dieng-Plateau auf Java:

„*Tjanri Doravati* [Candi Dwarawati] *d. 10.7.26 morgens besucht. Er liegt ziemlich nördlich auf Zickzackwegen zu erreichen. Er muß einer der wertvollsten gewesen sein. Der äußere Grundriß ein griechisches Kreuz, die drei vortretenden Bauteile ziemlich erhalten ihn umschließen je eine spitzbogige Nische, die für sich betrachtet einer kleinen gothischen Nische ähnlich sieht* [Skizze der Nische] [...].*"* (Bl. 3r) (**III.4d**)

Dennoch bleibt die Entstehungsgeschichte ihres Buches mysteriös. Schon nach der Beendigung der „Geschichte der Gartenkunst" 1914 fing Gothein an, sich mit exotischen Themen zu befassen, später lernte sie Sanskrit. 1921 beherrschte sie die Sprache so gut, dass sie Teile des indischen Dramas „Śakuntalā" übersetzen konnte (Heid. Hs. 3487,579). Der erste Teil des Buchprojekts, in dem sie den indischen Garten aus frühen literarischen Quellen, wie dem Mahabharata-Epos, rekonstruierte, dürfte in dieser Zeit entstanden sein.

1919 erreichte sie die Anfrage der österreichischen Zeitschrift „Der Architekt", einen Gartenartikel zu veröffentlichen. Sie dachte sofort an ihr bereits

Abb. 41
Marie Luise Gothein (3. v.r.) auf einem Ausflug nach Baturaden, Java, mit der Familie ihres Sohnes und dessen Freunden, Pfingstmontag 1926 (Kat.Nr. III.4c)

vorhandenes Material und überlegte, einen zweiten Teil über die Mogul-Gärten zu ergänzen (Heid. Hs. 3487,525). 1920 suchte sie in der Preußischen Staatsbibliothek in Berlin nach Illustrationen für das Buchprojekt (Heid. Hs. 3487,566). 1923 riet Eberhard Gothein ihr, Beziehungen zu knüpfen, um ihre Fernostreise realisieren zu können: *„Und dazu soll Dir jetzt gleich Dein Indischer Garten, von dem Du Dir statt anderem Honorars möglichst viel Exemplare verschaffen mußt, dienen"* (Heid. Hs. 3484,1435). Ein Aufsatz im „Architekt" lässt sich aber für die fraglichen Jahre nicht finden, so dass der Ehemann wahrscheinlich von dem Buch sprach, das zu diesem Zeitpunkt bereits zum Druck angenommen worden sein musste. Er schrieb seiner Frau nach Wien, wo diese den Herausgeber Dagobert Frey traf. Wieso die Veröffentlichung weitere drei Jahre auf sich warten ließ, lässt sich nicht klären, denn das Archiv des Drei Masken Verlags ist im Zweiten Weltkrieg verbrannt. Wenn Gothein Eindrücke ihrer Reise für das Buch nutzte, dann muss sie aber während ihres Aufenthalts in Indonesien daran gearbeitet haben.

Die Zweiteilung ist ein Hauptmerkmal des Buches und erklärlich durch seine Entstehungsgeschichte. Der erste Teil rekonstruiert Gärten aus antiken literarischen Zeugnissen. Diese Methode hatte Gothein schon für den griechischen Garten, über den sie 1909 einen Aufsatz veröffentlichte, durchexerziert. Der zweite Teil des Buches beschäftigt sich mit den Gärten des islamischen Mogulreichs auf dem indischen Kontinent. Diese Zweiteilung in literarischen und realen Garten wurde auch von späteren Forschern akzeptiert. Oscar Reuther, aus dessen Werk „Indische Paläste und Wohnhäuser" (**III.4e**) sie viel Bildmaterial entlehnte, veröffentlichte im gleichen Jahr einen Aufsatz über „Indische Gartenkunst", in dem er ebenfalls literarische Quellen bearbeitete und im zweiten Teil die Mogul-Gärten schildert. Reuther verweist seinerseits auf Gothein bei der Abbildung von Miniaturen der Gärten des Moguls Babur.

Mit der Betrachtung der Gärten der muslimischen Herrscher auf indischem Boden betrat Gothein für die deutschsprachige Forschung Neuland. In England schlug sich das Interesse an der Kultur der Kolonie in tatsächlichen Augenzeugenberichten wie denen von Constance M. Villiers-Stuart, „Gardens of the great Mughals" (1913) (**III.4f**) nieder. Als Frau eines britischen Militärangehörigen in Indien hatte sie die Möglichkeit, die Gärten persönlich zu erfahren: *„For a month, every sunrise and sunset found me in* *these gardens; and among all the sunny days one grey day stands out alone. It had been raining, a sudden sharp burst of the early winter rains. […] A soft grey bloom of raindrops veiled the grass and clung to the tapering cypress spires, while beyond them, against a background of purple cloud, the Taj, more exquisite than ever, seemed sharply carved in mellow ivory"* (S. 71/72).

Vielleicht waren es Berichte wie dieser, an denen Gothein sich orientierte, wenn sie bei der Beschreibung der indischen Gärten eigene Anschauung vortäuschte – auch wenn sie statt eines deskriptiven Stils einen wissenschaftlichen Anspruch verfolgte. Sie selbst dürfte ihre fiktiven Augenzeugenberichte jedoch nicht als Täuschung verstanden haben, denn schon für die „Geschichte der Gartenkunst" hatte sie vielfach historische Gärten, von denen nur noch Bildquellen oder historische Beschreibungen Auskunft gaben, sprachlich zum Leben erweckt. Dazu hatte sie auf historisches und neu zusammengetragenes Bildmaterial zurückgegriffen, von dem sie auch für ihre „Indischen Gärten" viel profitierte. Erst 1921 bis 1922 waren mehrere Bild- und Textbände über „Indische Baukunst" von Emanuel LaRoche veröffentlicht worden.

Ganz abgesehen von der Frage, wie Gothein die anschauliche Beschreibung der Gärten bewerkstelligte, bewertet die moderne Gartenkunstgeschichte Gotheins Buch als Pionierarbeit auf dem Gebiet des indischen Gartens: Joachim Wolschke-Bulmahn nennt das Buch *„one of the first substantial German publications on the subject."* (S. 20). Karin Seeber

Lit.: Gothein, Tagebuch 1, Bl. 97 passim; Kayser 1932; LaRoche 1921–1922; Reuther 1926; Schumacher 2000; Wescoat / Wolschke-Bulmahn 1994; Heinrich Zimmer: „Marie Luise Gotheins Weg zur Weisheit des Ostens", in: Gothein, Briefe und Tagebücher, S. 323–326

III.5 (Abb. 42)

„Unerschöpflicher Genuss" – die Veröffentlichungen der Fernostreise

a) Marie Luise Gothein: Notizen: „Japan", undatiert
UB Heidelberg, Heid. Hs. 3492,18 (⌁)

b) Marie Luise Gothein: Notizen: „III. Wajang Poerwa", undatiert
UB Heidelberg, Heid. Hs. 3492,4 (⌁)

c) Marie Luise Gothein: Vom Malaiischen „Adat"-Haus, in: Wilhelm Worringer (Hrsg): Festschrift zum sechzigsten Geburtstag von Paul Clemen; 31. Oktober 1926, Bonn: Cohen, 1926, S. 72–83
UB Heidelberg, C 4861-3 Folio (⌁)

d) Marie Luise Gothein: Die Stadtanlage von Peking. Ihre historisch-philosophische Entwicklung, Augsburg: Dr. Benno Filser Verlag, 1929
UB Heidelberg, 2013 D 758 RES (⌁)

e) Ernst Boerschmann: Baukunst und Landschaft in China. Eine Reise durch zwölf Provinzen, Berlin: Wasmuth, 1923
UB Heidelberg, A 5269-24-75 Folio

f) Marie Luise Gothein: Aus Sutschaus Steingärten, in: Gartenschönheit. Illustriertes Gartenmagazin für den Garten- und Blumenfreund, Liebhaber u. Fachmann, 8 (1927), S. 155–157
UB Heidelberg, ZST 4720 C RES::8.1927 (⌁)

Am Ende ihres Lebens entwickelte Marie Luise Gothein eine ruhelose Geschäftigkeit, um die Eindrücke und Forschungen ihrer Fernostreise zu publizieren. Am 21. Juni 1931, sechs Monate vor ihrem Tod, schrieb sie an Edgar Salin, den ehemaligen Assistenten ihres Mannes, der ihr vor allem bei der Drucklegung der revidierten zweiten Auflage der „Geschichte der Gartenkunst" geholfen hatte, dass sie noch einen längeren Aufsatz über Sir Stamford Raffles, den britischen Gouverneur in Südostasien und Gründer Singapurs, in der Schublade habe. In ihrem Aufsatz „Vom Malaiischen ‚Adat'-Haus" von 1926 behält sie sich eine *„Sonderstudie"* (S. 73) über die kulturelle Entwicklung Javas vor. Doch es gibt weder die eine noch die andere Publikation.

In ihrem Nachlass in der Universitätsbibliothek Heidelberg findet sich ein umfangreiches Konvolut von Gotheins Fernostreise. Notizhefte, die sie an den Orten ihrer Reisen gekauft und beschrieben hat (**III.5a**) und lose Blätter zeugen von dem großen Interessensspektrum, mit dem sie sich der Geschichte, Kunst und Kultur Südostasiens, Chinas und Japans genähert hat. Einige Hefte enthalten Exzerpte Gotheins zu der von ihr gelesenen Forschungsliteratur, wie zum Beispiel das

Heft mit dem Titel „Java verschiedene Aufsätze" (Heid. Hs. 3492,8), das auch ein ausführliches Exposé einer Geschichte Javas enthält. Andere Hefte halten Eindrücke von Tempelbesuchen fest wie zum Beispiel Heid. Hs. 3492,9 (siehe III.4), wieder andere enthalten bereits ausformulierte Aufsatzentwürfe. Der erwähnte Text über Raffles findet sich unter den Blättern zur Geschichte Javas (Heid. Hs. 3492,6); darin wird Raffles als weitsichtiger Stratege und Kulminationspunkt der Kolonialgeschichte präsentiert.

In den drei Heften, die der Geschichte Javas gewidmet sind, zeigt sich, welche Interessen Gothein bei ihren Forschungen verfolgte und welche Probleme sich daraus für ihre Veröffentlichungen ergaben. Sie näherte sich der ostasiatischen Kultur mit einem weit gefassten Erkenntnisinteresse und ließ sich – wie bei den Gegenständen ihrer Forschungen im westlichen Kulturkreis – von einem Thema zum nächsten leiten. Da sie sich zuvor mit Shakespeares und – im Zuge ihres Sanskritstudiums – mit indischen Dramen befasst hatte, suchte sie in Südostasien ein Forschungspendant im javanischen Schattenspiel. Dafür arbeitete sie sich zunächst in die Geschichte Javas von den frühesten Anfängen an ein – und entwickelte dabei quasi nebenbei die Faszination für die Person Raffles'. Immer wieder suchte sie allgemeine Parallelen zwischen der asiatischen und europäischen Kultur, so leitet sie ein Aufsatzfragment über das Schattenspiel (**III.5b**) mit folgendem Horizont ein:

> „Es ist die Bestimmung einiger weniger Völker der Erde gewesen eine Kultur zu schaffen, die den Keim der Ausbreitung und Befruchtung weit über die eigene Volksart hinaus in sich tragen. So ist das griechische das Schicksalsvolk für Europa [...] geworden, so China für Ostasien, das Dreistromland für Westasien und Vorderindien für den ganzen Süden dieses Erdteils." (Bl. 3r). „Eine besonders eigenartige Erscheinungen [sic] solch eines Fremdeinflusses ist das Volk der Javanen, das die südlichste der grossen Sundrainseln bildet." (Bl. 5r)

In ihrem Aufsatz „Vom Malaiischen ‚Adat'-Haus" von 1926 (**III.5c**) findet sich wiederum ein sinnfälliger Zusammenhang zwischen malaiischer und europäischer Kultur. In dieser Studie

Abb. 42
Umschlag eines Notizheftes, das Gothein in China kaufte (Kat.Nr. III.5a)

möchte Gothein „nur an ein paar Beispielen den innigen Zusammenhang zwischen adat-Haus und Volksleben schildern" (S. 73): Sie beschreibt die kultischen Handlungen, die mit dem Hausbau bestimmter Stämme einhergehen, die Funktion und Ausschmückung der Gebäude. Für das Volk der Niaser, die auf einer Insel vor Sumatra lebten, stellt sie fest, dass diese die „ganz fremde Kunst" des Treppenbaus beherrschten:

> „Besonders im Süden führen sehr häufig zuerst sehr steile Treppen mit ebenen Absätzen dazwischen empor, zuletzt aber eine in die breite Mauer oder den Steinwall hineingeschnittene sehr breite und bequeme Treppe, deren Wangen zugleich die Mauer stützend mit Bildhauerarbeit verziert ist [sic], während das die Stufen begleitende Steinband in breite Voluten ausläuft oder sonst ein Bildwerk zeigt." (beide S. 78)

Damit verbindet Gothein das vor Ort gesehene Motiv mit dem zentralen Element ihrer Teleologie des europäischen Gartens. In der „Geschichte der Gartenkunst" stellt sie den italienischen Renaissancegarten mit seiner Fähigkeit, Haus und Garten durch Treppenanlagen zu verbinden, als Ideal dar. Es zeigt sich hier, dass Gothein auch die ihr fremde Kultur durch die Brille ihrer etablierten Leitmotive sah. Die Frage nach der Treppe als verbindendes Element von Haus und Umgebung zieht sich durch viele Kapitel ihrer „Gartenkunst", etwa das vom griechischen Garten oder auch bei Einzeldarstellungen wie dem Heidelberger Schlossgarten (siehe IV.5), so fiel es ihr auch für die kleine Insel Nias als sinnfällig auf.

„Die Stadtanlage von Peking. Ihre historisch-philosophische Entwicklung" (**III.5d**) ist das Ergebnis von Gotheins Besuch des Himmelstempels und der Verbotenen Stadt in Chinas ehemaliger Hauptstadt – denn als der Text veröffentlicht wurde, hatte Chiang Kai-shek bereits Nanjing (Nanking) zur chinesischen Kapitale gemacht. Die unruhige politische Situation in China erwähnt Gothein in einer Fußnote und am Schluss des Aufsatzes mit der bangen Frage nach der Zukunft des Landes. Mit der turbulenten politischen Situation mussten sich auch andere Chinareisende auseinandersetzen, auf die auch Gothein verweist, wie etwa die in Peking aufgewachsene Engländerin Juliet Bredon, die ein Buch über die Stadt schrieb, und der deutsche Sinologe Ernst Börschmann, der in den ersten Jahrzehnten des 20. Jahrhunderts umfangreiches Bildmaterial über chinesische Architektur zusammengetragen hatte (**III.5e**).

Ihrem Text ist leicht zu entnehmen, warum sie sich gerade mit diesem städtebaulichen Thema beschäftigte. Sie bewundert die „*wundervolle Strenge*" (S. 15) der Axialität des ganzen Komplexes. Auch hier ist ein Fingerzeig zu sehen auf die architektonischen Kleinode Europas, wie Gothein sie sah: die Ordnung eines Baukomplexes und seiner Gärten unter eine Hauptachse, wie es wiederum die italienische Renaissance in Vollendung präsentiert.

An ihrem chinesischen Thema faszinierte Gothein aber noch ein weiterer Aspekt: die Verbundenheit des architektonischen Gedankens mit dem mythischen Gedankengut des Volkes; sie leitet ihren Aufsatz mit Bemerkungen über die ideale Beschaffenheit des Bauortes, „*Feng Shui*", und die kosmischen Gegensätze von „*jang*" und „*jin*" (beide S. 9) ein. Diese Begeisterung für mythische Zusammenhänge und eine übergeordnete Symbolik verdankt Gothein wahrscheinlich dem Heidelberger Indologen Heinrich Zimmer,

unter dessen Anleitung sie in den 20er Jahren Sanskrit lernte.

Gothein vermischt in ihren Foschungsnotizen historische, anthropologische, kulturgeschichtliche, kunsthistorische und philologische Fragestellungen, sie nähert sich den fremden Kulturen – und bewertet diese – von einem westlichen Standpunkt aus, ohne ihre eigene Methode kritisch zu hinterfragen. Damit bewegt Gothein sich jedoch durchaus im zeitgenössischen Professionalisierungshorizont der orientalistischen Disziplinen, etwa der Sinologie.

In dem Sammelband aus Gotheins Tagebüchern und Schriften, den ihr Sohn Werner nach ihrem Tod zusammenstellte, findet sich ein Text Zimmers, der „Marie Luise Gotheins Weg zur Weisheit des Ostens" als „*unerschöpflichen Genuss*" (S. 326) bezeichnet, aus dem sie aber wenig für ihre publizistische Arbeit hatte schöpfen können: „*es war diese ideale Aufgeschlossenheit für alle Denkmale menschlichen Seins* […], *die ein schönes und bezeichnendes Missverhältnis schuf zwischen den Stoff- und Wissensmassen, die sie im Osten anzogen und bewegten, und dem Bruchteil, den sie daraus gestaltete*" (S. 325). Zimmer bezieht sich vor allem auf Gotheins Studium der altindischen Sprache, das in der Tat nicht in eine Publikation mündete. Die Eindrücke ihrer Reise verarbeitete sie jedoch effizient, auch auf ihrem angestammten Gebiet, der Gartenkunst. Sie berichtet von der „Chysanthemum-Ausstellung" in Tokio, dem „Hundert Blumen-Garten" in Tokio und „Aus Sutschaus Steingärten" (**III.5f**), die sie auf ihrem Zwischenhalt von Shanghai aus gesehen hatte.

Gothein ‚gestaltete' aus den Erfahrungen ihrer zirka eineinhalb Jahre dauernden Reise fünf Veröffentlichungen und eine Rezension – eine Leistung, die nicht als „*Bruchteil*" zu bewerten, sondern Ausdruck ihrer bis zum Lebensende andauernden wissenschaftlichen Wachheit und Schaffenskraft ist.   Karin Seeber

Lit.: BREDON 1931; Marie Luise GOTHEIN: Brief an Edgar Salin, ‚Heidelberg d. 21.6.31', in: Nachlass Salin, Fa 3300; GOTHEIN, Briefe und Tagebücher; GOTHEIN, GdG I, S. 73; GdG II, S. 118; GOTHEIN 1928; GOTHEIN 1929; MARCHAND 2009, bes. S. 371–377, 476–487; TURNBULL 2004.

III.6

(Abb. 43, 44)

„Wir wollen uns in unserer Verschiedenheit verstehen lernen" – die Biographie über Eberhard Gothein

a) Marie Luise Gothein: Eberhard Gothein. Ein Lebensbild. Seinen Briefen nacherzählt, Stuttgart: Kohlhammer, 1931
UB Heidelberg, F 6793-6 RES (🖰)

b) Marianne Weber: Max Weber. Ein Lebensbild, Tübingen: Mohr, 1926
UB Heidelberg, F 7550-15

c) Konvolut mit Rezensionen zu Marie Luise Gotheins Biographie über Eberhard Gothein, 1930/1931
UB Heidelberg, Heid. Hs. 3493

d) Photographie: Eberhard Gothein im Kreis seiner Familie und Freunde, undatiert
Privatbesitz (🖰)

Eberhard Gothein

Die Biographie über ihren Ehemann, „Eberhard Gothein. Ein Lebensbild" (**III.6a**), gab 1931 den Ausschlag, Marie Luise Gothein den Ehrendoktortitel der Universität Heidelberg zu verleihen (siehe II.9). In den Akten der Philosophischen Fakultät aus diesem Jahr heißt es:

> *„Einen Anlass, gleichzeitig eine weitere Begründung für unsern Antrag giebt uns die eben erschienene Lebensbeschreibung ihres Mannes aus ihrer Feder. Sie ist von so viel Distanziertheit u. gestaltender Kraft in der Darstellung dieses ausgedehnten + vielseitigen Gelehrtendaseins, dass sie schon rein als schriftstellerische Leistung hohen Rang hat."* (Bl. 110r)

Die Publikation gestaltete sich aber durchaus schwierig. In Briefen an den ehemaligen Assistenten ihres Mannes, Edgar Salin, schrieb Gothein von der Verlegersuche und fand Gegenargumente für die Einwände verschiedener Personen, unter anderem von Salin selbst. Dieser schlug ihr vor, ihr Manuskript zu versiegeln mit der Bestimmung, es erst 1950 veröffentlichen zu lassen, weil seiner Ansicht nach zu viele wichtige Aspekte verschwiegen würden, etwa das Verhältnis zu Max und Alfred Weber. Gothein hielt dagegen, dass angesichts der aktuellen Verhältnisse niemand wisse, ob eine Publikation in Deutschland im Jahr 1950 überhaupt möglich sei.

Abb. 43
Das Porträt Eberhard Gotheins, gemalt von seinem Sohn Werner, ziert das Frontispiz zu dessen Biographie, die seine Frau 1931 veröffentlichte (Kat.Nr. III.6a)

Mit der ihr eigenen Hartnäckigkeit veröffentlichte sie das Buch letztlich ohne fremde Hilfe. Über die Kontakte des Ehepaars Gothein zu Max und Alfred Weber schreibt sie an mehreren Stellen nur positiv und betont: *„Es bedarf keiner Worte, wie sehr wir beide Max Weber bewunderten […]"* (S. 149). Marianne Weber jedoch, die Ehefrau von Max, wird mit keinem Wort erwähnt, was an einer gewissen gegenseitigen Antipathie beider Frauen liegen mag. Diese scheint in privaten Briefen mehr oder weniger latent auf, wie in einem Brief Gotheins an ihren Mann von 1912 (Heid. Hs. 3487,378) oder an Edgar Salin von 1926, in dem sie mutmaßt: „[…] *ob sie* [Marianne Weber] *wohl an das tiefe Grundproblem dieses merkwürdigen und bedeutenden Mannes gerührt hat? Aber das kann wohl kein ihm so nahe stehender Mensch, der so ganz in seinem Schatten und in seiner Sonne sich entfaltet hat* […]".

Gothein bezieht sich auf Marianne Webers Biographie über ihren Mann. Diese hatte fünf Jahre früher – Max Weber war 1920 gestorben – eine Biographie mit dem Titel „Max Weber. Ein Le-

Abb. 44
Geselligkeit im Hause Gothein nach dem 1. Weltkrieg: Eberhard Gothein im Zentrum, Marie Luise links kniend
(Kat.Nr. III.6d)

bensbild" (**III.6b**) veröffentlicht; Gothein fügte ihrem „Lebensbild" noch den Zusatz „Seinen Briefen nacherzählt" bei. Damit ist der Hauptunterschied angesprochen: Auch Marianne Weber stützt sich auf Briefe – auch von Weggefährten – Webers, jedoch ist ihr analysierender und ordnender Anteil größer als bei Gothein, die ausschließlich den verstorbenen Mann in seinen Briefen zu Wort kommen lässt und einen erzählerischen Ton wählt. Gothein hält sich, ebenso wie Weber, zurück mit Urteilen über das Verhältnis zwischen den Gelehrten, was Salin offensichtlich störte. Ein Brief aus Gotheins Krisenjahr 1917 erhellt das Mysterium der ‚Weber-Gothein-Konkurrenz':

> „Wie einsam ist es doch geworden ich sehne mich so danach wieder einen nahen Menschen zu haben, dem man sich doch einmal aussprechen kann. Morgen Nachmittag gehe ich zu Webers, freue mich ganz darauf, nur ist ja auch das Verhältnis zu denen nur ein fernes […]." (Heid. Hs. 3487,489)

Die Kritik hat die Bücher beider Frauen positiv aufgenommen. Ein „*biographisches Meisterstück*" (S. 138) nennt der Tübinger Volkswirt Hero Moeller Webers Biographie. Im Nachlass Go-

thein der UB Heidelberg findet sich eine ganze Mappe mit gesammelten Rezensionen zu Gotheins „Lebensbild" (**III.6c**). Ein Ausschnitt aus der Tagespresse, dessen Herkunft nicht mehr nachvollziehbar ist, bezeichnet es als „*unvergleichlich schönes, werthvolles Buch, das den Leser völlig in seinen Bann zwingt*".

Auf den zentralen Unterschied in Bezug auf die Rezeption beider Bücher weist der Nationalökonom Wilhelm Stieda in seiner Besprechung von Gotheins Buch hin: „*So entrollt das Buch, wenn man von den leichten Übertreibungen absieht, die ihn höher stellen als er bei allen anregenden und wertvollen Leistungen im Grunde verdient, ein ansprechendes Bild von einem Gelehrten, dem niemand seine Hochachtung versagen wird*" (S. 170). Eberhard Gothein war kein Max Weber, er erarbeitete keine eigene Theorie und begrundete keine Schule. Eine gewisse Tragik seines Lebens bestand darin, dass ihm eine immer erstrebte Geschichtsprofessur verweigert wurde und er als Professor für Nationalökonomie weniger „*geistig*" arbeiten konnte – wie es seine Frau in ihrer Biographie formuliert (S. 67). Gothein wurde als beeindruckend gebildeter Universalgelehrter geschätzt, seine Stärke war die Mäeutik, wie er sie im Gespräch mit seinen Studenten und Kollegen entfaltete. *„Gothein ist entschieden unser immer mehr angestaunter Polyhistor"* (nach MAURER 2007, S. 232) schrieb Albrecht Dieterich am 6. März 1905 über Gotheins Rolle in einem Heidelberger Akademiker-Gesprächskreis. Daher erfuhr seine Biographie auch einige Jahre nach seinem Tod eine solche Resonanz.

Heute stellt das Buch jedoch hauptsächlich eine historische Quelle über das Bildungsbürgertum des wilhelminischen Zeitalters und die Beziehungen der Akademiker in Gotheins Wirkungsstätten Karlsruhe, Bonn und Heidelberg dar. Darüber hinaus ist es aber auch ein Schlüssel zum Selbstverständnis Marie Luise Gotheins. Grundsätzlich stellt sie sich zurück und lässt hauptsächlich ihren Mann in seinen Briefen zu Wort kommen. An einigen Stellen tritt sie jedoch in den Vordergrund, vor allem wenn es darum geht, ihren Anteil an der geistigen Symbiose der Partnerschaft zu belegen. So stilisiert sie beispielsweise eine Anekdote aus der Kindheit zum Bildungsmythos der Ehepartner:

> *„Der kleine Knabe sucht eifrig im heimischen Wald nach den Quellen des Nil. Von dem kleinen Mädchen erzählt eine frühe Geschichte, daß es einst vermißt, nach Stunden ängstlichen Suchens weit entfernt vom Heimatsort gefunden wurde, und nun beichtete, daß es dem Bach immer nachgelaufen war, weil es hätte sehen wollen, wo er mündet [...]."* (S. 184/185)

Vor allem bei der Beschreibung der Kontakte zum George-Kreis rückt ihre rundum positive Perspektive in den Vordergrund. Sie beschreibt die Treffen mit Friedrich Gundolf und Stefan George primär aus ihrer Sicht – sie bezeichnet beispielsweise Vorträge Gundolfs im privaten Zirkel als *„Opferfeier"* (S. 199). Es kommt zwar hauptsächlich Gotheins Lob für Gundolfs und Georges Werke, zitiert aus seinen Briefen, zur Sprache, die Gattin spart jedoch bei dieser Darstellung der mystisch-erhabenen Freundschaft jegliche Kritik oder Profanisierung aus, wie sie in manchen Briefen Eberhards durchaus vorkommt (etwa Heid. Hs. 3484,1432). Letztlich beansprucht sie so mit ihrer Biographie, die acht Jahre nach dem Tod des Ehemanns veröffentlicht wurde, die Deutungshoheit über sein Leben – und damit ihres eigenen an seiner Seite.

Ein Photo aus den letzten Lebensjahren Eberhard Gotheins kann so als Bild für beider Beziehung interpretiert werden: Er sitzt im Zentrum des Bildes, um ihn gruppiert ist die Generation der Kinder mit seinem Sohn Percy direkt hinter ihm und seiner (zukünftigen) Schwiegertochter links außen. Selbstverständlich reiht sich die Gattin in diesen Kreis ein, sie kniet zwar links neben dem Gatten; durch das betonte Aufstützen der Hand – die eine Zigarette hält – auf seinem Knie, wird jedoch sie zum Kulminationspunkt des Bildaufbaus (**III.6d**). Karin Seeber

Lit.: Marie Luise GOTHEIN: Brief an Edgar Salin, „Banjoemas d. 2.5.26.", in: Nachlass Salin, Fa 3280; MAURER 1999, S. 141–143; MAURER 2007; Edgar SALIN: Brief an Marie Luise Gothein:, „Basel 5. Februar 1930. Hardstrasse 110."), in: Nachlass Salin, Fb 1056; UA HEIDELBERG, Akten, fol. 109–110.

VILLA D'ESTE—THE FOUNTAIN OF THE DRAGONS.

Abb. 45
Drachenfontäne im Garten der Villa d'Este, Photographie aus Charles Lathams Bildband über italienische Gärten von 1905 (Kat.Nr. IV.1a)

IV. „Trotz allen Buchstudiums geht doch nichts über die Anschauung" – die bibliophilen Quellen und Gartenreisen

IV.1

(Abb. 45–47)

„Da habe ich lange [...] unten am Wasser gesessen, und die Schönheit getrunken" – die italienische Gartenreise

a) Marie Luise Gothein: Brief an Eberhard Gothein, [Rom] „d. 5ten Mai." [1905]
UB Heidelberg, Heid. Hs. 3487,194 (⌖)

b) Marie Luise Gothein: Brief an Eberhard Gothein, [Florenz, 23. April] „Ostersonntag 1905"
UB Heidelberg, Heid. Hs. 3487,184 (⌖)

c) Charles Latham / Edward Thomas March Phillipps: The gardens of Italy, 2 Bde., London: Newnes, 1905
UB Heidelberg, 96 G 3 (⌖)

d) Giovanni Battista Falda: Le fontane di Roma nelle piazze e luoghi publici della città, con li loro prospetti, come sono al presente, Bd. 2: Fontane Delle Ville Di Frascati, Nel Tusculano, Prospetti, Rom: Rossi, ca. 1691; Bd. 4: Le Fontane Del Giardino Estense In Tivoli Con Li Loro Prospetti, E Vedvte Della Cascata Del Fivme Aniene, Rom: Rossi, ca. 1691
UB Heidelberg, C 6426 Folio RES (⌖)

Als Marie Luise Gothein Mitte April 1905 in Richtung Italien aufbrach, um die Gärten der Renaissance und des Barock zu studieren, waren viele davon dem Verfall preisgegeben. Große Teile der Gartenanlagen waren verwildert, die Architektur war ruiniert oder nur noch in Grundzügen erkennbar. Über die Villa Borghese in Rom schrieb sie: *„Im ganzen aber ist die Villa in traurigem Zustande ganze Partien sind einfach wüst [...]"* (Heid. Hs. 3487,196). In der Villa d'Este bei Tivoli war *„vieles in Trümmern und die Grotten sind ihrer Statuen beraubt"* (Heid. Hs. 3487,204) und auch für Caprarola bei Viterbo prophezeite sie:

„Die Anlage ist ein Juwel wird aber bald immer mehr zu Grunde gehen, wenn nicht einsichtsvolle Hülfe kommt, denn wenn da oben

der Kutscher haust und zwischen den Bosquets wunderschöne Mädchen singen und ihre Wäsche bleichen, so ist das zwar sehr poetisch aber der Zerstörung die doch schon weit vorgeschritten ist, wird dadurch nicht Einhalt getan." (Heid. Hs. 3487,210)

Auf alten Plänen Roms fand Gothein den Villenkranz, der die Stadt einst umgab und schickte eine Skizze an den Ehemann mit dem Bedauern, dass dieses klare Bild heute zerstört würde (**IV.1a**). Seit 1871 expandierte die ewige Stadt als neue Hauptstadt des geeinten italienischen Königreiches über alte Stadtbefestigungen und diesen nahe gelegene Villengärten hinaus.

Einen zeitgenössischen Eindruck vom Zustand vor allem der römischen und florentinischen Gärten vermitteln die Photographien des Briten Charles Latham, der in den ersten Jahren des 20. Jahrhunderts für seine Italien-begeisterten Landsleute die Faszination der Gärten festhielt (**IV.1c**). Gothein setzte der Zerstörung ebenfalls ihr Buchprojekt entgegen, ihr Ehrgeiz war es, die ursprüngliche Anlage der Gärten zu rekonstruieren. Dafür durchkämmte sie die Bibliotheken in Florenz und Rom auf der Suche nach historischen Plänen, zeichnete diese ab *„um sie fester für die Erinnerung zu haben"* (Heid. Hs. 3487,211) und erwanderte die Gärten mit Hilfe ihrer Quellen, um sich ein klares Bild zu machen: *„Trotzdem gestern ein Unglückstag für mich war, erst zerreiße ich mir mein Kleid, bei dem umherklettern, dann verliere ich meinen Federhalter – ich war auch so bepackt mit den schweren Büchern mit den alten Plänen [...] – aber trotz diesen drawbacks konnte ich mich nur eine Minute ärgern, es war so schön, und jeder kleine Fund machte mir solche Freude"* (Heid. Hs. 3487,191). Und so war es meistens bei ihren Gartenbesuchen: Obwohl sie zunächst enttäuscht war vom Zustand der Gärten, stellte sie in ihrer Imagination und mit Hilfe ihrer

Quellen Gärten vor ihr geistiges Auge, in denen sie selbst schwelgte:

> *„Anfangs enttäuschte mich die Kleinheit und Nacktheit des Gartens hinter Castello aber allmählich wurde Vasaris Schilderung aus den Trümmern immer deutlicher und klarer wurde mir alles, ich setzte die herrlichen Brunnen an ihre alte Stelle das Labyrinth wuchs empor, die Wände belebten sich mit Blumen, die Statuen erstanden auf ihren Postamenten und die Grotten ertönten von künstlichem Vogelsang und Wasserorgelklang [...]."* (**IV.1b**)

Die Medici-Villa bei Florenz hatte schon Giorgio Vasari in seinen Künstlerviten im 16. Jahrhundert beschrieben und so griff Gothein auf diese literarische Quelle zurück, um ihr ‚Original-Bild' zu zeichnen. Der Ehemann, der zuhause im kalten Heidelberg Seminare hielt, beneidete sie um ihr freies „Goethe-Leben" (Heid. Hs. 3484,773) und kommentierte: *„Du hast jetzt eigentlich richtige Dichterarbeit: aus Verfall und Verun-*

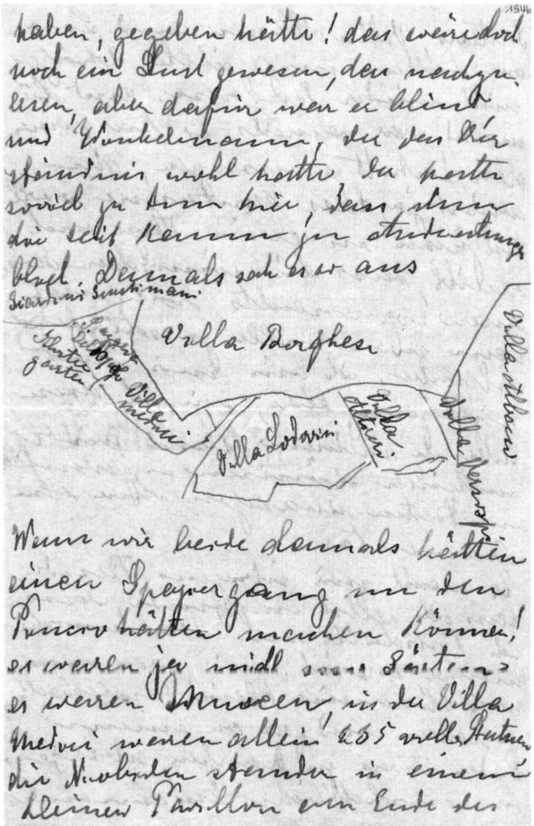

Abb. 46
In einem Brief des Jahres 1905 an ihren Mann beschreibt und skizziert Gothein den Villenkranz um Rom (Kat.Nr. IV.1a)

staltung Herrliches ahmend wieder aufzubauen" (Heid. Hs. 3484,767).

Da Gothein ihr Quellenmaterial zum großen Teil aus historischen Kupferstichen bezog, die sie in ihrem Buch zwar als *„nicht immer zuverlässig"* (GdG I, S. 325) bezeichnete, deren Wahrheitsanspruch sie jedoch voraussetzte, war sie bei der Konfrontation mit dem realen Objekt oft überrascht über die Differenzen. Vor allem frappierte sie wiederholt die Kleinheit der Gärten, die ihr offensichtlich auf den bildlichen Darstellungen größer erschienen, wie zum Beispiel bei der Villa Mattei in Rom (Heid. Hs. 3487,198). Der Kupferstecher des 17. Jahrhunderts, Giovanni Battista Falda, gab Gebäude und Garten aus dem letzten Drittel des 16. Jahrhunderts wider. Seine Stichserien entstanden zum einen zum Ruhm der ewigen Stadt, deren kunstbegeisterte Päpste des 16. Jahrhunderts sie zu einer superioren Kapitale stilisieren wollten, zum anderen dezidiert auf einen Markt der Pilger und Bildungsreisenden berechnet, die seine Veduten als Andenken kauften. Besonders eindrückliche Gartenpartien vergrößerte Falda im Verhältnis zum Gesamtplan, um deren Besonderheiten hervorzuheben und so kam es, dass Gothein sich wunderte, dass manche Gartenpartien kleiner waren als sie es von den Stichen her erwartete.

Von den Werken des erfolgreichen Kupferstechers Falda und seines Nachfolgers, Giovanni Francesco Venturini, machte Gothein regen Gebrauch, sie entnahm zahlreiche Ansichten aus deren in mehreren Teilen veröffentlichten Serien über die Brunnen, die Gärten und Villen in und um Rom. So sind es etwa zur Erläuterung der Villa Aldobrandini in Frascati vier Stiche aus dem 1691 veröffentlichten Werk (**IV.1d**). Ihren persönlichen Eindruck schilderte sie in einem Brief: *„das riesige Gebiet was sonst noch dazu gehört, ist einfach wieder Wald oder Oel und Weinpflanzung geworden, einige wenige gerade Alleen lassen sich noch reconstruieren – das ist aber auch alles. Und doch ist die Villa Aldobrandini nicht nur die grossartigste sondern auch die am besten erhaltene [...]"* (Heid. Hs. 3487,215).

Und auch die Villa d'Este kannte sie von Venturinis Stichen (**IV.1d**) ganz genau, bevor sie selbst nach Tivoli reiste:

CASCATA D'ACQVA, SOPRA IL TEATRO DELLA VILLA ALDOBRANDINA DI BELVEDERE A FRASCATI, CON LE DVE COLONNE CHE VERSA=
'NO ACQVA NELLA SOMMITA, CON VARI GIVOCHI, CHE BAGNANO QVELLI CHE SALGONO LA SCALA PER VEDERE.

Abb. 47
Wassertreppe der Villa Aldobrandini. Historische Kupferstiche wie dieser von Giovanni Batista Falda, ca. 1691, dienten Gothein als Quellen für ihre Gartenstudien (Bd. 1, Taf. 8; Kat.Nr. IV.1d)

„Ich bin um 7.30 früh gefahren und habe schon 2 herrliche Morgenstunden in der Villa d'Este zugebracht – in tiefster Einsamkeit nur einen Gärtner habe ich getroffen – bin ich dort wie im Traume umhergewandelt, wie war mir alles so vertraut, mit verbundenen Augen hätte ich mich zurecht gefunden und doch die Wirklichkeit ist schon noch etwas anders und als Gesammteindruck ist und bleibt es doch der schönste den je ein Garten machen kann."
(Heid. Hs. 3487,204)

Nicht nur der Verfall, auch der Zugang zu den Gärten selbst war problematisch: Gothein war auf Empfehlungsschreiben angewiesen, um Zutritt zu den oftmals in Privatbesitz befindlichen Grundstücken zu erhalten, und mehr als einmal musste sie ihre Reisepläne ändern, weil sie einen *„Permess"* nur für einen bestimmten Tag bekommen hatte (Heid. Hs. 3487,205). In Florenz wurde sie am Anfang ihrer Reise von ihrem Freund, dem Archäologen Georg Karo, begleitet, der

sich für den Einlass in die Medici-Villa Pratolino spontan ein Forschungsprojekt einfallen ließ und seine Karte mit *„professeur de l'Archéologie"* unterschrieb – was offensichtlich Erfolg versprechender war als die Rechercheambitionen einer freien Forscherin (Heid. Hs. 3487,186).

Hier – wie überhaupt in Florenz und Rom – traf Gothein immer wieder auf die englische ‚community', die zu dieser Zeit schon einige alte Renaissancevillen gekauft und nach eigenem – modernen – Geschmack umgestaltet hatte. Aus Pratolino berichtete Gothein, dass sich eine *„Miss Ross"* bereits mit den Papieren der Gutsverwalter beschäftigt habe, wenn auch nicht aus *„kunsthistorisch-architektonischem Interesse"* (Heid. Hs. 3487,186). Janet Ross schrieb mehrere Bücher über italienische Geschichte, Kultur und Küche und bewirtschaftete das Landgut Poggio Gherardo außerhalb von Florenz. Bei einem gesellschaftlichen Lunch in Rom traf Gothein eine andere Engländerin, diese hatte *„den Text zu dem Buche ‚The Gardens of Italy' ge-*

schrieben, das jetzt herauskommt, [...] [es] ist nur ein beschreibender erleuternder Text zu den Fotografien [...]" (Heid. Hs. 3487,204). Damit ist Evelyn March Philipps gemeint, Co-Autorin von Lathams Buch.

Den Veröffentlichungen der englischen Italien-Enthusiasten gestand Gothein keinen wissenschaftlichen Wert zu. Überhaupt beklagte sie den Dilettantismus, mit dem ihre Zeitgenossen sich den Gärten näherten und bedauerte, dass sie selbst nicht mehr Zeit in Italien hatte. Um das Thema erschöpfend zu bearbeiten und etwa Familienarchive der Villen durchzusehen, müsste man, so überlegte sie, in Italien leben und am Ende ihrer Reise, in Verona, zweifelte sie gar: *„werde ich je das Material [...] so zusammenbekommen, daß ich mit gutem Gewissen ein Buch daraus machen kann [?]"* (Heid. Hs. 3487,221).

In der neun Jahre später veröffentlichten „Geschichte der Gartenkunst" nimmt der italienische Renaissance- und Barockgarten eine Sonderstellung ein: Es ist ihm mit über 150 Seiten nicht nur außerordentlich viel Platz eingeräumt, er wird auch als unangefochtenes Ideal der Einheit von Haus und Garten und damit als Maßstab für Gärten anderer Regionen und Zeitalter vorgestellt.   Karin Seeber

Lit.: BAUER 2009, bes. S. 162–182; CAMPBELL 2009, bes. S. 49–57; LAUTERBACH 1996.

IV.2   (Abb. 48)

„Die schematisch wirkenden Stiche beleben" – die französische Gartenreise

a) Marie Luise Gothein: Brief an Eberhard Gothein, „Paris d. 9.8.9"
UB Heidelberg, Heid. Hs. 3487,268 (🖰)

b) Karl Baedeker: Paris und Umgebungen. Handbuch für Reisende; mit 11 Karten und 25 Plänen und Grundrissen, Leipzig: Baedeker, [12]1888
UB Heidelberg, A 1233-4 RES::(12)

c) Adam Perelle: Veues des belles maisons de France, Paris: Langlois, ca. 1680
UB Heidelberg, A 1211 Gross RES (🖰)

d) Jacques Androuet DuCerceau: Les plus excellents bastiments de France. Nouv. éd. Augmentée, 2 Bde., Paris: Lévy, 1868–1870
UB Heidelberg, C 6467-15-5 Gross (🖰)

e) Marie Luise Gothein: Brief an Eberhard Gothein, [Paris] „d. 8.8.9."
UB Heidelberg, Heid. Hs. 3487,267 (🖰)

Im August 1909 reiste Marie Luise Gothein allein nach Paris. Ihre lückenhaft überlieferte Korrespondenz lässt vermuten, dass sie sich dort zwei Wochen lang aufhielt. Unter der Woche verbrachte sie ihre Zeit hauptsächlich in der Bibliothèque Nationale de France, um die dort befindliche historische und zeitgenössische Literatur zu den französischen Gärten der Renaissance und des Barocks zu studieren; spätnachmittags und am Wochenende besuchte sie dann die Gartenanlagen in Paris und der näheren Umgebung, allen voran Versailles, wovon sie im Brief vom 9. August berichtete:

> *„Heute habe ich wieder noch ganz in Versailles gelebt und zwar höchst genussreiche Stunden, welch ein Reichtum hat dieser Garten erlebt. Sein Höhepunkt und wohl überhaupt der Höhepunkt des Lebens Louis XIV und seiner Zeit wird das Jahr 1674 gewesen sein, damals als er die großen Feste in Versailles [...] feierte [...]."* (**IV.2a**)

Sie erzählte auch von Besuchen in St.-Germain-en-Laye, St.-Cloud, Chantilly und den Tuilerien sowie den Stadtgärten des Palais du Luxembourg und des Palais-Royal. In ihren Briefen werden Besichtigungen der Gärten von Marly-le-Roi, Fontainebleau und Vaux-le-Vicomte angekündigt. Im Anschluss an den Parisaufenthalt plante sie nach Orléans, Blois und Tours weiterzureisen. Allerdings suchte sie noch Begleitung: *„jemand mit dem ich zusammen an die Loire reisen könnte"* (Heid. Hs. 3487,269). Ihre Korrespondenz mit Eberhard Gothein lässt darauf schließen, dass sie in ihm diesen Reisegefährten fand. Ab dem 10. August 1909 sind ihre Briefe immer stärker von Heimwehgefühlen geprägt. Der tägliche Briefwechsel stoppt zwischen dem 19. und 24. August. Am 25. August schrieb sie: *„Danke dir lieber für die Tage, wenn ich mich jetzt auch gleich wieder etwas einsam fühle [...]"* (Heid. Hs. 3487,277)

Da den angekündigten Besuchen keine Berichte folgen, ist es nicht sicher, ob sie tatsächlich dort gewesen ist. So entfiel beispielsweise ein Besuch von Compiègne auf Grund von veralteten Öffnungszei-

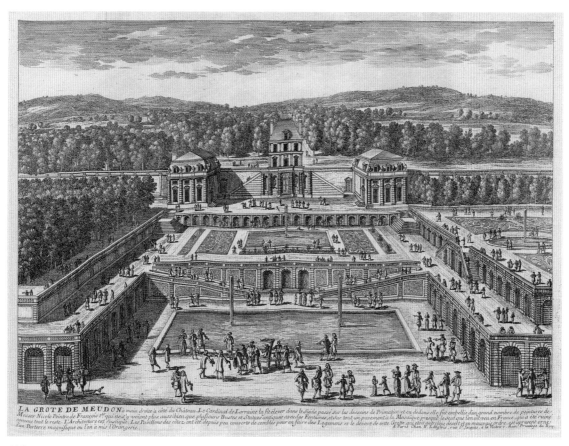

Abb. 48
La Grotte du Meudon auf einem Stich von Adam Perelle von 1680 (Kat.Nr. IV.2c)

ten im Baedeker; nach Meudon fuhr sie nicht, da sie *„besonders müde"* war (Brief vom 17.8.1909, Privatbesitz). Gerade der Besuch von Vaux-le-Vicomte ist fraglich, gibt sie doch zu bedenken:

> *„[…] ich gehe dann wahrscheinlich Donnerstag nach Fontainebleau und Le Vaux, wenn ich nur irgend herauskriegen kann ob man es sehen kann ob der Mr Sommier noch der Besitzer ist, denn sehen möcht ich es doch zu gerne im Bädecker steht absolut nichts nur mit Mühe habe ich herausbekommen daß es in der Nähe von Melun liegt."* (Heid. Hs. 3487,277)

Gotheins Ausgabe des Baedeker „Paris und Umgebung" von 1896 (vgl. **IV.2b**), war während der ersten Wiederherstellungsphase von Vaux-le-Vicomte erschienen. 1875 hatte der Unternehmer Alfred Sommier das verfallene Anwesen erworben und begann in den 1890er Jahren die Gärten mit Hilfe von Henri und Achille Duchêne rekonstruieren zu lassen. Falls Gothein die Anlage nicht selbst sah, so erhielt sie ein akkurates Bild durch die neun von ihr in den Anmerkungen der „Geschichte der

Gartenkunst" erwähnten Radierungen Israël Silvestres. Die 1680 erschienene Stichserie, die auch Vater und Sohn Duchêne als visuelle Grundlage gedient haben muss und die sicherlich vom damaligen Erbauer Nicolas Fouquet in Auftrag gegeben worden war, zeigt Ansichten von Schloss und Garten in der Abfolge eines Besuches.

Für die übrigen barocken Gärten griff Gothein hauptsächlich auf Stiche aus der Zeit von Adam Pérelle, Jean Le Pautre und Hyacinthe Rigaud zurück. Jedoch sind gerade die Stiche Pérelles mit Vorsicht zu betrachten und in Gotheins Beschreibung von Meudon unterläuft ihr der zu erwartende Fauxpas:

> *„Der Kardinal, dessen Freigebigkeit und Prachtliebe sprichwörtlich war, hatte sich diesen Fürstensitz erbaut und schöne Gärten angelegt, von denen jedoch wenig Einzelnes bis auf die Grotte bekannt ist. Diese lag neben dem Schlosse, im rechten Winkel mit einem schönen Parterre, erhöht über der späteren Orangerie."* (GdG II, S. 28)

Genau diesen Eindruck vermittelt Pérelles Radierung „La Grotte de Meudon" (**IV.2c**). Hätte Gothein jedoch die Stichwerke Silvestres dazu gekannt, einen Grundriss gesehen oder wäre selbst vor Ort gewesen, hätte sie bemerkt, dass die Grotte keineswegs im rechten Winkel zum Schloss lag, sondern vielmehr zurückversetzt im schrägen Winkel; auch war die Orangerie nicht unterhalb der Grotte, sondern in der Futtermauer der Schlossterrasse eingerichtet. Ihre Beschreibung der monumentalen Allee, die sich vom Parterre der Orangerie zum großen „Étang Hexagonal de Chalais" im Tal und bis zum 1,5 km entfernten „Porte de Triveau" zog, fällt äußerst mager aus:

> „*Le Nôtre erweiterte zunächst die Terrasse des Schlosses [...] zu einem großen Ziergarten mit der schönen Aussicht auf das Seinetal und Paris zur Seite, während sich der prächtige Prospekt in der Hauptachse des Schlosses in zwei Terrassen zu der Orangerie herabsenkt, um von hier, durch Bassins und Brunnen betont, einen Waldhügel wieder emporzusteigen.*" (GdG II, S. 178)

Es scheint, als habe sie nur eine vage Vorstellung dieses ‚Prospekts' gehabt, die mehr dem Bild Pérelles entsprach; nämlich die zwischen zwei Terrassen ‚gequetschte' Aussicht vom Hauptparterre der Schlossterrasse zum gegenüber gelegenen Wäldchen.

Die bildlichen Quellen stellten für Gotheins Zwecke ein Problem dar, weil sie den Schwerpunkt auf die Architektur legten. Darauf weist sie auch in ihrer „Geschichte der Gartenkunst" immer wieder hin. Für die Gärten aus der Zeit Ludwig XII. bis Ludwig XIII. greift sie auf Jacques Androuet Du Cerceaus „Les plus excellents Bâtiments de France" (**IV.2d**) zurück. Diese zweibändige Stichsammlung von Grund-, Aufrissen und Ansichten französischer Schlösser (Maison Royales und Maisons Particulieres) zeigt eine deutliche inhaltliche Gewichtung auf die Architektur. Gotheins Kritikpunkt, dass *„die Du Cercauschen Stiche keine gute Vorstellung von den Gärten"* (GdG II, S. 13) gäben, verwundert daher wenig. So zeigen die Stiche von Schloss Gaillon weniger *„Spielereien"* (GdG II, S. 10) wie Buchseinfassungen, Blumen und bunte Erde von Schiefer oder Terrakotta.

Solche Informationen entnimmt Gothein aus alten Rechnungsbüchern.

Um die „*doch nur schematisch wirkende*[n] *Stiche Du Cerceaus zu beleben*" (GdG II, S. 31) behilft sich Gothein mit den Beschreibungen von Zeitgenossen Du Cerceaus, so beispielsweise den Tagebüchern des Engländers John Evelyn. Die barocken Anlagen werden durch die Schilderungen Madeleine de Scudèrys oder André Félibiens zum Leben erweckt. Daneben verwendet Gothein sowohl zeitgenössische Lehrbücher wie Olivier de Serres „Le Théâtre d'Argriculture" (1600), Jaques Boyceaus „Traité du Jardinage" (1638), André Mollets „Le Jardin de Plaisir" (1651) und Claude Mollets „Le Théâtre des Plans et Jardinages" (1652) als auch aktuelle Schriften, meist Monographien zu vereinzelten Anlagen, die zwischen 1860 und 1909 publiziert worden sind. Ihrem Gatten gegenüber beklagt sie, dass *„leider [...] gar keine wirklich*[e] *Biographie von Lenôtre* [existiere]" (Heid. Hs, 3487,269).

Auf Grund der zeitlichen Gliederung der „Geschichte der Gartenkunst" unterteilte Gothein die Geschichte der Französischen Gärten in zwei voneinander unabhängig stehenden Kapitel: „Frankreich im Zeitalter der Renaissance" und „Das Zeitalter Ludwig XIV". Bei der Lektüre fällt jedoch auf, dass sie die verwendeten Quellen wenig hinterfragt, sondern vielmehr als gegebene Tatsachen verwendet. Das vom Zeitgeist des beginnenden 20. Jahrhunderts geprägte Vokabular und die Veränderungen im Geschmack der Zeit übernimmt sie jedoch nicht in ihre Monographie. Fünf Jahre vor der Veröffentlichung beschrieb sie den Garten des Petit Trianons noch folgendermaßen:

> „*Uebrigens pflegt man jetzt die Parterres wenigstens sehr und wenn es auch der alte Stil nicht mehr ist so sind doch die Blumen „borders" eben in herrlicher Blüte und Buntheit. Eines der Bosquets, le bosquet du Roi genannt ist in halb englischem Geschmack mit herrlichen Wiesen und alten Bäumen in einen Blumengarten verwandelt, der jetzt einen wahren Farbenrausch entwickelte.*" (**IV.2e**)

Henrike von Werder

Lit.: MAURER 2006; SCHWEIZER / BAIER 2013.

IV.3
(Abb. 49)

„Allerdings ändert sich solch ein englischer Garten in jeder Generation" – die englische Reise von 1909

a) Marie Luise Gothein: Brief an Eberhard Gothein, [London] „Montag Morgen 26.9.09"
UB Heidelberg, Heid. Hs. 3487,303 (🖱)

b) Arthur Robertson (Hrsg.): Hampton Court Palace. Etchings, London: Catty & Dobson, 1900
UB Heidelberg, C 6500-10-40 Folio RES (🖱)

c) Marie Luise Gothein: Brief an Eberhard Gothein, [London] „d. 10.9t.9" (🖱)
UB Heidelberg, Heid. Hs. 3487,292

d) Reginald Theodore Blomfield / F. Inigo Thomas: The formal garden in England, London: Macmillan, ²1892
UB Heidelberg, 2013 C 3613 RES (🖱)

e) Harry I. Triggs: Formal gardens in England and Scotland. Their planning and arrangement, architectural and ornamental features, London: Batsford, 1902
UB Heidelberg, 2013 G 30 RES (🖱)

Nachdem Marie Luise Gothein seit 1892 alle zwei Jahre nach England gereist war, um ihre philologischen Studien zu betreiben, galt die Reise im Herbst 1909 ganz und gar der Erforschung und Besichtigung englischer Gärten, die sie in der „Geschichte der Gartenkunst" behandeln wollte. Sie schwelgte in den Herbsttönen, die die Gärten hervorbrachten:

> *„Gestern hatten wir einen herrlichen Tag in Hampton court. Die Gärten sind jetzt dort ganz einzig schön ein wahrer Rausch von Farben. Hampton Court ist zu dem der einzige – wenigstens mir erreichbare Garten, der wenigstens in den äußeren Linien den alten Charakter bewahrt hat. Sogar einiges der alten Renaissancegärten kann man noch sehen und muss immer wieder erstaunt sein wie klein sie waren […]."* (**IV.3a**)

Es war der formale, regelmäßige Garten, der sie auf dieser Reise besonders interessierte und der auch in England selbst eine blühende Renaissance erlebte, wie eine anschwellende Flut von Publikationen – Bildbänden, Gartenzeitschriften

und theoretischen Abhandlungen – zu Beginn des Jahrhunderts belegt (**IV.3b**). Mit den englischen formalen Gärten der Renaissance und ihrer Wiederentdeckung im 19. Jahrhundert setzte Gothein sich theoretisch, in der Bibliothek des British Museums, und praktisch, auf Gartenreisen durch ganz England, auseinander. Ihre Basis ist das Cranston's Ivanhoe Hotel in Bloomsbury, von wo aus sie zu Fuß zum Arbeiten in die Bibliothek ging. Von hier aus schwärmte sie in die Gärten rund um London, wie Hatfield House, Windsor oder Strawberry Hill aus. Manchmal fuhr sie mit dem Automobil ihrer englischen Freunde, der Händlerfamilie Fernau, durch die Landschaft, was ihr neue und aufregende Eindrücke bescherte:

> *„Gestern habe ich mit Fernaus eine schöne Automobilfahrt gemacht, wir kamen erst um 11 Uhr nach Hause, ich war so müde nach dieser mir so ungewohnten Bewegung und der Luft […]."* (Heid. Hs. 3487,298)

Ihre Gartenrouten durch England führten sie zunächst nach Südwesten zu den Gärten von Wilton House und Longford Castle in der Nähe von Salisbury; dann nach Norden, wo sie über Oxford nach Derby reiste, um dort die Gärten von Melbourne, Chatsworth und Haddon Hall anzuschauen. Die aus heutiger Sicht klassischen englischen Landschaftsgärten wie Stowe oder Stourhead standen nicht auf ihrem Reiseprogramm, dieses Thema hatte Gothein zu diesem Zeitpunkt bereits bearbeitet. Denn die Beschäftigung mit dem englischen Landschaftsgarten und dessen literarischen Bezügen hatte Gothein erst auf die Spur der Gartenkunst gebracht, schon 1903 schrieb sie von ihrer englischen Reise über die Landschaftsparks von Pethworth und Arundel. 1909 setzte sie sich mit der zeitgenössischen englischen Gartenmode auseinander und schrieb nach Hause:

> *„Mit meiner Arbeit bin ich heute ein ganzes Stück vorwärts gekommen und weiß nun ungefähr wie ich den engl. Renaissancegarten anfassen werde. – Am meisten Furcht habe ich jetzt vor dem englischen Garten, wie gut ist es nur, daß ich damals zuerst über dieses Thema gearbeitet habe, denn das wird mich*

Abb. 49
Fontäne von Montacute aus Triggs' großformatigem Bildband von 1902 (Taf. 4; Kat.Nr. IV.3e)

wenigstens hindern in den Fehler der heutigen Vertreter des regelmäßigen Stiles zu verfallen und nur mit äußerster Verachtung von dem Landschaftsgarten zu sprechen. Bald werden wir nun schon so weit sein, dass ein eigentliches Bild dessen was der Landschaftsgarten will in England kaum noch zu finden ist, denn alle die es irgend vermögen, legen jetzt um die Häuser wieder regelmäßige Gärten mit Terrassen Rampentreppen etc. an [...]." (**IV.3c**)

Der formale Stil hatte sich in den letzten Jahren des 19. Jahrhunderts als starke Reaktion auf den dominanten Landschaftsgartenstil durchgesetzt. Architekten der ‚Arts and Crafts'-Bewegung wie John Dando Sedding und Reginald Blomfield propagierten ein formales Gartenideal, das sie aus dem Gartenstil der englischen Renaissance ableiteten. Der Schlagabtausch zwischen Vertretern des Landschaftsgartenstils, allen voran William Robinson, und Verfechtern des formalen

Stils mündete in eine hitzige, polemische Debatte über den wahren englischen Nationalstil.

John Dando Seddings Buch „Garden-craft old and new" von 1891 setzte den Standard für die Vertreter des neuen Stils mit dem Ziel, die Ästhetik des formalen Gartens der Renaissance wiederzubeleben und sie zum Nationalstil zu erklären: „[...] *I now appear as advocate of old types of design, which, I am persuaded, are more consonant with the traditions of English life, and more suitable to an English homestead than some now in vogue*" (S. vi). Als Vertreter der Profession war es Seddings Bestreben, die Planung des Gartens wieder in die Hand des Architekten zu legen, der Haus und Garten als Einheit gestalten sollte. Reginald Blomfield setzte das Erbe des früh verstorbenen Sedding mit „The formal garden in England" von 1892 fort und untermauerte seine Gestaltungsvorschläge durch künstlerische Stiche (**IV.3d**).

Das Ziel H. Inigo Triggs', des Dritten im Bunde der ‚formalen Architekten' schließlich war es, das Kulturerbe der englischen Gärten in Grundriss und Bild festzuhalten und sie als Vorbilder nutzbar zu machen. Aus dieser Intention heraus entstanden seine übergroßen Bildwerke mit Grundrissen, Abbildungen und Beschreibungen der Gärten (**IV.3e**). Gothein freute sich, als ihr ein bibliophiles Schnäppchen in Form von Triggs' späterer Publikation über italienische Gärten von 1906 gelang:

> *„Ich habe mir gestern übrigens ein Geburtstagsgeschenk gekauft. Ich war in einem Buchladen um mir ein Gartenbuch [sic], das ich um seiner Abbildungen willen unbedingt brauchte, da sah ich das grosse Prachtwerk, Triggs ‚The italian Gardendesign', ein Pendant zu dem Formal Garden of England, das ich von Clemen zu Hause habe, ich fragte beiläufig wieviel das kostet, da sagte er ‚that copy I can leave you for 30 sh.' der Publikationspreis war 3 £ 15 Sh. Da griff ich denn gleich zu, denn das Abbildungsmaterial darin ist prachtvoll und mir von größter Wichtigkeit."* (Heid. Hs. 3487,305)

Für die Illustration der „Geschichte der Gartenkunst" übernahm sie viele Abbildungen aus Triggs' Werken; die zugrundeliegende Intention machte sie sich jedoch nicht zu eigen. So erwähnt sie in ihrem Vorwort die sich häufende englische Gartenliteratur ihrer Zeit, tut sie jedoch mit der Bemerkung, dass diese *„in erster Linie nur ein wundervolles Anschauungsmaterial vermittelt"* (GdG I, S. V) behände ab. In ihrem letzten Kapitel *„Hauptströmungen der Gartengestaltung im XIX. Jahrhundert bis zur Gegenwart"* behandelt sie die englische Debatte, die Auseinandersetzung zwischen Landschaftsgärtnern und Gartenarchitekten, distanziert, vom Standpunkt der Historikerin aus. Ihre Reiserouten zu den von englischen Zeitgenossen gefeierten formalen Gärten zeigen jedoch, wie intensiv sie sich mit der Gartendebatte auseinandersetzte und sich selbst ein Bild machte.   Karin Seeber

Lit.: HELMREICH 2002; ROBINSON 1883; SEDDING 1891.

IV.4   (Abb. 50)
„Ein homerischer Tag" – die Reise nach Griechenland

a) Wilhelm Dörpfeld: Die Arbeiten zu Pergamon 1904–1905, I. Die Bauwerke etc., in: Mitteilungen des Deutschen Archäologischen Instituts, Athenische Abteilung, 32 (1907), S. 163–240
UB Heidelberg, C 2276::32.1907 (⌂)
b) Marie Luise Gothein: Brief an Eberhard Gothein, „Candia d. 12.11.11 Griechenland"
UB Heidelberg, Heid. Hs. 3487,361 (⌂)
c) Federico Halbherr: Resti dell'età Micena: Scoperti ad Haghia Triada presso Phaestos, in: Monumenti antichi, 13 (1903), S. 5–74, hier Taf. VIII
UB Heidelberg, C 2264-2 Folio::13.1903 (⌂)
d) Marie Luise Gothein: Der Griechische Garten, in: Mitteilungen des Deutschen Archäologischen Instituts, Athenische Abteilung, 34 (1909), S. 100–144
UB Heidelberg, C 2276::34.1909 (⌂)
e) Eberhard Gothein: Brief an Marie Luise Gothein, „Heidelberg 12/9 09"
UB Heidelberg, Heid. Hs. 3484,1018 (⌂)

Im September 1911 besuchte Marie Luise Gothein das Liebieghaus in Frankfurt und war ergriffen und beglückt vom Anblick der Statue der Athena des Myron. Sie reflektierte über das übermenschliche Vorbild der griechischen Kunst und Kultur:

> *„Ich verstehe wie sie immer der Segen und der Fluch der Nachwelt sein mussten – wie man sich eigentlich immer zugleich von ihnen los machen muss, um zu leben, Kunst und Leben der Gegenwart zu ertragen zu begreifen und doch immer wieder zu ihnen flüchten um Kunst und Leben der Gegenwart zu messen. – Und in dies heilige Land will ich nun ziehen und wenn ich ganz offen sein soll auch mit dieser geteilten Sehnsucht und Furcht [...]."* (Heid. Hs. 3487,358)

Nur wenige Wochen später machte sie sich dann via Italien auf nach Griechenland, begleitet von ihrem langjährigen Freund Georg Karo. Den fast zehn Jahre jüngeren Archäologen hatte Gothein in Bonn kennengelernt, wo dieser sich 1902 habilitiert hatte. Drei Jahre später wurde er ans Deut-

Abb. 50
Photographie von der Grabung in Pergamon aus Wilhelm Dörpfelds Aufsatz von 1907 (Taf. XIX; Kat.Nr. IV.4a)

sche Archäologische Institut nach Athen berufen, zunächst als zweiter Sekretär neben Wilhelm Dörpfeld und ab 1910 selbst als Direktor. Karo zeigte Gothein die Ausgrabungsstätten auf Kreta, mit denen er sich in dieser Zeit hauptsächlich beschäftigte. Gothein nahm durch diese Freundschaft unmittelbar Anteil an einer Hochphase der Ausgrabungen von antiken Stätten vor dem Ersten Weltkrieg. Für die „Geschichte der Gartenkunst" verarbeitete sie neueste Forschungen, zum Beispiel über die Ausgrabungen des Gymnasiums in Pergamon (**IV.4a**). Der Archäologe Wilhelm Dörpfeld, ein überaus produktiver und erfolgreicher Leiter von Ausgrabungen, veröffentlichte in den Anfangsjahren des 20. Jahrhunderts seine Erkenntnisse und Photos in den „Athenischen Mitteilungen des Deutschen Archäologischen Instituts", auf die Gothein maßgeblich zurückgriff. Ihre Thesen geben unmittelbar den damaligen Wissens- und Ausgrabungsstand wider:

„Das prächtige Peristyl in Epidauros, mit dem reichen Propylon und dem großen Säulenhof ist erst im IV. Jahrhundert erbaut, da

die Rennbahn aber noch nicht ausgegraben ist, können wir in dem großen Mittelhof allein Gartenanlagen vermuten. [...] Aber auch das weit besser ausgegrabene untere Gymnasium von Priene hat außer den sicher zu vermutenden Gartenanlagen im Peristyl [...] in den nichtausgegrabenen Teilen seine Parkanlagen und Heiligtümer gehabt." (GdG I, S. 72)

Leider sind von der griechischen Reise nur zwei Briefe Gotheins im Nachlass in Heidelberg erhalten; sie stammen aus Kreta, vom 12. und 13. November. Angekommen waren die Reisenden Mitte Oktober in Athen. Im zweiten Brief kündigte Gothein ihre Weiterreise auf dem griechischen Festland an, die noch bis Ende November dauern sollte, am 28. wollte sie von Korfu aus die Heimreise antreten.

Der Brief vom 12. November (**IV.4b**) berichtet von einem Exkursionsritt in das Idagebirge nach Tylissos, wo sie *„einen neu ausgegrabenen mykenischen Palast"* besichtigte. Sie war berauscht von der griechischen Landschaft: *„[...] der Ida auf den wir zuritten, lag ernst bedeutend und*

100

doch von dem unendlichen Glanze des strahlenden Morgens wunderbar übergossen". Auch die Flora sah sie mit den Augen der klassisch Gebildeten: *„[...] je weiter wir hinauf kamen, je üppiger wurden die Gärten und Oelbaumwälder, die Weinfelder sind zwar schon gelb aber zu gleicher Zeit sprießt alles neu hervor, so dass man hier mit ganz anderm Rechte sagen kann ‚wo der Herbst und der Frühling sich gatten'".* Den Empfang mit Blumensträußen und Gastmählern bei den Dorfältesten genoss sie als *„durchaus antike Gastfreundschaft"* und beobachtete ehrfürchtig die Nachkommen der mykenischen Hochkultur: *„aus den Häusern heraus traten die wundervollen Gestalten der kretischen Bauern in ihrer prächtigen Sonntagstracht".* Die Briefe fließen in Umfang und Stil über vor Euphorie über die *„trunkene Fülle von Schönheit"* und so fiel dann auch Gotheins Urteil über griechische Kunst ehrfürchtig aus:

> *„wenn man vor dem Parthenon steht und auch nur das herrliche Gefüge dieses Baues sieht, dann weiß man, das konnte nur ein Volk schaffen, das aus seiner Kraft eben die höchste Sprosse erreicht [...] hier in Kreta und seiner Königskultur ist es schon anders, das wieder konnte nur ein höfisch bis auf letzte ausgebildetes Wesen zu solch einer Feinheit und Schönheit treiben. Gewiss das höchste ist den Göttern dort auf der Akropolis geschaffen, wenn je dann habe ich das jetzt mit dankbarem und ehrfurchtsvollem Herzen empfunden."* (**IV.4b**)

Nur vor diesem Hintergrund der persönlichen und der zeitgenössischen Antikenbegeisterung lässt sich der Umfang ihres Kapitels über die Gartenkultur in Griechenland erklären. Denn die fast 30 Seiten des Kapitels kreisen um ein ‚Phantom' – über das historische Aussehen antiker griechischer Gärten konnte Gothein nur Vermutungen anstellen. In die Ausgrabungsstätten imaginiert sie – wie oben zitiert – Gärten und Gartenanlagen hinein: *„Ringsumher lagen auf dem geglätteten unbebauten Terrain der Terrasse* [des Gymnasiums in Delphi] *sicher Gartenanlagen"* (GdG I, S. 70); oder an anderer Stelle über das Gymnasium in Pergamon: *„Auch hier wird dies Peristyl im Innern als Garten geschmückt*

gewesen sein; an den Säulen haben fast überall Weihstatuen gestanden. Ringsumher müssen wir uns einen großen Park denken" (GdG I, S. 73). Aus Abbildungen auf Vasen schließt sie auf eine *„Liebe zur Pflanzenwelt"* ihrer mykenischen Besitzer und greift für diese Interpretation auch auf Ausgrabungsschätze ihrer Zeit zurück, wie das minoische Fresko mit Blumenmalerei aus Hagia Triada (**IV.4c**).

Um das antike griechische Vorbild für die Gartenkunst der Römer und damit auch der italienischen Renaissance zum Leben zu erwecken, zieht Gothein nicht nur neueste Erkenntnisse der Archäologie heran, sie nutzt auch antike Klassiker der Literatur. Als erste Beschreibung eines *„Farmgartens"* diente ihr Homers „Odyssee", aus der Beschreibung des Gartens des Alkinoos schloss sie auf den realen Ort: *„Sollen wir den Dichter wörtlich nehmen, so muß er ein ansteigendes Terrain vor sich haben. Dafür spricht auch die Anordnung seiner Bewässerung"* (GdG I, S. 59).

Zum griechischen Garten in der Literatur hatte Gothein schon vor ihrer Reise publiziert. Sie ließ Max Weber ihren Aufsatz über das Thema lesen, den sie in den „Athenischen Mitteilungen" 1909 veröffentlichte (**IV.4d**). Eberhard Gothein schickte seiner Frau Webers Kommentar nach England, wo sie gerade über englische Gärten forschte: *„Von Deiner ganzen Beweisführung und ihren Ergebnissen gleich von der ‚klärenden und entscheidenden Interpretation der homerischen Stellen' war er sehr angetan [...]."* (**IV.4e**). Ob Gothein diese Kritik für Korrekturen an ihrem griechischen Kapitel in der „Geschichte der Gartenkunst" nutzen konnte, bleibt fraglich. In ihrem Antwortbrief schrieb sie nämlich ihrem Mann, dass sie Webers Schrift nicht *„entziffern"* könne (Heid. Hs. 3487,298).　　Karin Seeber

Lit.: GOTHEIN 1909; KARO 1933; MARCHAND 1996, S. xvii–xxiv, 3–16, 75–115; MATZ 1964.

IV.5　　　　　　　　　　(Abb. 51, 52)
„Das Auge sucht mit Sehnsucht einen Abschluss" – Gotheins Sicht auf den Hortus Palatinus

a) Eberhard Gothein: Brief an Marie Luise Gothein, „Heidelberg 8/5 04"
UB Heidelberg, Heid. Hs. 3484,672

b) Salomon de Caus: Hortus Palatinus. Friderico Rege Boemiae Electore Palatino Heidelbergae Exstructus, Frankfurt a. M.: Bry, 1620
UB Heidelberg, K 6371 Folio RES (⌂)

c) Johann Metzger: Beschreibung des Heidelberger Schlosses und Gartens, Heidelberg: Oswald, 1829
UB Heidelberg, A 2734-5 A RES (⌂)

d) Salomon de Caus: Les raisons des forces mouvantes. Avec diverses machines tant utilles que plaisantes, Bd.1, Frankfurt a. M.: Norton, 1615
UB Heidelberg, L 1639-1 A Folio RES::1-3 (⌂)

Als Marie Luise Gothein 1904 nach Heidelberg kam und dadurch reichlich Gelegenheit gehabt hätte, sich mit den Überresten des berühmten Hortus Palatinus – der in ihrer „Geschichte der Gartenkunst" auf gut sechs Seiten recht ausführlich behandelt werden sollte – zu beschäftigen, war die Ausgangslage für eine differenzierte Wahrnehmung dieses Gartens vor Ort denkbar schlecht. Die Zerstörungen des 30-jährigen Krieges und die verschiedenen Umnutzungen und Umgestaltungen des 19. Jahrhunderts hatten die strenge Grundstruktur des Renaissancegartens mehr und mehr verschleiert. Selbst die Terrassen waren durch Erdbewegungen, mangelnde Pflege der Stützmauern und die im Geist des Landschaftsparks angelegten, sich ‚malerisch' schlängelnden Wege oft nicht mehr klar erkennbar. Dazu kamen der starke Bewuchs mit Gehölzen und der Ausbau mit Ausflugslokal und Musikpavillon. Der Nutzung durch den Fremdenverkehr kam dies entgegen, von Gartengestaltung konnte jedoch kaum mehr die Rede sein. So kann es nicht verwundern, dass in den Briefen Eberhard Gotheins an seine Frau vor deren Umzug nach Heidelberg der Schlossgarten nicht vorkommt, während die landschaftlichen Reize von Neckartal, Rheinebene und Odenwald enthusiastisch gefeiert werden, wie etwa in seinem Brief vom Abend des 8. Mai 1904:

„In der Zwischenzeit zweier Regen bin ich aber doch über den Philosophenweg gegangen, um zu finden, daß eigentlich die Aussicht gerade dann am Herrlichsten ist. Die Ebene war durch die verschiedenartigen Wolkenmassen und durchbrechenden Sonnenstrahlen

in ganz abenteuerlicher Weise beleuchtet, die Hardt und sogar der Nordrand des Schwarzwalds waren als dunkelblaue teils aber auch goldenstrahlende Mauern in ganzer Ausdehnung sichtbar, in den Schluchten der Berge hingen einzelne weiße Wölkchen, während das Buchengrün der Wälder, das Schloß und unten die Stadt von Zeit zu Zeit in glühenden Farben aufleuchteten." (**IV.5a**)

Lediglich über den Schwetzinger Garten wird berichtet – ein Gartendenkmal, das auch damals vor Ort problemlos zu würdigen war. So haben wir die etwas paradoxe Situation, dass der Heidelberger Schlossgarten, der Marie Luise Gothein über Jahre hinweg quasi vor Augen lag, von ihr fast ausschließlich auf der Basis der Stichpublikation Salomon de Caus' vom Anfang des 17. Jahrhunderts behandelt wird (**IV.5b**).
Erst in den 20er und 30er Jahren wurde die Freilegung der Terrassen und die Instandsetzung der Stützmauern in Angriff genommen. Dies ging auf die Initiative des Baurates Ludwig Schmieder zurück, der seit dem Übergang des Gartens an das Bezirksbauamt Heidelberg im Jahr 1923 für die Anlage zuständig war. Er war damit der zweite Verantwortliche für den Garten nach Johann Metzger im 19. Jahrhundert, der sich vertieft mit dessen Geschichte auseinandergesetzt hat (**IV.5c**). Bis seine Freilegungen und Wiederherstellungen aber sichtbare Ergebnisse zeitigen konnten, lag auch die zweite Auflage der „Geschichte der Gartenkunst" längst im Druck vor. Lediglich die Erwähnung der auffälligen Substruktionen der Scheffelterrasse und die so kurze wie negative Beurteilung der Umgestaltung als ‚englischer' Landschaftsgarten, lassen Gotheins eigene Anschauung erkennen. Die Beurteilung war mit Sicherheit zutreffend, der Zustand war – unter dem Aspekt historischer Gartenkunst – überaus beklagenswert. Heute erkennen wir den Hortus Palatinus vor Ort wenigstens in Umrissen. Die erhaltenen Details sind freigelegt und an wenigen Stellen ergänzt.
Marie Luise Gothein beginnt ihre Ausführungen zu den Heidelberger Gärten der Renaissance mit einem Resümee der damals bekannten Fakten zum untergegangenen „Herrengarten" des 16. Jahrhunderts in der Stadt. Nach der Aus-

Abb. 51
Ansicht des Hortus Palatinus von Osten, Radierung von Matthäus Merian, 1620 (Kat.Nr. IV.5b)

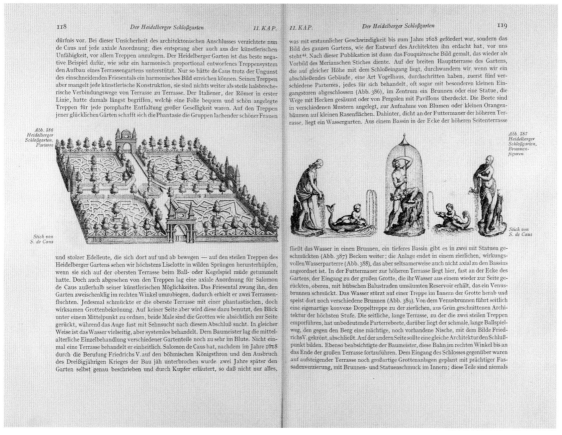

Abb. 52
Doppelseite aus der „Geschichte der Gartenkunst", Bd. 2, zum Heidelberger Hortus Palatinus (S. 118/119; Kat. Nr. I.1a)

wertung neuer Quellen und der Entdeckung der originalen Reste des Schießhauses in den letzten Jahren, hat diese Anlage heute enorm an Konturen gewonnen. Wir wissen recht genau, wie wir uns den Garten vorzustellen haben. Zum Hasengarten, dem bescheidenen Vorgänger des Hortus Palatinus direkt beim Schloss, referiert Gothein nur die knappe Information aus de Caus' Stichwerk. Der bedeutende botanische Garten des Hofapothekers Sprenger mit seinen interessanten Details, direkt unter der Schlossbefestigung gelegen, war damals noch völlig unbekannt.

Gothein berichtet wie Salomon de Caus zunächst für den englischen Thronfolger Prinz Henry, den Bruder der 1613 frisch vermählt nach Heidelberg gekommenen Ehefrau Friedrichs V. von der Pfalz, gearbeitet hatte. Nach Henrys frühem Tod hatte Elisabeth den Wasserbauingenieur und Gartenarchitekten nach Heidelberg geholt. Das Buch mit Grotten- und Brunnenentwürfen, das Salomon 1615 veröffentlichte (**IV.5d**), widmete er Elisabeth, auch als Andenken an ihren Bruder. Salomon de Caus war in Italien gewesen und hatte einige der dortigen großen Gartenkunstwerke vor Ort studieren können. Die Topographie des Heidelberger Schlosses ließ jedoch eine direkte Übertragung italienischer Konzepte mit klarer Ausrichtung der Gartenachsen auf das Hauptgebäude nicht zu. Es war schon schwierig genug, durch eine höchst aufwendige Terrassierung den Berghängen eine gestaltbare Gartenfläche abzutrotzen. Zudem war de Caus zunächst mehr Techniker, spezialisiert auf Brunnen und Automaten. Auch war das kurfürstliche Schloss kein symmetrischer Flügelbau, der klare Achsen vorgegeben hätte, sondern ein Konglomerat verschiedener Baukörper und umgeformter Wehrarchitektur. Die Lösung, die de Caus für den Hortus Palatinus fand, war schließlich ganz individuell den Gegebenheiten angepasst. Ganz sicher hatten weder die Bauherren, Friedrich und Elisabeth, noch der Architekt das Ziel, einen italienischen Villengarten am Neckar zu schaffen. Für Gothein bildete die Villa d'Este in Tivoli den Maßstab. Letztlich bekundet sie ihr Unverständnis dafür, dass de Caus trotz seiner Kenntnisse italienischer Renaissancegärten deren Betonung von Symmetrie und architektonischen Achsen offenbar nicht rezipiert hatte. Dabei zeigt ihre Behandlung

der deutschen Renaissancegärten vom Beginn des 16. Jahrhunderts bis zum Ausbruch des 30-jährigen Krieges durchaus ein genuines Interesse an der spezifischen Eigenart der Anlagen. Das wohl ehrgeizigste Gartenprojekt der Epoche in Deutschland jedoch findet keine Gnade vor ihren Augen. Sie charakterisiert den Hortus Palatinus letztlich als missglückten italienischen Garten, dem vor allem das fehlt, was sich in Zukunft durchsetzen sollte: der Achsenbezug auf Schloss oder Villa und die Eingliederung der Gartenteile in einen durchgeformten Gesamtplan.

Die Anlage der Treppen im Hortus Palatinus, wie sie sich im Stichwerk de Caus darstellt, wirft in der Tat Fragen auf. Die Fabulierlust Gotheins wirkt hier jedoch eher befremdlich. *„Auf den Treppen jener glücklichen* [italienischen] *Gärten schafft sich die Phantasie die Gruppen lachender schöner Frauen und stolzer Edelleute, die sich dort auf- und abbewegen – auf den steilen Treppen des Heidelberger Gartens sehen wir höchstens Liselotte in wilden Sprüngen herumhüpfen* […]" (GdG II, S. 118). Auch bei Gothein zeigt sich oftmals der Hang der Kunstgeschichte dieser Jahre zur allzu selbstherrlichen Kunstkritik am historischen Objekt. Wo Grisebach in seiner Geschichte der Gartenkunst von 1910 bei aller Kritik doch die für den Garten ganz wesentliche Bezugnahme auf die Aussicht, also die Blickbeziehungen zu Landschaft, Stadt und Schloss hervorhob, blieb bei Gothein nur die Kritik übrig. Ein Standpunkt der die weitere Rezeption im 20. Jahrhundert prägen sollte.

Wolfgang Metzger

Lit.: Grisebach 1910; Metzger 2000; Metzger 2006; Schmieder 1936.

IV.6 (Abb. 53)

„Im Parke bin ich träumend meinem Ich in einem anderen Leben nachgegangen" – Besuche in Wörlitz

a) Marie Luise Gothein: Brief an Eberhard Gothein, „Berlin d. 5.4.9"
UB Heidelberg, Heid. Hs. 3487,229 (🖱)

b) Marie Luise Gothein: Brief an Eberhard Gothein, [Dessau] „d. 8.7.15."
UB Heidelberg, Heid. Hs. 3487,450 (🖱)

c) Johann Wolfgang Goethe: Goethes Sämtliche
Werke, Bd. 39: Schriften zur Naturwissenschaft,
Stuttgart, Berlin / Cotta, 1905
UB Heidelberg, G 5906-5::39
d) Postkarten: Historische Ansichten aus dem
Wörlitzer Park (Schloss, Kirche, Gotisches Haus,
Flora-Tempel, Venus-Tempel) um 1920/1926
UB Heidelberg, Photoarchiv (🕭)

Im April 1909 reiste Marie Luise Gothein mit
einer bestimmten Erwartungshaltung nach Wörlitz, um dort den ersten großen Landschaftsgarten in Deutschland zu besuchen. Sie war durch
die Literatur bereits darüber informiert, was sie
sehen würde. Mit diesem Bild im Kopf bedauerte
sie zwar, dass der Jahreszeit wegen noch *„Grün,
Blumen und Farben fehlten"*, ihr Vorwissen und
ihre *„langjährig geübte Fantasie"* halfen ihr jedoch, den Park in seiner sommerlichen Blüte zu
imaginieren (**IV.6a**). Als sie den Park dann sechs
Jahre später noch einmal im Sommer besuchte,
berichtete sie an ihren Ehemann, dass er ihr *„in
seinem Sommerkleide gar keine neuen Eindrücke"* gegeben habe, da sie ihn in ihrer *„Fantasie
[…] immer nur so gesehen hat"* (**IV.6b**).
Gotheins Vorstellung vom Wörlitzer Park ist dabei eine sehr positive, wie sie sich in ihrer Zeit nur
selten findet. Nicht nur in Deutschland, sondern
sogar in England, dem Mutterland des Landschaftsgartens, war es dagegen um 1900 üblich,
diesen Gartentypus als unkünstlerisch abzuleh-
nen. Gothein sah dagegen in Wörlitz einen Beleg
für den Kunststatus des Landschaftsgartens, der
ihm von den *„Kunstheissspornen"* abgesprochen
wurde, da *„hier jeder malerische Effekt berechnet"* sei (Heid. Hs. 3487,229).
Trotz ihres ernsthaften Bemühens um eine ge-
rechte Beurteilung des Parkes bleibt jedoch auch
ihre Beschreibung – wie alle anderen ihrer Zeit
– spekulativ. Sie wisse *„bisher noch nichts rech-
tes über die Entwicklung des Wörlitzer Parkes"*,
schrieb sie im Brief von 1909, und auch in ihrer
fünf Jahre später erschienenen „Geschichte der
Gartenkunst" kann sie nur auf Goethes „Dichtung und Wahrheit" für eine Datierung verweisen
(GdG II, S. 392). Tatsächlich sollte es noch viele
Jahre dauern bis zum Beginn einer wissenschaftlichen Auseinandersetzung mit der Geschichte
des Wörlitzer Parks; Gothein konnte nur wenig

Abb. 53
Postkarte mit der Ansicht des Venustempels im Wörlitzer Park um 1900 (Kat.Nr. IV.6d)

zu Rate ziehen zur Vorbereitung ihrer Besuche
und ihres Gartenbuches. Sie verwendete deshalb
anscheinend vor allem Goethes Äußerungen zum
Park und Charles Joseph de Lignes „Coup-d'œil
sur Belœil" von 1781. Goethe äußerte sich mehrfach zu Wörlitz. Gothein zitiert zum Beispiel aus
dessen Aufsatz „Schema zu einem Aufsatze, die
Pflanzenkultur im Großherzogtum Weimar darzustellen" von 1888 (**IV.6c**, S. 337), in dem er die
Vorbildfunktion des Wörlitzer Parks betont.
Gotheins Blick auf den Park ist damit zweifach
verzerrt: Zum einen sah sie ihn durch die Brille historischer Interpretation. Zum anderen lernte sie
ihn im Zustand um 1900 kennen, der sich von der
ursprünglichen Inszenierung in zwei wesentlichen
Punkten unterschied: Die Bäume und Büsche waren enorm gewachsen und hatten viele Sichtach-
sen zugewuchert, wie Postkarten aus dieser Zeit
zeigen (**IV.6d**). Die Nachfahren von Leopold III.
Friedrich Franz von Anhalt-Dessau, der den Park
anlegen ließ, hatten nicht nur ihren Verschnitt un-

tersagt, sondern den zunehmend düster-romantischen Charakter noch durch die Pflanzung einer Vielzahl von Nadelgehölzen verstärkt.

Das mag ein Grund dafür sein, dass auch sie sich wie ihre Zeitgenossen an den Staffagegebäuden im Park störte. Zwar unterstellte sie – anders als andere prominente Gartenhistoriker ihrer Zeit wie Falke und Grisebach – der auffälligen Häufung von Staffagen im Landschaftsgarten eigentlich einen Sinn und wertete sie nicht als Geschmacksverfall; die Gebäude im Wörlitzer Park machten sie dennoch ratlos:

> *„[…] allerdings sind ja manche Dinge die man damals so blutig ernst nahm heute garnicht anders mehr als mit Humor zu betrachten so z.B. die Nachbildung eines Pantheon, die mir von weitem absolut wie ein Schornstein mit einem Tempelchen davor aussah oder gar ein feuerspeiender Berg, der von Außen absolut einem Backofen gleicht und von Innen mit bunten Glasfenstern durchleuchtet wird."* (**IV.6a**)

Ähnlich betrachtete sie das Gotische Haus, das sie sich erst bei ihrem zweiten Besuch 1915 angesehen hatte; sie zählte es im Brief an ihren Mann zu den *„schlimmsten"* neugotischen Gebäuden und fand nur für die in den *„abscheulichen Räumen"* aufbewahrte Kunstsammlung freundliche Worte (**IV.6b**).

An diesem Punkt macht sich besonders bemerkbar, dass Gotheins Blick auf den Landschaftsgarten literatur- und philosophiegeschichtlich geprägt ist. Ihre „Geschichte der Gartenkunst" ist der erste gartenhistorische Text im deutschen Sprachraum, der die Entstehung und Entwicklung des Landschaftsgartens so explizit aus der Geistesgeschichte heraus erklärt. In dieser findet sie nur wenige Erklärungsansätze für die vielen und vor allem die neugotischen Staffagen in Landschaftsgärten, aber viele kritische Stimmen gegen sie. Dass die Staffagen – wie in Wörlitz – oft einen ikonographischen Sinn hatten und dabei nicht nur die Gefühlswelt der jeweiligen Gartenbesitzer ausdrücken sollten, sondern auch ihre politische, weltanschauliche oder philosophische Haltung, war schon vielen zeitgenössischen Besuchern nicht bewusst. Dieser Sinn wurde erst in den letzten Jahren wissenschaftlich rekonstruiert; für Gothein war er nicht greifbar.

Dafür brachte sie für eine andere Eigenart nicht nur des Wörlitzer Parks Verständnis auf, nämlich für die in vielen Landschaftsgärten zu findenden Inschriften. Deren Sinn erschloss sich ihr durch die Einsamkeit, in der sie den Park erkundete:

> *„Es war wirklich so ungeheuer einsam, dass es mir garnicht schwer wurde mich in die überall zur Einsamkeit und Einkehr auffordernden Inschriften hineinzuversetzen."* (**IV.6a**)

Dieses empathische Verständnis fand indessen keinen Eingang in ihr Gartengeschichtswerk, wofür vielleicht der aggressive Ton mitverantwortlich war, mit dem in akademischen Kreisen gegen den Landschaftsgarten angeschrieben wurde. So hatte etwa August Grisebach ihn in seiner 1910 erschienenen Habilitation „Der Garten. Eine Geschichte seiner künstlerischen Gestaltung" als *„Erscheinung des ‚Jahrhundert[s] der Frau'"* diffamiert und behauptet, *„daß Frauen die Stimmung eines Landschaftsgartens am lebhaftesten verteidigen"* (S. 104). Dass Gothein es durchaus genoss, sich im Park ihren Stimmungen hinzugeben, geht auch aus ihrem Brief von ihrem zweiten Besuch in Wörlitz hervor, der durch die Zäsur geprägt ist, die der Tod ihres zweiten Sohnes Willi im Ersten Weltkrieg für ihr Leben war:

> *„Im Parke bin ich träumend meinem ich in einem andern Leben nachgegangen – denn zurück in dieses andere Leben werden wir uns niemals finden, der Frieden muß uns bei neuen Aufgaben finden und neu müssen wir sie anfangen."*

In ihrer „Geschichte der Gartenkunst" finden sich solche persönlichen Eindrücke freilich nicht; eine weibliche Sichtweise kann man ihrer sachlichen Analyse des Bildaufbaus des Parks sowie der in ihm wirkenden künstlerischen Prinzipien (*„Abwechslung und Kontrast"*) nicht vorwerfen (GdG II, S. 392). Seine empfindsame Nutzung (und Gestaltung) beschreibt sie distanziert und erklärt sie als *„Tribut an den phantastischen, nur zu leicht in spielerische Kleinlichkeit ausartenden Geist"* der Zeit, der aber das *„ganze und auch heute noch in sich bedeutende Bild dieses Parkes […] nicht beeinträchtigt"* (GdG II, S. 394).

Ina Mittelstädt

Lit.: Falke 1884; Grisebach 1910; Hempel 1987.

IV.7

(Abb. 54)

„Das Feinste an Anlagen des neuen Stiles" – Marie Luise Gothein und der zeitgenössische Garten

a) Marie Luise Gothein: Brief an Eberhard Gothein, „Heidelberg d. 19.9.11."
UB Heidelberg, Heid. Hs. 3487,355 (🖑)

b) Hermann Muthesius (Hrsg.) / Harry Maasz: Landhaus und Garten. Beispiele neuzeitlicher Landhäuser nebst Grundrissen, Innenräumen und Gärten, München: Bruckmann, 1907
UB Heidelberg, 2014 D 52

c) Paul Schultze-Naumburg: Kulturarbeiten, Bd. 2: Gärten, München: Callwey, Kunstwart-Verlag 1903
UB Heidelberg, C 4851-16::2

d) Führer durch die internationale Kunst- und große Gartenbau-Ausstellung. Jubiläums-Ausstellung Mannheim 1907, hrsg. von der Ausstellungs-Leitung, Mannheim: Mannheimer Aktiendruckerei, 1907
Universität Heidelberg, Institut für Geschichte und Ethik der Medizin, Pf 6 (🖑)

e) Marie Luise Gothein: Brief an Eberhard Gothein, „Bonn d. 27.4.14"
UB Heidelberg, Heid. Hs. 3487,418 (🖑)

Dass Marie Luise Gothein ihr Monumentalwerk mit Darlegungen zur Gartenkunst der eigenen Zeit ausklingen lässt, offenbart die Ambition der Autorin, einen Beitrag für die Durchsetzung des um 1910 kulminierenden Stilwandels in Gärten und Parks zu leisten. Einerseits legt ihre Verknüpfung von Geschichte und Gegenwart ein evolutionäres Hervorgehen der neuen Gestaltungsmaximen aus älteren Stilstufen nahe. Andererseits lenkt Gothein die Aufmerksamkeit besonders auf stilistische und funktionale Brüche und Innovationen der Gartengeschichte an der Wende zur Moderne, denen sie aufgeschlossen gegenübersteht.

Den weiten Bogen des ‚langen' 19. Jahrhunderts erschließt sie mit zwei Leitmotiven. Während sich das große gesellschaftliche Interesse am Landschaftsgarten des 18. Jahrhunderts einem großen allgemeinen Kunstinteresse der Zeit verdanke, sei der Garten im 19. Jahrhundert *„von zwei andern mächtigen Strömungen ergriffen: die Wissenschaft und die Demokratie, die beide die Kul-* *tur dieses Jahrhunderts beherrscht und gemodelt haben, haben auch die Gartengestaltung auf das stärkste beeinflußt"* (GdG II, S. 415). Die funktionale Zäsur hin zur *„Demokratisierung des Gartens"* betont sie mehrfach, so auch in einem Brief aus dem Jahr 1911, wobei sie ihre private Haltung hier unverblümt ausspricht:

> *„Ein Hauptteil der Charakteristik der modernen Strömung hat sich ja mit der Demokratisierung des Gartens zu beschäftigen. Und wenn ich in meinem kleinen blühenden Gärtchen sitze, sollte ich ja dankbar sein – aber ich bins nicht, nein und wills auch nicht sein."*
> (**IV.7a**)

In der „Geschichte der Gartenkunst" beobachtet Gothein eine funktionale Veränderung von Gärten im Rahmen der Botanik. Zielten Gartengestalter bereits in der Hoch- und Spätphase des Landschaftsgartens wieder auf einen Einsatz von Blumen, so lässt ein neuerwachtes botanisches Interesse die Gärten zu Beginn des 19. Jahrhunderts zu buchstäblichen Experimentierfeldern für Akklimatisierungsversuche werden.

Die 1809 gegründete Horticultural Society bildet für Gothein den Motor eines einsetzenden stilistischen Wandels in England. Die Institutionalisierung botanischer Netzwerke bahnte neuen Blumenmoden den Weg, beförderte die Akklimatisierung von Gehölzen und veränderte das Erscheinungsbild englischer Gärten.

Um dem narrativen Anspruch einer synthetischen Entwicklungsgeschichte gerecht zu werden, verknüpft Gothein das neue botanische Interesse mit der Reisepraxis. Englische Reisende nahmen italienische Gärten im 19. Jahrhundert unter neuen Vorzeichen wahr, was zur Ausbildung eines Gartentyps führte, den man bereits im 19. Jahrhundert als ‚Italian' oder ‚Italianate Garden' bezeichnete. Die mit der Italienrezeption des 19. Jahrhunderts einhergehende Rückkehr zu architektonischen und geometrischen Grundformen veränderte zahlreiche Landschaftsgärten in England, die dadurch einen *„pseudoregelmäßigen Charakter erhalten"* hätten (GdG II, S. 421).

Auch den funktionalen Anspruch einer größtmöglichen Öffentlichkeit von Gärten leitet Gothein aus der Geschichte ab, um den neuen

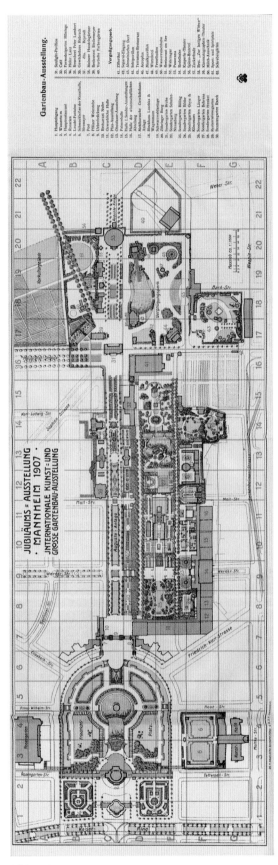

Abb. 54
Entwurf für neue Freiraumanlagen zur Großen Gartenbau-Ausstellung in Mannheim von Max Läuger (Kat.Nr. IV.7d)

Stellenwert der Bauaufgabe Stadtpark zu veranschaulichen. Den wichtigsten europäischen Projekten, vor allem die Pariser Transformation durch Haussmann und Alphand, stellt sie amerikanische Beispiele wie die Mall in Washington D.C., den Central Park in New York sowie die Parkplanung in Chicago an die Seite. In diesen Beispielen akzentuiert Gothein den umfassenden städtebaulichen Anspruch an Parks in der modernen Großstadt.

Gotheins teleologische Argumentation verdeutlicht die Notwendigkeit neuer architektonischer Prinzipien in der Gartenkunst. Die Massengesellschaft des 19. Jahrhunderts ließ eine Vielzahl öffentlicher Stadtparks notwendig werden. Dieser fundamentale Funktionswandel von Gärten erhebt Gothein zum Katalysator eines neuen Stils. So bedurften etwa Sport- und Spielstätten regelmäßiger Grundrisse und architektonischer Einfassungen. Mit dem Verweis auf rekreative Freizeitpraktiken betont sie soziale Aspekte, die sich in neuen funktionalen Ansprüchen ausdrückten.

Den durchschlagenden Erfolg architektonischer Prinzipien knüpft Gothein jedoch an den privaten Hausgarten und seinen Anspruch, Haus und Garten konsequent gestalterisch zu verbinden. Für den Begriff des architektonischen Gartens und seinen Anspruch verweist sie auf den englischen Architekten Reginald Blomfield. Ganz offen ergreift Gothein Partei für dessen auf Harmonie zwischen Haus und Garten zielende Stilistik. Gegenströmungen schwächt sie rhetorisch ab, Hybridformen bleiben unberücksichtigt. Die beruflichen Interessen der Gartenkünstler und Gärtner, die sich zunächst gegen die Entwertung landschaftlicher Prinzipien durch Architekten sperrten, kommen kaum zur Sprache. Allein im Architektonischen erkennt Gothein einen künstlerischen Ausdruckswert des Gartens. „*In diesem Zeichen konnten die Anhänger des architektonischen Gartens sich getrost zum Siege anschicken*" (GdG II, S. 448).

In Deutschland erkennt sie seitens der Theoretiker in Alfred Lichtwark und Ferdinand Avenarius sowie in Hermann Muthesius auf der Seite der Praktiker die Protagonisten „*einer neuen Gartenbewegung*" (GdG II, S. 455). In seiner 1907 erstmals publizierten Schrift „Landhaus und Garten" (**IV.7b**) analysiert Muthesius die veränderten Bedingungen von suburbanen Landhäusern. Ihrem Wesen entspräche es, *„dass sich die Wohnräume auf den Garten erschließen. Der Garten ist ein integrierender Teil des Landhauses. Er ist das Stückchen Sondernatur, das der Hausbesitzer hat, und die Verbindung von Haus und Garten sollte daher der wichtigste Gesichtspunkt in der Anlage des Hauses sein"* (S. XXII).

Daneben bildet auch Paul Schultze-Naumburg eine wichtige Referenz. Im zweiten, Gärten gewidmeten Band seiner „Kulturarbeiten" postuliert er: *„Die Anlage eines Gartens ist [...] doch immer eine architektonische Aufgabe, auch wenn man nicht nur mit Steinen baut, sondern als Hauptmaterial die lebende Pflanze hat"* (S. 2) (**IV.7c**).

Schließlich bezeugt Gothein mit ihrem Verweis auf zeitgenössische Gartenbauausstellungen deren normierende Kraft für die Durchsetzung der Idee vom architektonischen Garten. Auf der Großen Gartenbau-Ausstellung 1904 in Düsseldorf hatte Peter Behrens einen stilbildenden Pergolagarten errichtet, auf der Darmstädter Ausstellung 1905 Joseph Maria Olbrich sein Konzept von architektonischen Farbgärten präsentiert. Max Läuger entwarf für die Große Gartenbau-Ausstellung in Mannheim 1907 (**IV.7d**) einen großen Teil der Freiraumanlagen in der neuen regelmäßigen Stilistik. Daneben demonstrierten auch die von Peter Behrens, Paul Schultze-Naumburg,

Philipp Siesmayer, Hermann Billing und anderen errichteten Gärten und Schmückhöfe den von Gothein verheißenen Siegeszug des regelmäßig-architektonischen Gartenstils.

Mit jüngeren Protagonisten der gartenkünstlerischen Moderne wie Leberecht Migge und Fritz Encke stand Gothein in persönlichem Kontakt; so führte sie der Kölner Encke 1914 durch seine neuen Anlagen, wovon Gothein begeistert berichtete:

> *„er selbst ist ein feiner liebenswürdiger Mensch, viel gebildeter, wie alle andern, die ich bisher kennen gelernt habe, ganz besonders reizvoll sind die vielen kleinen Platzanlagen die nach amerikanischem Muster überall als Kinderspielplätze mit kleinen stillen Blumengärten verbunden sind, auf die er auch besonders stolz ist, die Parks sind noch jung entweder noch in der Arbeit oder doch gerade erst fertig geworden, wie der Blücherpark, aber wirklich wunderhübsch mit Liebe und Einfühlung in seiner Aufgabe, von allem, was ich bisher kenne bei weitem das Feinste an Anlagen des neuen Stiles, es war mir wirklich eine Bereicherung [...]."* (**IV.7e**)

Stefan Schweizer

Lit.: Haney 2010, S. 11–85; Muthesius 1907; Schneider 2000, S. 207–214; Stalder 2008.

Literaturverzeichnis

Alle im Literaturverzeichnis aufgeführten digitalen Quellen sind vor Drucklegung des Katalogs im März 2014 auf ihre Richtigkeit überprüft worden. Als erster Anhaltspunkt bei der Recherche von Personen und Ereignissen diente oftmals http://www.wikipedia.de bzw. www.wikipedia.com. Alle Informationen daraus wurden anhand von anderen Quellen nochmals überprüft. Zu Helene Richter wurde als Ausgangspunkt http://richter.twoday.net/topics/Bibliografie konsultiert, auch diese Angaben wurden überprüft.

AURNHAMMER 2012
Achim AURNHAMMER (Hrsg.): Stefan George und sein Kreis. Ein Handbuch, Berlin [u.a.]: De Gruyter, 2012

W. B. 1904/1905
W. B.: Rezension zu: Sonette nach dem Portugiesischen von Elizabeth Barrett Browning. Übersetzt von Marie GOTHEIN, in: Monatsblätter für deutsche Litteratur, 9 (1904/1905), S. 331–332

BAUER 2009
Franz J. BAUER: Rom im 19. und 20. Jahrhundert. Konstruktion eines Mythos, Regensburg: Pustet, 2009

BAUMGARTNER 1897
Andreas BAUMGARTNER: William Wordsworth. Nach seiner gemeinverständlichen Seite dargestellt, Zürich: Orell Füßli, 1897

BLINN 1993
Hansjürgen BLINN: Der deutsche Shakespeare. The German Shakespeare, Berlin: Erich Schmidt Verlag, 1993

BLOOMFIELD 1941
Morton W. BLOOMFIELD: The origin of the concept of the seven cardinal sins, in: The Harvard Theological Review, 34/3 (1941), S. 121–128

BÖMIG 1906
Karl BÖMIG: William Wordsworth im Urteile seiner Zeit, Leipzig: Buchdruckerei Robert Noske, 1906

BROUNTS 1951
S. BROUNTS: Rezension zu: Boethius, Trost der Philosophie. Übersetzt von Eberhard GOTHEIN, Berlin: Verlag Die Runde, 1932, in: Tijdschrift voor Philosophie, 13/1 (1951), S. 125–126

BRANDENBURGER 2011
Ellen BRANDENBURGER: Zur Geschichte und Theorie der Gartendenkmalpflege. Vergleichende Analysen an Beispielen in Bamberg, Brühl und Großsedlitz, Bamberg: University of Bamberg Press, 2011

BREDON 1931
Juliet BREDON: Peking. A historical and intimate description of its chief places of interest, Shanghai: Kelly and Walsh, 1931

BURCKHARDT 2001
Jacob BURCKHARDT: Der Cicerone. Eine Anleitung zum Genuss der Kunstwerke Italiens. Architektur und Sculptur, hrsg. von Bernd ROECK u.a., München: Beck/Basel: Schwabe, 2001, S. 322–328.

BUTTLAR 2003
Adrian von BUTTLAR: Der historische Garten als Gegenstand wissenschaftlicher Forschung im 20. Jahrhundert, in: Vereinigung der Landesdenkmalpfleger in der Bundesrepublik Deutschland (Hrsg.): Historische Gärten – Eine Standortbestimmung, Berlin: Landesdenkmalamt Berlin, 2003, S. 11–15

BUTTLAR 2003a
Adrian von BUTTLAR: Über die Grenzen und Chancen der Gartenforschung aus der Sicht der Kunstgeschichte. Plädoyer für ein interdisziplinäres Aufbaustudium, in: Michael ROHDE und Rainer SCHOMANN (Hrsg.): Historische Gärten heute. Zum 80. Geburtstag von Professor Dr. Dieter Hennebo, Leipzig: Edition Leipzig, 2003, S. 104–107

CAMPBELL 2009
Katie CAMPBELL: Paradise of Exiles. The Anglo-American Gardens of Florence, London: Frances Lincoln, 2009

CLEMEN 2006
Paul CLEMEN: Der Rhein ist mein Schicksal geworden. Fragment einer Lebensbeschreibung. Ediert, kommentiert und mit einem Nachwort von Gisbert KNOPP und Wilfried HANSMANN, Worms: Wernersche Verlagsgesellschaft, 2006

CLUNAS 1997
Craig CLUNAS: Nature and Ideology in Western Descriptions of the Chinese Garden, in: Joachim WOLSCHKE-BULMAHN (Hrsg.): Nature and ideology. Natural garden design in the twentieth century, Washington, D.C.: Dumbarton Oaks, 1997 (Dumbarton Oaks Colloquium on the History of Landscape Architecture XVIII), S. 21–33

COFFIN 1999
David R. COFFIN: The Study of the History of the Italian Garden until the First Dumbarton Oaks Colloquium, in: Michel CONAN (Hrsg.): Perspectives on Garden Histories, Washington D.C.: Dumbarton Oaks, 1999 (Dumbarton Oaks Colloquium on the History of Landscape Architecture XXI), S. 27–35

CRIBB 2004
Robert CRIBB: Historical atlas of Indonesia, Lanham, Md.: Scarecrow Press, 2004

CRIBB, Digital atlas
Robert CRIBB: Digital atlas of Indonesian history.
⌐ http://www.indonesianhistory.info/

CURTIUS 1950
Ludwig CURTIUS: Deutsche und antike Welt. Lebenserinnerungen, Stuttgart: Deutsche Verlags-Anstalt, 1950

DEMETZ 1998
Peter DEMETZ (Hrsg.): Rilke. Ein europäischer Dichter aus Prag, Würzburg: Königshausen & Neumann, 1998

DEMM 2014
Eberhard DEMM: Else Jaffé-von Richthofen. Erfülltes Leben zwischen Max und Alfred Weber, Düsseldorf: Droste-Verlag 2014 (im Druck)

DVOŘÁK 1913
Max DVOŘÁK: Rezension zu: Marie Luise Gothein: Geschichte der Gartenkunst, Jena: Diederichs, 1914, in: Kunstgeschichtliche Anzeigen, 195 (1913), S. 126–138

ESSEN 1995
Gesa von ESSEN: Max Weber und die Kunst der Geselligkeit, in: TREIBER / SAUERLAND 1995, S. 462–484

EVEREST 2006
Kelvin EVEREST: Keats, John (1795–1821), in: Oxford Dictionary of National Biography, Oxford: Oxford University Press, 2004; online edn., May 2006
⌐ http://www.oxforddnb.com/view/article/15229

FALDA 1994
Giovanni Battista FALDA: Li Giardini di Roma. Faksimile-Neudruck der Ausgabe Rom 1683, hrsg. und komm. von Iris LAUTERBACH, Nördlingen: Dr. Alfons Uhl, 1994

FALKE 1884
Jakob von FALKE: Der Garten. Seine Kunst und Kunstgeschichte, Berlin, Stuttgart: Spemann, 1884

FERDINAND 1990
Horst FERDINAND: „Gustav Wendt", in: Bernd OTTNAD (Hrsg.): Badische Biographien. Im Auftrag der Kommission für geschichtliche Landeskunde, NF 3 (1990), S. 285–287

FÖLLMI 2005
Anton FÖLLMI: Salin, Edgar Bernhard Jacques, in: Neue Deutsche Biographie, 22 (2005), S. 372–373

FOWLER 1954
David C. FOWLER: Rezension zu: Martin W. Bloomfied: The Seven Deadly Sins. An Introduction to the History of a Religious Concept, Michigan: Michigan State College Press, 1952, in: Modern Language Notes, 96,4 (1954), S. 289–291

GILCHER-HOLTEY 1992
Ingrid GILCHER-HOLTEY: Modelle „moderner" Weiblichkeit. Diskussionen im akademischen Milieu Heidelbergs um 1900, in: M. Rainer LEPSIUS (Hrsg.): Bildungsbürgertum im 19. Jahrhundert, Teil 3: Lebensführung und ständische Vergesellschaftung, Stuttgart: Klett-Cotta, 1992, S. 176–205

GILL 2010
Stephen GILL: Wordsworth, William (1770–1850), in: Oxford Dictionary of National Biography, Oxford: Oxford University Press, 2004; online edn., May 2010
⌐ http://www.oxforddnb.com/view/article/29973

GÖTTLER 1994
Christine GÖTTLER: Marie Luise Gothein (1863–1931). Weibliche Provinzen der Kultur, in: Barbara HAHN (Hrsg.): Frauen in den Kulturwissenschaften. Von Lou Andreas-Salomé bis Hannah Arendt, München: Beck, 1994, S. 44–62

GOTHEIN 1886
Eberhard GOTHEIN: Die Culturentwicklung Süd-Italiens. In Einzeldarstellungen, Breslau: Koebner, 1886

GOTHEIN 1892
Eberhard GOTHEIN: Wirtschaftsgeschichte des Schwarzwaldes und der angrenzenden Landschaften, Bd. 1: Städte- und Gewerbegeschichte, Straßburg: Trübner, 1892

GOTHEIN 1902a
Marie Luise GOTHEIN: Eine Dichterehe. I. Elizabeth Barrett Browning, in: Preußische Jahrbücher, 109 (1902), S. 377–397

111

GOTHEIN 1902b
Marie Luise GOTHEIN: Eine Dichterehe. II. Robert Browning, in: Preußische Jahrbücher, 110 (1902), S. 19–40

GOTHEIN 1903a
Marie Luise GOTHEIN: Chatterton-Literatur, in: Archiv für das Studium der neueren Sprachen und Litteraturen, 57/10 (1903), S. 25–55

GOTHEIN 1903b
Marie Luise GOTHEIN: John Ruskin, in: Preußische Jahrbücher, 114 (1903), S. 8–29

GOTHEIN 1904
Marie Luise GOTHEIN: Der englische Landschaftsgarten in der Literatur, in: Verhandlungen des elften deutschen Neuphilologentages vom 25. bis 27. Mai 1904 in Cöln am Rhein, Köln: Paul Neubner, 1905, S. 100–118

GOTHEIN 1909
Marie Luise GOTHEIN: Der griechische Garten, in: Athenische Mitteilungen, 34 (1909), S. 103–144

GOTHEIN 1914; GdG I / GdG II
Marie Luise GOTHEIN: Geschichte der Gartenkunst, Bd. 1: Von Ägypten bis zur Renaissance in Italien, Spanien und Portugal, Bd. 2: Von der Renaissance in Frankreich bis zur Gegenwart, Jena: Diederichs, 1914

GOTHEIN 1916
Marie Luise GOTHEIN: Der lebendige Schauplatz in Shakespeare's Dramen, in: Edda. Nordisk tidsskrift for litteraturforskning, 6 (1916), S. 124–157

GOTHEIN 1928
Marie Luise GOTHEIN: Chrysanthemumausstellung in Tokio, in: Die Gartenschönheit, 9 (1928), S. 457–459

GOTHEIN 1929
Marie Luise GOTHEIN: Hundert Blumen-Garten in Tokyo, in: Die Gartenschönheit, 10 (1929), S. 317, 320

GOTHEIN 1931
Marie Luise GOTHEIN: Eberhard Gothein. Ein Lebensbild. Seinen Briefen nacherzählt, Stuttgart: Kohlhammer, 1931

GOTHEIN 1952
Percy GOTHEIN: Aus dem Florentiner Tagebuch, in: Castrum Peregrini, 6 (1952), S. 5–23

GOTHEIN 2006
Marie Luise GOTHEIN: Storia dell' arte dei giardini. Edizione italiana a cura di Massimo DE VICO FALLANI e Mario BENCIVENNI, Florenz: Olschki, 2006

GOTHEIN, Briefe und Tagebücher
Werner GOTHEIN: Marie Luise Gothein. Briefe und Tagebücher (Ihren Freunden gewidmet), Typoskript, in: Nachlass Salin, B 214

GOTHEIN, Erinnerungen
Marie Luise GOTHEIN: Erinnerungen an den Sommer 1914, in: GOTHEIN: Briefe und Tagebücher, S. 210–236

GOTHEIN, Gundolf
Marie Luise GOTHEIN: Mein letzter Abend mit Gundolf. Am 2. Juli 1931, in: GOTHEIN, Briefe und Tagebücher, S. 237–240

GOTHEIN, Tagebuch 1
Marie Luise GOTHEIN: Tagebuch 1 der Fernostreise (Java), 1925 (Manuskript)

GOTHEIN, Tagore
Marie Luise GOTHEIN: Europa von Asien aus Gesehen, in: GOTHEIN, Briefe und Tagbücher, S. 245–259.

GREEN 1976
Martin GREEN: Else und Frieda. Die Richthofen-Schwestern, München: Kindler, 1976

GRISEBACH 1910
August GRISEBACH: Der Garten. Eine Geschichte seiner künstlerischen Gestaltung, Leipzig: Klinkhardt & Biermann, 1910

GROOM 2004
Nick GROOM: Chatterton, Thomas (1752–1770), in: Oxford Dictionary of National Biography, Oxford: Oxford University Press, 2004
🖝 http://www.oxforddnb.com/view/article/5189

HAJÓS 1986
Géza HAJÓS: Max Dvořáks Gedanken über die Gartenkunst, in: Österreichische Zeitschrift für Kunst und Denkmalpflege, 10 (1986), S. 215–222

HANEY 2010
David H. HANEY: When Modern was Green. Life and Work of Landscape Architect Leberecht Migge, London / New York: Routledge, 2010

HEIDLER 1998
Irmgard HEIDLER: Der Verleger Eugen Diederichs und seine Welt (1896–1930), Wiesbaden: Harrassowitz, 1998

HEINSOHN 1996
Kirsten HEINSOHN: Der lange Weg zum Abitur: Gymnasialklassen als Selbsthilfeprojekte der Frauenbewegung, in: Elke KLEINAU und Claudia OPITZ (Hrsg.): Geschichte der Mädchen- und Frauenbildung, Band 2: Vom Vormärz bis zur Gegenwart, Frankfurt am Main, New York: Campus Verlag, 1996, S. 149–160

HELMREICH 2002
Anne HELMREICH: The English Garden and National Identity. The Competing Styles of Garden Design, 1870–1914, Cambridge: Cambridge University Press, 2002

HEMPEL 1987
Doris HEMPEL (Hrsg.): Das Schöne mit dem Nützlichen. Die Dessau-Wörlitzer Kulturlandschaft. Bemühungen um die Darstellung gartendenkmalpflegerischer Arbeit. Ausstellung im Gartensaal des Gotischen Hauses Mai bis Oktober 1988, Wörlitz: Staatl. Schlösser u. Gärten Wörlitz, Oranienbaum, Luisium, 1987

JANSEN 1981
Christian JANSEN: Der „Fall Gumbel" und die Heidelberger Universität, 1924–32, Heidelberg 1981. Digitale Ausgabe erstellt von Gabriele DÖRFLINGER, Universitätsbibliothek Heidelberg 2012
☞ http://archiv.ub.uni-heidelberg.de/volltextserver/13154/

KÄMPCHEN 2011
Martin KÄMPCHEN: Rabīndranāth Tagore und Deutschland, Marbach am Neckar: Deutsche Schillergesellschaft, 2011 (Marbacher Magazin 134)

KARLAUF 2007
Thomas KARLAUF: Stefan George. Die Entdeckung des Charisma, München: Karl Blessing, 2007

KARO 1933
Georg KARO: Wilhelm Dörpfeld und das Deutsche Archäologische Institut in Athen, Weihnachtsnummer der Griechischen Post vom 26.12.1933

KAYSER 1932
Hans KAYSER: Marie Luise Gothein, in: Die Gartenkunst, 45/2 (1932), S. 31f.

KLUNCKER 1986
Karlhans KLUNCKER: Percy Gothein. Humanist und Erzieher. Das Ärgernis im George-Kreis, Amsterdam: Castrum Peregrini Presse, 1986

KOEPF 1961
Hans KOEPF: „Furtenbach, Joseph von", in: Neue Deutsche Biographie, 5 (1961), S. 736f.

KUCZYNSKI 1972
Jürgen KUCZYNSKI: Memoiren. Die Erziehung des J. K. zum Kommunisten und Wissenschaftler, Berlin/Weimar: Aufbau-Verlag, 1972

KUHN 1996
Annette KUHN (Hrsg.): 100 Jahre Frauenstudium. Frauen der Rheinischen Friedrich-Wilhelms-Universität Bonn, Dortmund: Ed. Ebersbach, 1996

KUSS 2004
Susanne KUSS (Hrsg.): Carl Heinrich Becker in China. Reisebriefe des ehemaligen preußischen Kultusministers 1931/32, Münster: Lit, 2004

LAROCHE 1921–1922
Emanuel LAROCHE: Indische Baukunst, München: Bruckmann, 1921–1922

LANDMANN 1963
Edith LANDMANN: Gespräche mit Stefan George, Düsseldorf, München: Küpper (vormals Bondi), 1963

LAUTERBACH 1996
Iris LAUTERBACH: Die Brunnenserie von Giovanni Battista Falda und Giovanni Francesco Venturini, in: Iris LAUTERBACH (Hrsg.): Giovanni Battista Falda / Giovanni Francesco Venturini: Le Fontane die Roma. Faksimile-Neudruck aller vier Bücher, Nördlingen: Dr. Alfons Uhl, 1996, S. 5–11

LEBEDEWA 2007
Jekaterina LEBEDEWA: Mit anderen Worten. Die vollkommene Übersetzung bleibt Utopie, in: Ruperto Carola, 3/2007, S. 31–37

LINDHULT 1918
Ellen LINDHULT: Rolf Nordenstreng, Blomsterdyrkan och trädgårdskult, Stockholm: Gerber, 1918

LÜTTICH 1926
Rudolf LÜTTICH: Zur Orientierung der Geschichte der Gartenkunst, in: Die Gartenkunst, 39/6 (1926), S. 94–95

LUKÁCS 1914
Georg von LUKÁCS: Rezension zu: Marie Luise Gothein: Geschichte der Gartenkunst, in: Archiv für Sozialwissenschaft und Sozialpolitik, 39/1 (1914), S. 885–890

MARCHAND 1996
Suzanne L. MARCHAND: Down from Olympus. Archaeology and Philhellenism in Germany, 1750–1970, Princeton: Princeton University Press, 1996

MARCHAND 2009
Suzanne L. MARCHAND: German Orientalism in the Age of Empire. Religion, Race and Scholarship, Cambridge [u.a.]: Cambridge University Press, 2009

MATZ 1964
Friedrich MATZ: Georg Karo, in: Gnomon, 36/6 (1964), S. 637–640

MAURER 1999
Michael MAURER: Eberhard Gothein – Marie Schröter. Briefwechsel aus der Privatdozenten- und Brautzeit (1882–1885), in: Rainer BAASNER (Hrsg.): Briefkultur im 19. Jahrhundert, Tübingen: Niemeyer, 1999, S. 141–168

MAURER 2006
Michael MAURER (Hrsg.): Im Schaffen genießen. Der Briefwechsel der Kulturwissenschaftler Eberhard und Marie Luise Gothein (1883–1923), Köln [u.a.]: Böhlau, 2006

MAURER 2007
Michael MAURER: Eberhard Gothein (1853–1923). Leben und Werk zwischen Kulturgeschichte und Nationalökonomie, Köln [u.a.]: Böhlau, 2007

MAURER 2010
Michael MAURER: ‚Weibliche Kultur‘ oder ‚Aristokratie des Geistes‘? Marie Luise Gothein, in: Ute OELMANN / Ulrich RAULFF (Hrsg.): Frauen um Stefan George, Göttingen: Wallstein, 2010, S. 195–212

MAZOHL-WALLNIG 1991
Brigitte MAZOHL-WALLNIG: „…und bin doch nur ein einfältig Mädchen, deren Bestimmung ganz anders ist…“. Mädchenerziehung und Weiblichkeitsideologie in der bürgerlichen Gesellschaft, in: L'Homme. Zeitschrift für Feministische Geschichtswissenschaft, 2,1 (1991), S. 7–32

METZGER 2000
Wolfgang METZGER: „All Ding zergänglich“. Der Heidelberger Herrengarten. Ein vergessener Renaissancegarten im Licht neuer Quellen, in: Die Gartenkunst, 12 (2000), S. 275–302

METZGER 2006
Wolfgang METZGER: Quellen zur Gartenkultur des Heidelberger Humanismus. Gedichte und Pflanzenkatalog zum Garten des Hofapothekers Philipp Stephan Sprenger von 1597, Heidelberg, 2006
🖰 http://archiv.ub.uni-heidelberg.de/artdok/volltexte/2006/1/

MIGGE 1914
Leberecht MIGGE: Was kann der moderne Gartengestalter aus der Geschichte lernen? (Zu Gothein's Buch), in: Die Gartenkunst, 27,6 (1914), S. 90–93

MOELLER 1929
Hero MOELLER: Rezension zu: Marianne Weber: Max Weber. Ein Lebensbild, in: Weltwirtschaftliches Archiv, 29 (1929), S. 137–139

MOMMSEN 1988
Wolfgang J. MOMMSEN: Einleitung, in: Wolfgang J. MOMMSEN (Hrsg.): Leopold von Ranke und die moderne Geschichtswissenschaft, Stuttgart: Klett-Cotta, 1988, S. 7–20

MUTHESIUS 1907
Hermann MUTHESIUS (Hrsg.): Landhaus und Garten. Beispiele kleinerer Landhäuser nebst Grundrissen, Innenräumen und Gärten, München: Bruckmann, 1907

Nachlass George = Stefan George Archiv, Württembergische Landesbibliothek Stuttgart, George III (Briefe an George)

Nachlass Salin
Nachlass Edgar Salin (1892–1974), Universitätsbibliothek Basel, NL 114

NEUMANN 1915
Carl NEUMANN: Kunstgeschichte des Gartens, in: Deutsche Literaturzeitung, 36 (1915), Sp. 1213–1220 u. 1261 1266.

NIEDERHAUSER 1997
Jürg NIEDERHAUSER: Das Schreiben populärwissenschaftlicher Texte als Transfer wissenschaftlicher Texte, in: Eva-Maria JAKOBS / Dagmar KNORR (Hrsg.): Schreiben in den Wissenschaften, Frankfurt am Main: Lang, 1997, S. 107–122

PAULIN 2003
Roger PAULIN: The Critical Reception of Shakespeare in Germany 1682–1914. Native Literature and Foreign Genius, Hildesheim [u.a.]: Georg Olms, 2003

POTRATZ 1945
Hanns POTRATZ: Friedrich Sarre, in: Archiv für Orientforschung, 15 (1945–1951), S. 184

QUARG / SCHMITZ 1995
Gunter QUARG / Wolfgang SCHMITZ (Hrsg.): Deutsche Buchkunst im 20. Jahrhundert. Katalog zur Ausstellung anlässlich des 75jährigen Bestehens der Universitäts- und Stadtbibliothek Köln vom 19. Juni bis 5. August 1995, Köln: Universitäts- und Stadtbibliothek Köln, 1995

RADICE 2012
William RADICE: Tagore, Rabindranath (1861–1941), in: Oxford Dictionary of National Biography, Oxford: Oxford University Press, 2004; online edn., Sept 2012
⌁ http://www.oxforddnb.com/view/article/36404

RADKAU 2013
Joachim RADKAU: Max Weber. Die Leidenschaft des Denkens, München: Carl Hanser, 2013

RANKE 1839–1847
Leopold von RANKE: Deutsche Geschichte im Zeitalter der Reformation, Leipzig: Duncker & Humblot, 1839–1847

REICHERT 2007
Folker REICHERT: Kulturgeschichte aus Leidenschaft. Eberhard und Marie Luise Gothein in ihren Briefen, in: Archiv für Kulturgeschichte, 89 (2007), S. 475–488

REUTHER 1926
Oscar REUTHER: Indische Gartenkunst, in: Gartenschönheit, 7 (1926), S. 266–270, 295–298

RICHTER 1897
Helene RICHTER: Mary Wollstonecraft. Die Verfechterin der ‚Rechte der Frau‘, Wien: Konegen, 1897

RICHTER 1898
Helene RICHTER: Percy Bysshe Shelley, Weimar: Felber, 1898

RICHTER 1911–1916
Helene RICHTER: Geschichte der englischen Romantik, 3 Bde., Halle a. S.: Niemeyer, 1911–1916

ROBINSON 1883
William ROBINSON: The English Flower Garden, London: John Murray, 1883

ROTH 2012
Guenther ROTH: Edgar Jaffé, Else von Richthofen and Their Children. From German-Jewish assimilation through antisemitic persecution to American integration. A century of family correspondence 1880–1980, New York: Leo Baeck Institute, 2012, MS 877
⌁ http://www.lbi.org/digibaeck/results/?qtype=pid& term=1505570

SALIN 1963
Edgar SALIN: Marie Luise Gothein. 12. September 1863–24. Dezember 1931, in: Ruperto-Carola, 34 (1963), S. 81–85

SALIN 1954
Edgar SALIN: Um Stefan George. Erinnerung und Zeugnis, München, Düsseldorf: Küpper (Bondi), 1954

SAUERLAND 1995
Karol SAUERLAND: Heidelberg als intellektuelles Zentrum, in: TREIBER / SAUERLAND 1995, S. 12–30

SCHABERT 2000
Ina SCHABERT: Shakespeare-Handbuch. Die Zeit – Der Mensch – Das Werk – Die Nachwelt, Stuttgart: Kröner, ⁴2000

SCHELLENBERG 1911
Anna SCHELLENBERG: Persönlichkeit und Frauenart, in: Preußische Jahrbücher, 143 (1911), S. 273–297

SCHLAFFER 1998
Hannelore SCHLAFFER (Hrsg.): Karoline von Günderrode, Gedichte, Prosa, Briefe, Stuttgart: Reclam, 1998

SCHMIEDER 1936
Ludwig SCHMIEDER: Der Heidelberger Schloßgarten. Eine geschichtliche Studie, in: Mannheimer Geschichtsblätter, 37 (1936), S. 4–56

SCHNEIDER 2000
Uwe SCHNEIDER: Hermann Muthesius und die Reformdiskussion in der Gartenarchitektur des frühen 20. Jahrhunderts, Worms: Wernersche Verlagsgesellschaft, 2000

SCHNEIDER 2012
Verena SCHNEIDER: Geschichtskonstruktionen „höherer" Gartenkunst. Modelle und Ansätze zur Geschichtsschreibung des Gartens seit dem ausgehenden

18. Jahrhundert, in: Stefan Schweizer / Sascha Winter (Hrsg.): Gartenkunst in Deutschland. Von der Frühen Neuzeit bis zur Gegenwart. Geschichte – Themen – Perspektiven, Regensburg: Schnell & Steiner, 2012, S. 24–36

SCHUMACHER 2000
Horst SCHUMACHER: Nachwort, in: Marie Luise GOTHEIN: Indische Gärten [ND der Ausgabe von 1926], Berlin: Mann, 2000

SCHWEIZER 2007
Stefan SCHWEIZER: Rezension zu: Marie Luise GOTHEIN: Storia dell' arte dei giardini, in: Journal für Kunstgeschichte, 11/2 (2007), S. 100f.

SCHWEIZER / SIEBERT / SPIES 2011
Stefan SCHWEIZER / Irmgard SIEBERT / Carola SPIES (Hrsg.): Gärten wie sie im Buche stehen. Gartenkunsthistorische Publikationen des 16. bis 20. Jahrhunderts aus dem Bestand der Universitäts- und Landesbibliothek Düsseldorf, Düsseldorf: Univ.- und Landesbibliothek, 2011

SCHWEIZER 2013
Stefan SCHWEIZER: Die Erfindung der Gartenkunst. Gattungsautonomie – Diskursgeschichte – Kunstwerkanspruch, Berlin, München: Dt. Kunstverlag, 2013

SCHWEIZER / BAIER 2013
Stefan SCHWEIZER / Christof BAIER: Illusion und Imagination. André Le Nôtres Gärten im Spiegel barocker Druckgraphik, Düsseldorf: Grupello, 2013

SEDDING 1891
John Dando SEDDING: Garden-craft old and new, London: K. Paul, Trench, Trübner & Co., 1891

SMITH 2000
Roberta SMITH: S. Hacker, 83, Book Dealer In New York (section Obituaries), in: The New York Times, 24 December 2000
http://www.nytimes.com/2000/12/24/nyregion/s-hacker-83-book-dealer-in-new-york.html

STALDER 2008
Laurent STALDER: Hermann Muthesius 1861–1927. Das Landhaus als kulturgeschichtlicher Entwurf, Zürich: gta-Verlag, 2008

STIEDA 1933
Wilhelm STIEDA: Rezension zu: Marie Luise Gothein: Eberhard Gothein. Ein Lebensbild. Seinen Briefen nacherzählt, in: Zeitschrift für die gesamte Staatswissenschaft, 94/1 (1933), S. 170–171

STONE 2004 (2008)
Marjorie STONE: Browning, Elizabeth Barrett (1806–1861), in: Oxford Dictionary of National Biography, Oxford University Press, 2004; online edn., Oct 2008
http://www.oxforddnb.com/view/article/3711

STRICKER 1956
Käthe STRICKER: Deutsche Shakespeare-Übersetzungen im letzten Jahrhundert (etwa 1860–1950), in: Shakespeare-Jahrbuch, 92 (1956), S. 45–89

TREIBER / SAUERLAND 1995
Hubert TREIBER / Karol SAUERLAND (Hrsg.): Heidelberg im Schnittpunkt intellektueller Kreise. Zur Topographie der ,geistigen Geselligkeit' eines ,Weltdorfes', 1850–1950, Opladen: Westdeutscher Verlag, 1995

TRIP 1906
Julius TRIP: Bücherschau: Victor Zobel: Über Gärten und Gartengestaltung, in: Die Gartenkunst, 8/1 (1906), S. 18f.

TURNBULL 2004
C. M. TURNBULL: Raffles, Sir (Thomas) Stamford Bingley (1781–1826), in: Oxford Dictionary of National Biography, Oxford: Oxford University Press, 2004
http://www.oxforddnb.com/view/article/23010

UA Heidelberg, Akten
Universitätsarchiv Heidelberg, Akten der Philosophischen Fakultät 1930–1931 Ia, H-IV-102/153

WEBER 1907
Marianne WEBER: Ehefrau und Mutter in der Rechtsentwicklung. Eine Einführung, Tübingen: Mohr, 1907

WEBER 1918
Marianne WEBER: Die Bedeutung des Frauenstimmrechts und das Wesen der politischen Parteien, Mannheim [u.a.]: Bensheimer, 1918

WEBER 1926
Marianne WEBER: Max Weber. Ein Lebensbild, Tübingen: Mohr, 1926

WEBER 1994
Max WEBER: Briefe 1909–1910, hrsg. von M. Rainer LEPSIUS / Wolfgang J. MOMMSEN, Tübingen: Mohr, 1994 (Max Weber Gesamtausgabe II,6)

WEBER 2003
Max WEBER: Briefe 1913–1914, hrsg. von M. Rainer LEPSIUS, Wolfgang J. MOMMSEN, Tübingen: Mohr, 2003

WEBER 2008
Max WEBER: Briefe 1915–1917, hrsg. von Gerd KRUMEICH / M. Rainer LEPSIUS, Tübingen: Mohr, 2008

WECKEL 2001
Petra WECKEL: Wilhelm Fraenger (1890–1964). Ein subversiver Kulturwissenschaftler zwischen den Systemen, Potsdam: Verlag für Berlin-Brandenburg, 2001

WEISERT 1983
Hermann WEISERT: Geschichte der Universität Heidelberg, Heidelberg: Winter 1983

WESCOAT / WOLSCHKE-BULMAHN 1994
James L. WESCOAT, Jr. Joachim WOLSCHKE-BULMAHN: The Mughal Gardens of Lahore. History, Geography, and Conservation Issues, in: Die Gartenkunst, 6/1 (1994), S. 19–33

WILLIAMS 2009
John WILLIAMS: Wordsworth Translated. A Case Study in the Reception of British Romantic Poetry in Germany 1804–1914, London, New York: Continuum, 2009

WIMMER 2009
Clemens Alexander WIMMER: Frühe Perioden der Gartengeschichte. Ein Überblick über die gartengeschichtliche Literatur 1570–1913, in: Zandera, 24/1 (2009), S. 11–45

WRZESINSKI 1920
Wojciech WRZESINSKI: Das Recht zur Selbstbestimmung oder die Festigung der staatlichen Souveränität. Die ostpreußischen Plebiszite 1920, in: Bernhart JÄNIG (Hrsg.): Die Volksabstimmung 1920. Voraussetzungen, Verlauf und Folgen, Marburg: Elwert, 2002, S. 11–26

Schriftenverzeichnis Marie Luise Gothein (Stand April 2014)

1890
Londoner Literatengeselligkeit in der Zeit der Romantik. Vortrag, gehalten in der Versammlung des Vereins für Förderung der Frauenbildung, Bonn: Georgi, 1890

1893
William Wordsworth: sein Leben, seine Werke, seine Zeitgenossen, Halle a.S.: Niemeyer, 1893

1896
Zu Keats' Gedächtnis, in: Anglia. Zeitschrift für englische Philologie, 18 (1896), S. 101–112

1897
John Keats: Leben, und Werke, Halle a.S.: Niemeyer, 1897

1902
Eine Dichterehe. I. Elizabeth Barrett Browning, in: Preußische Jahrbücher, 109 (1902), S. 377–397

Eine Dichterehe. II. Robert Browning, in: Preußische Jahrbücher, 110 (1902), S. 19–40

1903
Elizabeth Barrett Browning, Sonette nach dem Portugiesischen. Aus dem Englischen übersetzt von Marie GOTHEIN. Mit Buchschmuck von Fritz Hellmut Ehmcke, Leipzig: Diederichs, 1903

Chatterton-Literatur, in: Archiv für das Studium der neueren Sprachen und Litteraturen, 57/10 (1903), S. 25–55

John Ruskin, in: Preußische Jahrbücher, 114 (1903), S. 8–29

1904
Die Frau im englischen Drama vor Shakespeare, in: Jahrbuch der deutschen Shakespeare-Gesellschaft, 40 (1904), S. 1–50

1905
Der englische Landschaftsgarten in der Literatur, in: Verhandlungen des elften deutschen Neuphilologentages vom 25. bis 27. Mai 1904 in Cöln am Rhein, Köln: Paul Neubner, 1905, S. 100–118

1906
Der Gottheit lebendiges Kleid, in: Archiv für Religionswissenschaft, 9 (1906), S. 337–364

1907
Die Todsünden, in: Archiv für Religionswissenschaft, 10 (1907), S. 416–484

1908
Der Titel von Statius' Silvae, in: Rheinisches Museum für Philologie, 63,3 (1908), S. 475–476

1909
Der griechische Garten, in: Athenische Mitteilungen, 34 (1909), S. 103–144

Rezension zu: Friedrich GUNDOLF: Shakespeare in deutscher Sprache. Hrsg. und zum Teil neu übersetzt von Friedrich GUNDOLF, Bd. 1, Berlin: Bondi, 1908, in: Jahrbuch der deutschen Shakespeare-Gesellschaft, 45 (1909), S. 364–369

Rezension zu: Sir William Temple: Upon the Gardens of Epicurus, with other XVIIth Century Garden Essays. Introduction by Albert Forbes SIEVEKING (The King's Classics), London: Chatto and Windus, 1908, in: Jahrbuch der deutschen Shakespeare-Gesellschaft, 45 (1909), S. 369–372

1910
Rezension zu: A.W. WARD / A.R. WALLER (Hrsg.): The Cambridge History of English, Vol. III: Renaissance and Reformation XII, Vol. IV: Prose and Poetry. Sir Thomas North to Michael Drayton XII, Cambridge: Cambridge University Press, 1909, in: Jahrbuch der deutschen Shakespeare-Gesellschaft, 46 (1910), S. 252–255

Rezension zu: Stefan George: Shakespeare-Sonette. Umdichtung von Stefan George, Berlin: Bondi, 1909. Und: Eduard Sänger, Shakespeare-Sonette, übertragen von Eduard Sänger, Leipzig: Insel, 1909, in: Jahrbuch der deutschen Shakespeare-Gesellschaft, 46 (1910), S. 266–268

Rezension zu: Alexander Freiherr von GLEICHEN-RUSSWURM: Shakespeares Frauengestalten, Nürnberg: E. Nister, 1909, in: Jahrbuch der deutschen Shakespeare-Gesellschaft, 46 (1910), S. 277–278

1914
Geschichte der Gartenkunst, Bd. 1: Von Ägypten bis zur Renaissance in Italien, Spanien und Portugal, Bd. 2: Von der Renaissance in Frankreich bis zur Gegenwart, Jena: Diederichs, **1914**

Rabindranath Tagore: Gitanjali / Hohe Lieder. Nach der von Rabindranath Tagore selbst veranstalteten englischen Ausgabe ins Deutsche übertragen von Marie Luise GOTHEIN, Leipzig: Kurt Wolff Verlag, 1914

1916/1917
Der lebendige Schauplatz in Shakespeare's Dramen, in: Edda. Nordisk tidsskrift for litteraturforskning, 6 (1916), S. 124–157

Vom Hausgarten. Erzählung, in: Wieland: Zeitschrift für Kunst und Dichtung, 2 (1916/17), S. 10–14

Die Gartenkunst moderner Gemeinden und ihre soziale Bedeutung, in: Archiv für Sozialwissenschaft und Sozialpolitik, 42 (1916/1917), S. 885–905

1920
Der Garten Shakespeares, in: Die Gartenschönheit, 1/4 (1920), S. 8

Villa Gamberaia (Florenz, Italien), in: Die Gartenschönheit, 1/9 (1920), S. 128–129

1922
William Shakespeare: Cymbelin. Nach der Übertragung Dorothea TIECKS bearbeitet von Marie Luise GOTHEIN, Leipzig: Insel, 1922

1923
William Shakespeare: Romeo und Julia. Textrevision nach August Wilhelm SCHLEGEL. Anmerkungen und Nachwort von Marie Luise GOTHEIN. Mit einer Titelvignette von Walter Tiemann, Leipzig: Insel, 1923

1925
William Shakespeare: Viel Lärm um nichts. Aufgrund der Baudissin-Tieckschen Übertragung bearbeitet von Marie Luise GOTHEIN, Leipzig: Insel, 1925

1926
Indische Gärten, München, Wien, Berlin: Drei Masken Verlag, 1926

1927
Aus Sutschaus Steingärten (China), in: Die Gartenschönheit, 8/6 (1927), S. 155–157

1928
Chrysanthemumausstellung in Tokio, in: Die Gartenschönheit, 9/10 (1928), S. 457–459

1929
Die Stadtanlage von Peking. Ihre historisch-philosophische Entwicklung (Sonderdruck aus dem Wiener Jahrbuch für Kunstgeschichte), Augsburg: Dr. Benno Filser Verlag, 1929

Hundert Blumen-Garten in Tokyo, in: Die Gartenschönheit, 9 (1928), S. 317, 320

Rezension zu: Jiro HARADA: The Gardens of Japan, ed. by Geoffrey HOLME, London: The Studio, 1928, in: Orientalistische Literaturzeitung, 32 (1929), S. 597

1931
Eberhard Gothein. Ein Lebensbild. Seinen Briefen nacherzählt, Stuttgart: Kohlhammer, 1931

1932
Boethius, Consolationis Philosophiae libri quinque (Trost der Philosophie). Lat. u. dt.. Übertragen von Eberhard GOTHEIN, mit einem Nachwort von Marie Luise GOTHEIN, Berlin: Verlag Die Runde, 1932

Quellen- und Leihgebernachweis

Bildnachweis

Bundesarchiv: Abb. 9 (Bild 183-R74100 / Fotograf: unbekannt)
Institut für Geschichte und Ethik der Medizin der Universität Heidelberg: Abb. 54
Literaturarchiv Marbach: Abb. 15, 29
Privatbesitz: Abb. 1, 2, 4, 5, 7, 8, 10, 19-22, 24, 25, 27, 30–32, 35, 41, 44
Dietrich Reimer Verlag GmbH: Abb. 40
Stefan George Archiv, Württembergische Landesbibliothek Stuttgart: Abb. 28
Universitätsarchiv Heidelberg: Abb. 6, 23, 34
Alle übrigen Abbildungen: Universitätsbibliothek Heidelberg

Belege der zitierten Briefstellen in den Überschriften, welche nicht an Ort und Stelle angegeben sind

Ausstellungstitel: „*Es ist schon eine wunderbare Zeit, die ich jetzt lebe*"
Marie Luise Gothein (MLG): Brief an Eberhard Gothein (EG), „d. 21.5.5.", Heid. Hs. 3487,209: „[der Besuch der Villa Lante in Bagnaia] *war gerade zu köstlich, die Einsamkeit und grüne Stille, der wunderbare Gegensatz von dem heiteren Wasser durch schönsten Garten zum Park die tausend Vogelstimmen, die Nachtigallen – und wieder all die Geister der Vergangenheit, es ist schon eine wunderbare Zeit die ich jetzt lebe, ein Leben der Unwirklichkeit mit allen Reizen die Kunst und Natur geben.*"

Kat.Nr. I.2: „*Die Arbeit wächst eigentlich immerfort*"
MLG: Brief an EG, „d. 22.3.9.", Heid. Hs. 3487,225: „*Leider bin ich garnicht im Stande zu prüfen wie weit dieser reconstruierte Plan richtig ist und mir graut hier etwas vor der Quellenarbeit, die sehr viel Zeit mit geringem Ergebnis nötig macht, aber ich fürchte es wird*

mir nichts übrig bleiben. Die Arbeit wächst eigentlich immerfort."

Kat.Nr. I.3: „*Im Gothein stehts*"
Leberecht Migge, in: Die Gartenkunst, 27/6 (1914) S. 93: „*Und vor allem: Im Gothein stehts, wenn auch nur zwischen den Zeilen geschrieben: Es wird keine neue Form, es sei denn durch Geist.*"

Überschrift Sektion II: „*Hinaus in die Zukunft leben*"
MLG: Brief an EG, undatiert [wohl Mitte Juni 1909], Heid. Hs. 3487,245: „*Wie oft haben wir von meiner Lebensauffassung gesprochen, hinaus in die Zukunft zu leben – ich fühle vielleicht zu tief wie wenig ich im Grunde vergessen will, auch wenn ich überwunden habe.*"

Kat.Nr. II.7: „*Ich habe mich in meine Arbeit verbissen*"
MLG: Brief an EG, „Dahlem d. 14.1.20", Heid.Hs. 3487,556: „*Als ich gestern früh aufwachte, war mein erster Gedanke ob die böse Nacht bei dir nun vorüber sein möchte. Ich habe mich gleich in meine Arbeit verbissen die mir einteils viel Freude macht, aber doch auch wieder unbefriedigend ist. Das Reimzeug bei Schlegel ist wirklich wenig zu brauchen.*"

Überschrift Sektion III: „*Dies Arbeiten selbst ist etwas so beglückendes*"
MLG: Brief an EG, „d. 14ten [August 1909]", Heid. Hs. 3487,273: „*Anerkennung nein an die denke ich nie und dass sie mir fehlt hat mich noch niemals sehr beunruhigt, aber dies arbeiten selbst ist etwas so beglückendes […].*"

Kat.Nr. III.1: „*Liebling Keats*"
EG: Brief an MLG, „Bonn 3/10 1900", Heid. Hs. 3484,575: „*Du bist doch eigentlich jetzt am Centrum der englischen Kultur angelangt, wovon sich alles andre erklärt und woraus man alles andre nach seinem Werth und Unwerth abschätzen kann. Siehst Du auch jetzt die Renaissance mit den Augen Deines Lieblings Keats an?*"

Kat.Nr. III.2 „*Eine Uebersetzung ist doch etwas sehr persönliches*"
MLG: Brief an EG, „Dahlem d. 30.1.20.", Heid. Hs. 3487,564: „*Nein um die andern Uebersetzungen kann ich mich unmöglich noch kümmern nur Gundolf will ich noch vergleichen, und auch dies ungern, denn eine Uebersetzung ist trotz aller objektiven Grundsätze doch etwas sehr persönliches, was hilft mir da eine andre, höchstens wenn ein objektiver Fehler untergelaufen wäre.*"

Kat.Nr. III.4: „*A passage to India?*"
Die Überschrift spielt auf den Roman „A Passage to India" des englischen Autors E. M. Forster von 1924 an.

Kat.Nr. III.6: „*Wir wollen uns in unserer Verschiedenheit verstehen lernen*"
EG: Brief an MLG, „Heidelberg 16/6 09", Heid. Hs. 3484,961: „*Wir beide aber wollen uns immer mehr in unsrer Verschiedenheit verstehen lernen und ich denke, auch Du kannst eine Überzeugung, die von der Deinen so verschieden ist, verstehen und ehren.*"

Sektion IV: „*Trotz allen Buchstudiums geht doch nichts über die Anschauung*"
MLG: Brief an EG, „d. 3.5.5.", Heid. Hs. 3487,191: „*[…] kurz trotz alles Buchstudiums und der guten Pläne und Beschreibungen, geht bei allen diesen Dingen doch nichts über die Anschauung, erst jetzt habe ich ein klares Bild, was dieser Garten [der Villa Borghese] im Anfang des 17ten Jahrhunderts bedeutet hat.*"

Kat.Nr. IV.1: „*Da habe ich lange […] unten am Wasser gesessen, und die Schönheit getrunken*"
MLG: Brief an EG, „d. 13.5.5.", Heid. Hs. 3487,201: „*Da habe ich lange in dem ovalen Hof und unten am Wasser [der Villa Pia] gesessen, und die Schönheit getrunken – die zarte bunte Inkrustation ist noch überall erhalten, der Brunnen im Nymphäum und im ovalen Hof spielt noch, wenn auch schwach – […]*"

Kat.Nr. IV.3: „*Allerdings ändert sich solch ein englischer Garten in jeder Generation*"
MLG: Brief an EG, „24.9.09.", Heid. Hs. 3487,300: „*Ich habe heute in Holland House mitten im Herzen Londons einen herrlichen Park und Garten gesehen. Allerdings ändert sich solch ein englischer Garten in jeder Generation und selbst der sogenannte italien Garden, der um 1890 wie alle diese Gärten angelegt ist ist seitdem wieder ziemlich erweitert worden.*"

Kat.Nr. IV.4: „*Ein homerischer Tag*"
MLG: Brief an EG, „Candia d. 12.11.11 Griechenland", Heid. Hs. 3487,361: „*O lieber, heute habe ich einen homerischen Tag erlebt so schön, dass ich schon homerische Lieder brauchte, um ihn dir ganz zu schildern, einen Gesang würde ich wohl damit anfüllen können, wenn ich eine Leier statt meiner Feder in der Hand hätte und an der Begeistrung sollte es mir wohl auch nicht fehlen.*"

Kat.Nr. IV.5: „*das Auge sucht mit Sehnsucht einen Abschluss*"
GdG II, S. 118: „*Auf keiner Seite aber wird diese dazu benutzt, den Blick unter einem Mittelpunkt zu ordnen, beide Male sind die Grotten wie absichtlich zur Seite gerückt, während das Auge fast mit Sehnsucht nach diesem Abschluss sucht.*"

Wir danken folgenden Institutionen sowie der Familie Gothein für die großzügige Bereitstellung von Leihgaben
Campusbibliothek Bergheim der Universität Heidelberg (außer Katalog)
Deutsches Literaturarchiv Marbach (Kat.Nr. I.3c, II.6g)
Institut für die Geschichte und Ethik der Medizin der Universität Heidelberg (Kat.Nr. VI.7d)
Stadtarchiv Heidelberg (Kat.Nr. II.7d)
Südasien-Institut der Universität Heidelberg (Kat.Nr. II.8a, III.4f)
Universitätsarchiv Heidelberg (Kat.Nr. II.9a)
Württembergische Landesbibliothek Stuttgart (Kat. Nr. I.3a)
Zweigbibliothek Theologie der Humboldt Universität Berlin (Kat.Nr. II.4d)
Privatbesitz Familie Gothein (Kat.Nr. II.1c, II.2c, f, II.3d, h, II.4a, b, g, II.5c, f, II.7a, b, f, II.8b-e, h, II.9f, III.4c, III.6d)